KEY POINTS OF STANDARDIZATION FOR
IPO UNDER THE FULLY REGISTRATION SYSTEM

# 全面注册制下
## 企业上市规范要点

甘露　著

法律出版社 LAW PRESS·CHINA
——— 北京 ———

**图书在版编目(CIP)数据**

全面注册制下企业上市规范要点 / 甘露著. -- 北京：法律出版社，2024

ISBN 978 - 7 - 5197 - 8560 - 4

Ⅰ. ①全… Ⅱ. ①甘… Ⅲ. ①上市公司－公司法－中国 Ⅳ. ①D922.291.91

中国国家版本馆 CIP 数据核字（2023）第 218846 号

**全面注册制下企业上市规范要点**
**QUANMIAN ZHUCEZHI XIA QIYE SHANGSHI GUIFAN YAODIAN**

甘 露 著

策划编辑 邢艳萍
责任编辑 邢艳萍
装帧设计 贾丹丹

**出版发行** 法律出版社
**编辑统筹** 法律应用出版分社
**责任校对** 王 丰
**责任印制** 刘晓伟
**经　　销** 新华书店

**开本** 710 毫米 × 1000 毫米 1/16
**印张** 18.25 **字数** 300 千
**版本** 2024 年 1 月第 1 版
**印次** 2024 年 1 月第 1 次印刷
**印刷** 永清县金鑫印刷有限公司

地址：北京市丰台区莲花池西里 7 号（100073）
网址：www.lawpress.com.cn
投稿邮箱：info@lawpress.com.cn
举报盗版邮箱：jbwq@lawpress.com.cn

销售电话：010 - 83938349
客服电话：010 - 83938350
咨询电话：010 - 63939796



**书号**：ISBN 978 - 7 - 5197 - 8560 - 4
**定价**：86.00 元

# 前　　言

IPO（Initial Public Offering）即首次公开募股，是指公司（发行人）向公众发行股票，并在证券交易所上市交易。

企业上市除了需要满足《公司法》《证券法》《首次公开发行股票注册管理办法》，以及证券交易所《股票上市规则》关于发行上市的条件外，还需要满足监管机构对企业首次公开发行股票并上市的具体审核要求。

2019年3月25日，证监会发布《首发业务若干问题解答》，首次以公开书面文件形式将50个发行审核的要点问题予以发布，2020年6月10日，证监会修订《首发业务若干问题解答》，解答问题增加到54个，业内简称为"IPO54条"。2023年2月17日，A股发行全面实施注册制，证监会发布了《关于公布公开发行证券的公司信息披露内容与格式准则第57号——招股说明书的公告》，整合了主板、科创板及创业板招股说明书信息披露规则，同时发布了《监管规则适用指引——发行类第4号》《监管规则适用指引——发行类第5号》等文件，整体框架沿用科创板、创业板试点注册制规则，并对首发承诺明确了监管要求。《首发业务若干问题解答》（2020年6月修订）、《上海证券交易所科创板股票发行上市审核问答》（2019年3月）、《上海证券交易所科创板股票发行上市审核问答（二）》（2019年3月）、《深圳证券交易所创业板股票首次公开发行上市审核问答》（2020年6月）废止。

全面注册制下，《监管规则适用指引——发行类第4号》规定了20个问题的审核要求、《监管规则适用指引——发行类第5号》规定了19个问题的审核要求,以下合称“新指引39条”,作为IPO申报、审核的重要指导性文件。

针对“新指引39条”提出的规范要点,本书从案例的角度对企业上市过程中可能遇到的问题及解决方案进行分析,案例公司所涉关注问题均在上市过程中得到妥善解决并实现成功上市,因此对拟上市公司而言具有较好的参考意义。然而,每家企业都有其独特的发展历程,行业特点、经营模式也各不相同,本书仅对典型案例进行分析,却无法穷尽所有情形。如果读者朋友对上市相关的问题需要进一步了解,欢迎沟通交流。

# 目　　录

# 第一章

# 我国股票发行制度的形成及演变

1990 年,上海证券交易所(以下简称上交所)和深圳证券交易所(以下简称深交所)先后成立,标志着我国证券市场的初步形成。随着我国股票市场的迅速发展,证券监管体制进行了相应变革。1992 年,国务院原证券委员会(以下简称证券委)和中国证券监督管理委员会(以下简称证监会)相继成立,标志着我国证券市场进入全国统一监管的时代。1998 年,原证券委职能被合并进证监会,证监会职能得到进一步加强,集中统一的全国证券监管体制基本形成。

## 一、审批制阶段 (1993~2001 年)

审批制阶段可以分为两个时期:额度制时期(1993~1995 年)和指标制时期(1996~2001 年)。

### (一)额度制

1993 年国务院发布的《股票发行与交易管理暂行条例》第 12 条第 2 项规定,"在国家下达的发行规模内,地方政府对地方企业的发行申请进行审批,中央企业主管部门在与申请人所在地地方政府协商后对中央企业的发行申请进行审批;地方政府、中央企业主管部门应当自收到发行申请之日起三十个工作日内作出审批决定,并抄报证券委",这标志着新股发行审批制的正式确立。此外,该条例第 9 条第 1 款还规定,"原有企业改组设立股份有限公司申请公开发行股票,除应当符合本条例第八条所列条件外,还应当符合下列条件:(一)发行前一年末,净资产在总资产中所占比例不低于百分之三十,无形资产在净资产中所占比例不高于百分之二十,但是证券委另有规定的除外;(二)近三年连续盈利",这是最早的上市准入财务考核条件。尽管上市准入有财务考核指标的要求,但额度制时期上市资格分配主要是行政主导,原证券委根据市场供求制定当年的发行额度,经国务院批准后,将额度下达原国家计划委员会(以下简称计委),计委再根据各省级行政区域或行业的情况分配上市发行额度。各省级行政区域和各部委根据自身分配的额度,遴选推荐符合资格的企业上市。

我国证券市场起步阶段,投资者保护等法律基础设施较为薄弱,额度制有助于证券市场的稳定发展。然而,由于各省级行政区域内大量企业有上市需求,行政主管部门不得不将额度进一步拆分,各地区和不同行业的分配方式出现了平均化趋势,导致该时期上市的新股普遍规模偏小。

### (二)指标制

为了解决额度制时期存在的问题,监管机构对新股发行制度进行了调整,新股发行由额度制过渡到指标制。1996 年证券委颁布的《关于 1996 年全国证券期货工作安排意见》第 2 条规定,"……今后下达新股发行计划,改为'总量控制,限报家数'的管理办法,即由国家计委、证券委共同制定股票发行总规模,证监会在确定的总规模内,根据市场情况向各地区、各部门下达发行企业个数,并对企业进行审核"。该规定强化了证监会在新股发行监管中的主导地位,实质上给予了证监会调整各个地区和部门新股发行数量的裁量权,以此激励各地区推荐优质企业上市,从而整体上提升上市企业的质量。

1996 年证监会发布了《关于股票发行工作若干规定的通知》(已失效)，在产业政策方面，重点支持农业、能源、交通、通信、重要原材料等基础产业和高新技术产业，从严控制一般加工工业及商业流通性企业，金融、房地产等行业暂不考虑。指标制时期新股发行的导向是鼓励经济效益好，主业突出，发展潜力大，在行业中处于领先地位的企业发行股票并上市，通过发行制度的优化，新股发行市场规模有明显扩大。

1997 年证监会发布了《关于做好 1997 年股票发行工作的通知》(已失效)，增加了事前审核的规定，即经地方政府或中央企业主管部门推荐公开发行股票的计划内企业，须根据证监会制定的预选材料的内容与格式，报送预选材料。这是证监会最早对上市申请企业进行事前审核的规定，初步建立起上市申报的信息披露制度。

1999 年实施的《证券法》(已失效)第 10 条规定，"公开发行证券，必须符合法律、行政法规规定的条件，并依法报经国务院证券监督管理机构或者国务院授权的部门核准或者审批；未经依法核准或者审批，任何单位和个人不得向社会公开发行证券"，我国新股发行开始向核准制过渡。

## 二、核准制阶段（2001～2019 年）

相对于审批制，核准制取消了股票发行"指标管理、行政推荐"的管理办法，改为由市场机构培育、选择和推荐，同时承担相应的法律责任。核准制阶段在 2004 年之前为通道制，2004 年之后开始实施保荐制。

### (一)通道制

在通道制下证监会授予了主承销商一定程度上遴选和推荐股票上市的权利，2001 年证监会颁布《首次公开发行股票辅导工作办法》(已失效)，对主承销商辅导 IPO 申请公司进行了详细规定。同年，证监会发审委员会全体审议的《中国证监会股票发行审核委员会关于首次公开发行股票审核工作的指导意见》(已失效),规定了发审委员审核企业上市申请时要关注的问题,强调公司在最近3年内是否连续盈利;公司预期利润率是否达到同期银行存款利率;收入、成本、费用配比以及会计报表之间勾稽关系是否合理;公司资产减值准备的提取是否与公司资产质量状况相符;或有事项的确认、计量和披露是否符合会计制度和会计准则的规定。

证券公司推荐企业上市实行"证券公司自行排队、限报家数"的方案,由证券监管部门根据各家证券公司的实力和业绩事先确定发行股票通道数量,证券公司按照"发行一家、再报一家"的原则向证监会推荐企业上市。

通道制改变了原有的运用行政机制遴选和推荐企业上市的路径,通过证券公司的专业能力筛选优质的上市公司,但通道制的运行仍存在明显弊端。首先,虽然证券主管部门在分配通道数量时考虑到了各家券商的实力和业绩情况,采取了差别对待措施,但券商使用通道采取排队机制"发行一家、再报一家",在一定程度上弱化了各家券商在通道数量上的差别,该制度并未激发券商之间的有效竞争;其次,"通道制"贯彻合规性发审机制,而对企业的市场竞争力、成长性、发展潜力等重视不足,不利于市场资源的有效配置。

2004年证监会出台《证券发行上市保荐制度暂行办法》(已失效),开始试点保荐制。

### (二)保荐制

保荐制是指由保荐机构及其保荐代表人负责发行人证券发行上市的推荐和辅导,并上报证监会审核。证监会在2006年5月发布了《首次公开发行股票并上市管理办法》(已失效),对当年实施的《证券法》规定的发行条件进行了细化,从公司治理、财务指标等方面对发行人提出了较为严格的要求。业绩门槛明显提高,从过去要求"近3年连续盈利",提高到"最近3个会计年度净利润均为正数且累计超过人民币3000万元,净利润以扣除非经常性损益前后较低者为计算依据;最近3个会计年度经营活动产生的现金流量净额累计超过人民币5000万元；或者最近3个会计年度营业收入累计超过人民币3亿元”。自此，我国IPO准入监管建立起以财务数据及盈利指标为基础的审核框架。

2009年创业板正式启动，监管机构对创业板新股发行招股说明书及申请文件设定了披露格式指引，以促进发行人信息的充分披露。这一阶段IPO准入监管审核的制度相对稳定，但发行定价和上市交易规则的修订力度较大，主要是为了适应自2006年股权分置改革以来全流通市场交易环境的变化。

2012年我国股市陷入低迷，排队等待IPO审核的企业数量众多，出现了“IPO堰塞湖”现象。同时，企业发行上市“三高”现象明显（高发行价、高市盈率和超高募集资金），并且大量企业上市后出现业绩“变脸”，加剧了二级市场的悲观情绪，造成股价进一步下跌。2012年4月28日，证监会出台《关于进一步深化新股发行体制改革的指导意见》（以下简称10号文，已失效），提出加大对财务虚假披露行为的打击力度。2012年5月23日，证监会发布《关于进一步提高首次公开发行股票公司财务信息披露质量有关问题的意见》（以下简称14号文），对发行人随意调节会计政策、遗漏重要事项、粉饰财务报表、业绩造假、利润操纵等可疑情形进行重点关注。同时，强调相关中介机构应保持对财务异常信息的敏感度，关注发行人是否利用会计政策和会计估计变更影响利润。

为了落实10号文和14号文的监管政策要求，证监会于2012年12月28日发布了《关于做好首次公开发行股票公司2012年度财务报告专项检查工作的通知》，要求保荐机构、会计师事务所严格遵照规定，积极做好首发公司财务会计信息自查工作，证监会将在自查基础上安排重点抽查工作，IPO财务报告专项检查工作正式开启。2013年1月29日，证监会发布了《关于首次公开发行股票公司2012年度财务报告专项检查工作相关问题的答复》，对中介机构就专项检查工作相关事项咨询予以集中答复，以保障IPO自查的顺利进行。为配合这次财务报告专项检查，证监会自2012年10月至

2014 年 1 月暂停了 IPO 发行工作。

随着 IPO 财务报告专项检查工作的深入,进一步强化了新股发行公司信息披露的真实性、准确性、充分性和完整性,我国 IPO 准入监管制度的审核标准更趋严格。

## 三、注册制阶段(2019 年至今)

注册制下仍需保荐机构及其保荐代表人对发行人证券发行上市进行推荐和辅导,并上报交易所审核和证监会注册。注册制阶段可以分为两个时期:注册制试点时期(2019～2022 年)和全面注册制时期(2023 年至今)。

### (一)注册制试点

证监会强调,注册制改革的本质是把选择权交给市场,强化市场约束和法治约束。与核准制相比,注册制不仅涉及审核主体的变化,更重要的是充分贯彻以信息披露为核心的理念,发行上市全过程更加规范、透明、可预期。注册制仅保留了企业公开发行股票必要的资格条件、合规条件,将核准制下的实质性门槛尽可能转化为信息披露要求,监管部门不再对企业的投资价值作出判断。

2019 年 3 月 1 日,证监会发布《科创板首次公开发行股票注册管理办法(试行)》(已失效),明确科创板试点注册制的总体原则,规定股票发行适用注册制。2019 年 6 月 13 日,上交所科创板正式开板交易;2020 年 8 月 24 日,深交所创业板注册制首批企业正式上市交易;2021 年 11 月 15 日,北京证券交易所(以下简称北交所)正式揭牌开市,新上市公司及精选层平移公司登陆北交所。由此,我国新股发行制度开始进入核准制与注册制并存,并逐步全面转向注册制的阶段。

### (二)全面注册制

2023 年 2 月 17 日,证监会及交易所等机构发布全面实行股票发行注册制的制度规则,A 股市场正式迈入全面注册制时代。

自注册制实施以来,IPO 准入监管最重要的改变是不再把单一利润门槛作为上市的先决条件,而是采用多套上市标准,将净利润、收入和市值考核进行组合,以扩大上市标准的覆盖范围。与此同时,在板块定位上,科创板和创业板引导筛选出符合经济发展趋势和国内经济转型升级方向的行业,进行重点支持,并限制负面清单中的行业。从信息披露要求来看,注册制的最大变革是取消发审委员会,企业上市申请不再经由证监会设立的发审委员会审核,而是将权力下放到交易所,由交易所组织的上市委来评判,审核通过后证监会决定是否允许注册。总体而言,注册制延续了核准制阶段以财务真实性为核心的监管审核框架,同时强调新股发行制度的包容性和信息披露的透明性,通过资本市场助力我国实体经济的转型升级。

# 第二章
# 全面注册制下各板块发行上市条件

## 一、板块定位

我国交易所市场包括主板、创业板、科创板以及北交所，随着资本市场改革的持续推进，已逐步形成各板块错位发展、各具特色、相互补充的格局（见表2－1）。

**表2－1　各上市板块定位及特征**

| 板块 | 定位 | 特征 |
| --- | --- | --- |
| 主板 | 大盘蓝筹企业 | 业务模式成熟、经营业绩稳定、规模较大、具有行业代表性 |
| 创业板 | 成长型创新创业企业 | 新技术、新产业、新业态、新模式 |
| 科创板 | 科技创新企业 | 符合国家战略、拥有关键核心技术、市场认可度高 |
| 北交所 | 创新型中小企业 | 专业化、精细化、特色化、新颖化 |

### （一）主板

主板突出“大盘蓝筹”特色，重点支持业务模式成熟、经营业绩稳定、规模较大、具有行业代表性的优质企业。尽管主板未从行业偏好上进行设置，但企业上市仍需要满足《首次公开发行股票注册管理办法》第13条第1款规定的发行条件，即“发行人生产经营符合法律、行政法规的规定，符合国家产业政策”。

### （二）创业板

1. 板块定位

创业板定位于深入贯彻创新驱动发展战略，适应发展更多依靠创新、创造、创意的大趋势，主要服务成长型创新创业企业，并支持传统产业与新技术、新产业、新业态、新模式深度融合。

2. 负面清单

创业板实行负面清单制度，属于上市公司行业分类相关规定中下列行业的企业，原则上不支持其申报在创业板发行上市，但与互联网、大数据、云计算、自动化、人工智能、新能源等新技术、新产业、新业态、新模式深度融合的创新创业企业除外：（1）农林牧渔业；（2）采矿业；（3）酒、饮料和精制茶制造业；（4）纺织业；（5）黑色金属冶炼和压延加工业；（6）电力、热力、燃气及水生产和供应业；（7）建筑业；（8）交通运输、仓储和邮政业；（9）住宿和餐饮业；（10）金融业；（11）房地产业；（12）居民服务、修理和其他服务业。

禁止产能过剩行业、《产业结构调整指导目录》中的淘汰类行业，以及从事学前教育、学科类培训、类金融业务的企业在创业板发行上市。

3. 创业板成长型创新创业企业评价标准（见表2－2）

**表2－2　创业板成长型创新创业企业评价标准**

| 评价参数 | 具体评价标准 |
| --- | --- |
| 研发投入复合增长率＋研发投入金额＋营业收入复合增长率 | 最近3年研发投入复合增长率不低于15%，最近1年研发投入金额不低于1000万元，且最近3年营业收入复合增长率不低于20% |
| 研发投入金额＋营业收入复合增长率 | 最近3年研发投入金额不低于5000万元，且最近3年营业收入复合增长率不低于20% |
| 行业＋营业收入复合增长率 | 属于制造业优化升级、现代服务业或者数字经济等现代产业体系领域，且最近3年营业收入复合增长率不低于30% |

注：最近一年营业收入金额达到3亿元的企业，或者按照《关于开展创新企业境内发行股票或存托凭证试点的若干意见》等相关规则申报创业板的已境外上市红筹企业，不适用上述营业收入复合增长率要求。

创业板“成长型创新创业企业”的评价标准结合研发投入复合增长率、研发投入金额、营业收入复合增长率等因素设置了3套常规指标,满足3套常规指标中的任意一项,即认为符合创业板定位。

### (三)科创板

#### 1. 板块定位

科创板面向世界科技前沿、面向经济主战场、面向国家重大需求。优先支持符合国家战略,拥有关键核心技术,科技创新能力突出,主要依靠核心技术开展生产经营,具有稳定的商业模式,市场认可度高,社会形象良好,具有较强成长性的企业。

#### 2. 支持行业

科创板发行上市的企业,应属于下列行业领域的高新技术产业和战略性新兴产业(见表2-3)。

**表2-3 科创板支持行业领域及主要范围**

| 领域 | 主要范围 |
| --- | --- |
| 新一代信息技术 | 半导体和集成电路、电子信息、下一代信息网络、人工智能、大数据、云计算、软件、互联网、物联网和智能硬件等 |
| 高端装备 | 智能制造、航空航天、先进轨道交通、海洋工程装备及相关服务等 |
| 新材料 | 先进钢铁材料、先进有色金属材料、先进石化化工新材料、先进无机非金属材料、高性能复合材料、前沿新材料及相关服务等 |
| 新能源 | 先进核电、大型风电、高效光电光热、高效储能及相关服务等 |
| 节能环保 | 高效节能产品及设备、先进环保技术装备、先进环保产品、资源循环利用、新能源汽车整车、新能源汽车关键零部件、动力电池及相关服务等 |
| 生物医药 | 生物制品、高端化学药、高端医疗设备与器械及相关服务 |

#### 3. 负面清单

限制金融科技、模式创新企业在科创板发行上市。禁止房地产和主要从事金融、投资类业务的企业在科创板发行上市。

## 4.科创属性评价标准(见表2-4)

**表2-4　科创属性评价标准**

| 评价参数 | 具体评价标准 |
| --- | --- |
| 常规指标<br>(同时满足) | (1)最近3年研发投入占营业收入比例5%以上,或者最近3年研发投入金额累计6000万元以上;<br>(2)研发人员占当年员工总数的比例不低于10%;<br>(3)应用于公司主营业务的发明专利5项以上;<br>(4)最近3年营业收入复合增长率达到20%,或者最近1年营业收入金额达到3亿元① |
| 例外条款<br>(满足其一) | 支持和鼓励科创板定位规定的相关行业领域中,虽未达到上述指标,但符合下列情形之一的企业申报科创板发行上市:<br>(1)拥有的核心技术经国家主管部门认定具有国际领先、引领作用或者对于国家战略具有重大意义;<br>(2)作为主要参与单位或者核心技术人员作为主要参与人员,获得国家自然科学奖、国家科技进步奖、国家技术发明奖,并将相关技术运用于主营业务;<br>(3)独立或者牵头承担与主营业务和核心技术相关的国家重大科技专项项目;<br>(4)依靠核心技术形成的主要产品(服务),属于国家鼓励、支持和推动的关键设备、关键产品、关键零部件、关键材料等,并实现了进口替代;<br>(5)形成核心技术和应用于主营业务的发明专利(含国防专利)合计50项以上 |

①　采用《上海证券交易所科创板股票上市规则》第2.1.2条第1款第5项规定的上市标准申报科创板的企业,或按照《关于开展创新企业境内发行股票或存托凭证试点的若干意见》等相关规则申报科创板的已境外上市红筹企业,可不适用前款第4项指标的规定;软件行业不适用前款第3项指标的要求,研发投入占比应在10%以上。

科创板的科创属性评价指标采用"常规指标+例外条款"的结构,包括4项常规指标和5项例外条款;企业如同时满足4项常规指标,即可认为具有科创属性;如不同时满足4项常规指标,但是满足5项例外条款的任意1项,也可认为具有科创属性。

### （四）北交所

北交所深入贯彻创新驱动发展战略，聚焦实体经济，主要服务创新型中小企业，重点支持先进制造业和现代服务业等领域的企业，推动传统产业转型升级。

## 二、上市标准

### （一）主体资格及持续经营时间

依法设立且持续经营 3 年以上的股份有限公司（有限责任公司按原账面净资产值折股整体变更为股份有限公司的，持续经营时间可以从有限责任公司成立之日起计算），具备健全且运行良好的组织机构，相关机构和人员能够依法履行职责。

### （二）财务规范

发行人会计基础工作规范，财务报表的编制和披露符合企业会计准则和相关信息披露规则的规定，在所有重大方面公允地反映了发行人的财务状况、经营成果和现金流量，最近 3 年财务会计报告由注册会计师出具无保留意见的审计报告。

发行人内部控制制度健全且被有效执行，能够合理保证公司运行效率、合法合规和财务报告的可靠性，并由注册会计师出具无保留结论的内部控制鉴证报告。

### （三）独立性

1. 资产完整

业务及人员、财务、机构独立，与控股股东、实际控制人及其控制的其他企业间不存在对发行人构成重大不利影响的同业竞争,不存在严重影响独立性或者显失公平的关联交易。

2. 主营业务、控制权和管理团队稳定(见表2-5)

**表2-5 主营业务、控制权和管理团队稳定的要求**

| 板块 | 主板 | 创业板 | 科创板 |
|---|---|---|---|
| 主营业务 | 最近3年内没有发生重大不利变化 | 最近2年内没有发生重大不利变化 | |
| 控制权 | 股份权属清晰,不存在导致控制权可能变更的重大权属纠纷 | | |
| | 最近3年实际控制人没有发生变更 | 最近2年实际控制人没有发生变更 | |
| 管理团队 | 最近3年内董事、高级管理人员均没有发生重大不利变化 | 最近2年内董事、高级管理人员均没有发生重大不利变化 | 最近2年内董事、高级管理人员、核心技术人员均没有发生重大不利变化 |

3. 不存在重大权属纠纷

不存在涉及主要资产、核心技术、商标等的重大权属纠纷,重大偿债风险,重大担保、诉讼、仲裁等或有事项,经营环境已经或者将要发生重大变化等对持续经营有重大不利影响的事项。

### (四)合法经营

最近3年内,发行人及其控股股东、实际控制人不存在贪污、贿赂、侵占财产、挪用财产或者破坏社会主义市场经济秩序的刑事犯罪,不存在欺诈发行、重大信息披露违法或者其他涉及国家安全、公共安全、生态安全、生产安全、公众健康安全等领域的重大违法行为。

董事、监事和高级管理人员不存在最近3年内受到证监会行政处罚,或者因涉嫌犯罪正在被司法机关立案侦查或者涉嫌违法违规正在被证监会立案调查且尚未有明确结论意见等情形。

## （五）各板块企业上市市值与财务指标（见表2－6）

**表2－6　各板块企业上市市值与财务指标**

<table>
<tr><th>主板（3套）</th><th>创业板（3套）</th><th>科创板（5套）</th><th>北交所（4套）</th></tr>
<tr><td rowspan="2">标准一：持续盈利＋现金流/收入<br>• 无市值要求<br>• 近3年净利润为正<br>• 近3年累计净利润≥1.5亿元<br>• 近1年净利润≥6000万元<br>• 近3年累计经营活动现金流量净额≥1亿元或累计营业收入≥10亿元</td><td>标准一：持续盈利<br>• 无市值要求<br>• 近两年净利润为正<br>• 近两年累计净利润≥5000万元</td><td>标准一（1）：市值＋持续盈利<br>• 市值≥10亿元<br>• 近两年净利润为正<br>• 近两年累计净利润≥5000万元</td><td>标准一（1）：市值＋持续盈利＋净资产收益率（ROE）<br>• 市值≥2亿元<br>• 近两年净利润为正<br>• 近两年平均净利润≥1500万元<br>• 加权平均净资产收益率≥8%</td></tr>
<tr><td>标准二：市值＋盈利＋收入<br>• 市值≥10亿元<br>• 近一年净利润为正<br>• 近一年营业收入≥1亿元</td><td>标准一（2）：市值＋盈利＋收入<br>• 市值≥10亿元<br>• 近一年净利润为正<br>• 近一年营业收入≥1亿元</td><td>标准一（2）：市值＋盈利＋ROE<br>• 市值≥2亿元<br>• 近一年净利润为正<br>• 近一年净利润≥2500万元<br>• 加权平均净资产收益率≥8%</td></tr>
<tr><td>—</td><td>—</td><td>标准二：市值＋收入＋研发<br>• 市值≥15亿元<br>• 近一年营业收入≥2亿元<br>• 近3年累计研发投入占累计营业收入≥15%</td><td>标准三：市值＋收入＋研发<br>• 市值≥8亿元<br>• 近一年营业收入≥2亿元<br>• 近两年研发投入合计占营业收入合计≥8%</td></tr>
<tr><td>标准二：市值＋收入＋现金流＋盈利<br>• 市值≥50亿元<br>• 近一年净利润为正<br>• 近一年营业收入≥6亿元<br>• 近3年累计经营活动现金流量净额≥1.5亿元</td><td>—</td><td>标准三：市值＋收入＋现金流<br>• 市值≥20亿元<br>• 近一年营业收入≥3亿元<br>• 近3年累计经营活动现金流量净额≥1亿元</td><td>标准二：市值＋收入＋现金流<br>• 市值≥4亿元<br>• 近两年营业收入平均≥1亿元<br>• 近一年营业收入增长率≥30%<br>• 近一年经营活动现金流量净额为正</td></tr>
</table>

续表

| 主板(3套) | 创业板(3套) | 科创板(5套) | 北交所(4套) |
| --- | --- | --- | --- |
| 标准三:市值+收入+盈利<br>• 市值≥80亿元<br>• 近一年净利润为正<br>• 近一年营业收入≥8亿元 | 标准三:市值+收入<br>• 市值≥50亿元<br>• 近一年营业收入≥3亿元<br>注:适用于先进制造、互联网、大数据、云计算、人工智能、生物医药等高新技术产业和战略性新兴产业的创新创业企业 | 标准四:市值+收入<br>• 市值≥30亿元<br>• 近一年营业收入≥3亿元 | — |
| — | — | 标准五:市值+技术<br>• 市值≥40亿元<br>• 符合科创板定位需具备的技术优势和条件,医药行业企业:至少一项核心产品获准二期临床试验;<br>医疗器械企业:核心技术产品范围、阶段性成果、市场空间、技术优势、持续经营能力、信息披露等符合特定要求 | 标准四:市值+研发<br>• 市值≥15亿元<br>• 近两年研发投入合计≥5000万元 |

(六)红筹企业上市特别条件

符合国务院办公厅转发证监会《关于开展创新企业境内发行股票或存托凭证试点若干意见的通知》(国办发〔2018〕21号)等相关规定的红筹企业,可以申请发行股票或者存托凭证并在A股上市。

相关企业应当符合国家战略、掌握核心技术、市场认可度高,属于互联网、大数据、云计算、人工智能、软件和集成电路、高端装备制造、生物医药、新一代信息技术、新能源、新材料、新能源汽车、绿色环保、航空航天、海洋装备等高新技术产业和战略性新兴产业,且达到相当规模的创新企业。(具有国家重大战略意义的红筹企业申请纳入试点,不受前述行业限制。——笔者注)

红筹企业上市市值与财务指标见表 2－7，其中营业收入快速增长，应当符合下列标准之一：(1)近一年营业收入≥5 亿元，近 3 年营业收入复合增长率 >10%；(2)近一年营业收入 <5 亿元，近 3 年营业收入复合增长率 >20%；(3)受行业周期性波动等因素影响，行业整体处于下行周期的，近 3 年营业收入复合增长率高于同业可比公司同期平均增长水平。

**表 2－7　红筹企业上市市值与财务指标**

<table>
<tr><th>红筹企业</th><th>主板</th><th>创业板</th><th>科创板</th></tr>
<tr><td rowspan="2">已在境外上市红筹企业</td><td colspan="3">标准一：市值<br>• 市值≥2000 亿元</td></tr>
<tr><td colspan="3">标准二：市值＋技术<br>• 市值≥200 亿元<br>• 拥有自主研发、国际领先技术，科技创新能力较强，在同行业竞争中处于相对优势地位</td></tr>
<tr><td rowspan="3">尚未上市的红筹企业</td><td>标准一：市值＋收入<br>• 市值≥200 亿元<br>• 近一年营业收入≥30 亿元</td><td>—</td><td>—</td></tr>
<tr><td colspan="3">标准二：市值＋收入＋技术<br>• 市值≥100 亿元<br>• 营业收入快速增长<br>• 拥有自主研发、国际领先技术，在同行业竞争中处于相对优势地位</td></tr>
<tr><td colspan="3">标准三：市值＋收入＋技术<br>• 市值≥50 亿元<br>• 近一年营业收入≥5 亿元<br>• 营业收入快速增长<br>• 拥有自主研发、国际领先技术，在同行业竞争中处于相对优势地位</td></tr>
</table>

处于研发阶段的红筹企业和对国家创新驱动发展战略有重要意义的红筹企业，不适用“营业收入快速增长”的要求。

(七)表决权差异安排

存在表决权差异安排的企业上市市值与财务指标见表 2－8。上市前设置表决权差异安排的，应当经出席股东大会的股东所持 2/3 以上的表决权通过。上市前不具有表决权差异安排的，不得在上市后设置此类安排。

**表 2－8　存在表决权差异安排的企业上市市值与财务指标**

<table>
<tr><th>主板</th><th>创业板</th><th>科创板</th></tr>
<tr><td>标准一：市值＋盈利<br>• 市值≥200 亿元<br>• 近一年净利润为正</td><td colspan="2">标准一：市值<br>• 市值≥100 亿元</td></tr>
<tr><td>标准二：市值＋盈利＋收入<br>• 市值≥100 亿元<br>• 近一年净利润为正<br>• 近一年营业收入≥10 亿元</td><td colspan="2">标准二：市值＋收入<br>• 市值≥50 亿元<br>• 近一年营业收入≥5 亿元</td></tr>
</table>

持有特别表决权股份的股东应当为对上市公司发展或者业务增长等作出重大贡献，并且在公司上市前及上市后持续担任公司董事的人员或者该等人员实际控制的持股主体。持有特别表决权股份的股东在上市公司中拥有权益的股份合计应当达到公司全部已发行有表决权股份的 10% 以上。上市公司章程应当规定每份特别表决权股份的表决权数量。每份特别表决权股份的表决权数量应当相同，且不得超过每份普通股份的表决权数量的 10 倍。

除公司章程规定的表决权差异外，普通股份与特别表决权股份具有的其他股东权利应当完全相同。

# 第三章

# “新指引39条”规范要点解析

## 第1条　历史上自然人股东人数较多

### 一、规范要求[1]

对于历史沿革涉及较多自然人股东的发行人，保荐机构、发行人律师应当核查历史上自然人股东入股、退股（含工会、职工持股会清理等事项）是否按照当时有效的法律法规履行了相应程序，入股或股权转让协议、款项收付凭证、工商登记资料等法律文件是否齐备，并抽取一定比例的股东进行访谈，就相关自然人股东股权变动的真实性、所履行程序的合法性，是否存在委托持股或信托持股情形，是否存在争议或潜在纠纷发表明确意见。对于存在争议或潜在纠纷的，保荐机构、发行人律师应对相关纠纷对发行人股权清晰稳定的影响发表明确意见。发行人以定向募集方式设立股份公司的，中介机构应以有权部门就发行人历史沿革的合规性、是否存在争议或潜在纠纷等事项的意见作为其发表意见的依据。

---

〔1〕“规范要求”来源于《监管规则适用指引——发行类第4号》《监管规则适用指引——发行类第5号》文件规定，下同。

## 二、相关解析

中国证券监督管理委员会法律部《关于职工持股会及工会持股有关问题的法律意见》(法协字〔2002〕第115号)第1条第2项规定,“在民政部门不再接受职工持股会的社团法人登记之后,职工持股会不再具备法人资格,不再具备成为上市公司股东及发起人的主体资格,而工会成为上市公司的股东与其设立和活动的宗旨不符”。同时,该法律意见第2条第2项规定,“对拟上市公司而言,受理其发行申请时,应要求发行人的股东不属于职工持股会及工会持股,同时,应要求发行人的实际控制人不属于职工持股会及工会持股”。根据《监管规则适用指引——发行类第4号》第1条的规定,存在工会及职工持股会持股的情形需参照股东人数较多的核查要求进行规范。

对于工会或职工持股会的清理一般采用股权转让或者股权还原的方式,取得相关部门同意撤销工会或职工持股会持股的批复,召开持股职工大会进行清理的相关表决,根据表决方案进行股权转让或者还原给每一位职工,在转让和还原的过程中应当获得每一位持股职工的确认。

如果发行人历史上存在委托持股的情形,为保持发行人股权清晰需要进行相关处理。通常由名义股东将股权转回实际股东或者其关联方,隐名股东进行实名登记,或者转让给无关联的第三方,股权转让的真实性和转让对价的合理性是关注的重点。对于股权还原而进行的股权转让,并不是真正意义上的股权出售行为,而是股权的实际出资人取回委托他人持有的股权,名义股东并未就代持的股权真正出资,股权还原过程中无须支付转让价款。但在实际操作中也存在代持人与实际出资人针对代持还原的股份约定转让价格的情形,其原因包括避免无对价股权转让程序上的复杂化、为个人所得税核算提供依据等。在约定对价的情形下,通常设定1元作为象征性的转让价格,或者根据公司的净资产情况确定转让价格,并以该价格为基础申报并缴纳个人所得税,但不涉及股权转让价款的支付。

从代持还原的实质来看,代持股份变更至实际出资人名下,代持人并未取得收入。但根据国家税务总局《股权转让所得个人所得税管理办法(试行)》的规定,代持还原形式上符合股权转让产生个人所得税的情形。在实务中,税务机关依据《股权转让所得个人所得税管理办法(试行)》第11条第1项规定,“符合下列情形之一的,主管税务机关可以核定股权转让收入:(一)申报的股权转让收入明显偏低且无正当理由的”,将代持还原的无对价或低对价视为“申报的股权转让收入明显偏低且无正当理由的”,对代持人转让代持股权的收入进行核定征税。但也有个别案例在与税务局沟通后未征收个人所得税,由于没有法律法规作为支撑,建议拟上市公司与当地税务机关沟通,如果暂未缴纳也要做好被税务机关追缴的准备,并出具相应的声明和承诺。

## 三、典型案例[1]

**案例1-1** 德石股份(股票代码:301158.SZ,2022年1月17日创业板上市)

**关注要点:**发行人在德石有限设立至2015年10月期间股东人数超过200人。

**案例分析:**德石有限股东人数超过200人的期间为自德石有限设立时至2015年10月。德石有限系由德州机械厂按照国有大中型企业主辅分离辅业改制的相关政策改制设立的有限责任公司,因参与改制的职工人数较多,因此在设立时股东人数超过200人,德石有限设立时股东总人数为337人,除新星公司外,其余均为参与改制的员工。上述股东人数超过200人的情况已在中石化批准的改制分流实施方案中明确规定。2004年6月30日,国务

[1] “典型案例”系根据各公司公开资料整理,下同。

院国资委下发《关于中国石油化工集团公司主辅分离辅业改制分流安置富余人员第二批实施方案的批复》(国资分配〔2004〕562号),批准了中石化制定的主辅分离、改制分流第二批实施方案(含德州机械厂的改制分流方案)。

德石有限设立日期为2004年6月30日,当时有效的《证券法》(1999年实施)第10条规定:“公开发行证券,必须符合法律、行政法规规定的条件,并依法报经国务院证券监督管理机构或者国务院授权的部门核准或者审批;未经依法核准或者审批,任何单位和个人不得向社会公开发行证券。”但并未定义何为“公开发行证券”。直至2005年修订的《证券法》才对“公开发行证券”进行明确定义,根据《证券法》(2005年修订)第10条第2款的规定,“有下列情形之一的,为公开发行:(一)向不特定对象发行证券;(二)向特定对象发行证券累计超过二百人的;(三)法律、行政法规规定的其他发行行为”。因此,德石有限设立时股东人数超过200人并不违反当时有效的《证券法》的规定,不构成当时有效的证券法规定的“未经批准公开发行证券”的行为。2004年6月30日德石有限设立至2005年修订的《证券法》生效期间德石有限股东超过200人的情况未违反法律法规的强制性规定。

2005年《证券法》修订后对“公开发行证券”进行明确定义,但并没有明确规定在此之前设立的股东人数超过200人的公司属于违法,需要立即整改。德石有限在2005年《证券法》修订后股东人数超过200人的主要原因为德石有限设立时的股东人数较多,通过正常的股权变动无法立即将股东人数降至200人以下,不存在将德石有限股东人数降至200人以下后,又通过股权转让或增资将股东人数增至200人以上的情况。因此,在此阶段虽然德石有限股东超过200人的情况不符合2005年修订生效后的《证券法》的规定,但根据“法不溯及既往”的原则,在2005年《证券法》修订生效后至2015年10月股东人数降至200人以下的期间,德石有限股东人数超过200人不属于重大违法违规行为,相关证券监管机构也未对德石有限进行过处罚。经过历次股权转让,德石有限的股东人数在2015年10月降至200人以下,上述股东人数超过200人的情况已经完成整改。

本案例中,发行人在有限责任公司阶段存在股东超过 200 人的情形,但经过历次股权转让及减资等,发行人在整体变更为股份公司前股东人数已变更为 200 人以内,未对发行上市构成实质性法律障碍。

**案例 1－2** 张小泉(股票代码:301055.SZ,2021 年 9 月 6 日创业板上市)

**关注要点:**公司控股股东张小泉集团系国有企业改制,设立时杭州张小泉集团有限公司工会为主要出资人,占张小泉集团注册资本的 77.44%,后经历次股权变更,持股会员陆续通过转让其持有的股权退出集团工会,截至上市审核时,杭州张小泉集团有限公司工会持股 0.0019%,工会持股未彻底清理。

**案例分析:**对于职工持股会、工会持股或其他自然人持股人数较多的情形要求清理,主要是基于发行人股权清晰、控制权稳定的考虑。

根据张小泉集团工会的声明,其持有的张小泉集团的股权不存在委托持股或信托持股的情形。张小泉集团工会持有的股权仅涉及一名持股人员,该名持股人员持有的 326 元出资额系根据张小泉集团改制设立时的内部招股募股方案取得,系原企业集体资产平均量化至个人对应的股权,不存在委托持股或信托持股的情形。对于通过张小泉集团工会(职工持股会)持股或自然人直接持股的职工持股人员,保荐机构及发行人律师就持股人员原持有的股份数、转让时是否是其真实的意思表示、是否已收到全部转让款、是否存在争议或纠纷等问题对原持股人员进行了访谈,共计访谈持股人员 433 人(含历史上曾直接持股的职工股东),占职工持股会设立之初总持股人员(去除 8 名过世人员及 5 名空挂人员)的 54.67%,访谈持股人员持股总数为 3,416,458 股,占职工持股会设立之初总持股数量的 62.40%。

张小泉集团工会持有的张小泉集团股权除 326 元出资额外已清理完毕,虽以张小泉集团工会名义持有张小泉集团 0.0019% 股权,但其持有的股权仅涉及一名持股人员。自职工持股会设立至今,该名人员持股的 326 元出资额未发生变动。杭州市人民政府出具的杭政〔2020〕8号文认为,杭州张小泉集团公司(杭州张小泉剪刀厂)改制符合当时法律法规及政策的规定。因此,该名人员持有的张小泉集团工会的股权权属清晰,不存在争议或潜在纠纷。

本案例中,张小泉集团工会具有法人资格,系张小泉集团的适格股东,间接持有发行人股份合法合规;发行人的控股股东或实际控制人并非职工持股会或工会,间接股东虽然存在工会持股情况,但张小泉集团工会持股金额及持股比例较少,股权权属清晰,不存在潜在争议或纠纷,不会对发行人的控制权稳定产生不利影响。

## 第2条 申报前引入新股东

### 一、规范要求

对IPO申报前12个月通过增资或股权转让产生的新股东,保荐机构、发行人律师应按照《监管规则适用指引——关于申请首发上市企业股东信息披露》《监管规则适用指引——发行类第2号》的相关要求进行核查。发行人在招股说明书信息披露时,除满足招股说明书信息披露准则的要求外,如新股东为法人,应披露其股权结构及实际控制人;如为自然人,应披露其基本信息;如为合伙企业,应披露合伙企业的普通合伙人及其实际控制人、有限合伙人的基本信息。最近一年末资产负债表日后增资扩股引入新股东的,申报前须增加一期审计。

红筹企业(指注册地在境外、主要经营活动在境内的企业)拆除红筹架构以境内企业为主体申请上市,如该境内企业直接股东原持有红筹企业股权、持有境内企业股权比例为根据红筹企业持股比例转换而来,且该股东自持有红筹企业股权之日至IPO申报时点满12个月,原则上不视为新股东。

发行人直接股东如以持有发行人重要子公司(置换时资产、营业收入或利润占比超过50%)股权置换为发行人股权的,如该股东自持有子公司股权之日至IPO申报时点满12个月,原则上不视为新股东。

## 二、相关解析

IPO申报前12个月通过增资或股权转让获得发行人的股份认定为临近上市前的入股,新股东需要按照《监管规则适用指引——发行类第4号》《监管规则适用指引——关于申请首发上市企业股东信息披露》《监管规则适用指引——发行类第2号》的要求进行披露、核查和股份锁定。此外,如果新股东从控股股东、实际控制人处受让股份,需遵循证监会和交易所关于控股股东、实际控制人持有股份锁定要求的其他规定。

在实务中,临近上市前的入股可能存在几种情形:(1)目的正当的入股,如股权激励、引入战略投资者等;(2)存在利益输送嫌疑的入股,如公司控股股东、实际控制人或者其他利益相关方为规避股份锁定期限的要求,通过委托持股等方式进行突击入股,实现上市后提前套现的目的;(3)以抬高估值为目的的入股,注册制下,根据主板、创业板、科创板及北交所的上市条件,除主板和创业板的第一套上市标准不与市值挂钩外,其余上市标准均与市值挂钩。在有盈利要求的上市标准中,北交所最低市值要求为2亿元,科创板和创业板最低市值要求均为10亿元,主板上市标准对盈利均有要求,并设置市值50亿元、80亿元两套与市值关联的标准;在未要求盈利的上市标准中,北交所市值要求分别为4亿元、8亿元、15亿元,科创板市值要求分别为15亿元、20亿元、30亿元、40亿元,创业板市值要求为50亿元。由此可见,市值已成为发行上市的重要条件之一,临近上市前的入股可能存在抬高估值的动机,其合理性会被重点关注。

《监管规则适用指引——关于申请首发上市企业股东信息披露》第3条规定,"发行人提交申请前12个月内新增股东的,应当在招股说明书中充分披露新增股东的基本情况、入股原因、入股价格及定价依据,新股东与发行人其他股东、董事、监事、高级管理人员是否存在关联关系,新股东与本次发行的中介机构及其负责人、高级管理人员、经办人员是否存在关联关系,新增股东是否存在股份代持情形。上述新增股东应当承诺所持新增股份自取得之日起36个月内不得转让”。

## 三、典型案例

**案例2-1** 翱捷科技(股票代码:688220. SH,2022年1月14日科创板上市)

**关注要点:**发行人申报前12个月内存在新增股东的情况,该等新增股东为:上武一期、上武二期、临港智兆二期、浦东新产投、国联科金、小米长江、兴证投资、久深股权、疌泉元禾、河南战兴、上海半导体装备、张怀安、中国互联网投资、红杉宽带、桐乡智芯、高瓴馥恒、张江科投、上海科投、TCL爱思开、浙江天能、上海诚晁、宁波捷芯、GreatASR1 Limited、GreatASR2 Limited。

**案例分析:**本案例中,针对申报前12个月通过增资扩股、股权转让等情形新增的股东,要求核查并在招股说明书中披露新增股东的基本情况、入股原因、入股价格及定价依据,新股东与发行人其他股东、董事、监事、高级管理人员是否存在关联关系,新股东与本次发行的中介机构及其负责人、高级管理人员、经办人员是否存在关联关系,新增股东是否存在股份代持情形等。

保荐机构及发行人律师履行了如下核查程序:(1)核查发行人申报前12个月内股份转让各方签署的股份转让协议等交易文件。(2)查阅发行人的工商登记资料以及申报前12个月内新增股东工商登记资料、营业执照、合伙协议、私募基金股东的私募基金备案证明等材料。(3)获取并查阅发行人股东及董事、监事、高级管理人员填写的调查问卷。(4)查询国家企业信用信息公示系统(http://www.gsxt.gov.cn/index.html)、中国证券投资基金业协会网站(http://www.amac.org.cn)登记的相关信息;检索中国裁判文书网(http://wenshu.court.gov.cn/)、中国执行信息公开网(http://zxgk.court.gov.cn/)等网站的公开信息。(5)访谈发行人的实际控制人及股东。

**案例2-2** 海创药业(股票代码:688302.SH,2022年4月12日科创板上市)

**关注要点:**盈创动力、刘某荣系申报前12个月内产生的新股东。发行人认为,盈创动力、刘某荣在公司搭建红筹架构前均系海创有限股东,且在红筹架构搭建期间通过其境外投资平台ICON INVESTMENT GROUP COMPANY LIMITED(ICON)和CYL Bros Holding Inc.(CYL)始终持有海创开曼股份(其中,刘某荣股份系由陈某伦通过CYL代持),红筹架构搭建和拆除前后盈创动力、刘某荣对海创有限和海创开曼的持股比例均未发生变化。因此盈创动力、刘某荣无须按照36个月进行锁定。

审核问询阶段要求发行人结合盈创动力和ICON的关系,刘某荣的代持关系进一步说明其锁定期是否符合相关规则要求。

**案例分析:**根据工商资料,2013年2月刘某荣参与海创有限设立,成为海创有限创始股东;2014年1月盈创动力成为海创有限股东。盈创动力、刘某荣在公司搭建红筹架构前均始终系海创有限股东。红筹架构搭建期间,盈创动力通过其境外投资平台ICON持有海创开曼股份;刘某荣由陈某伦通过CYL代持海创开曼股份。2020年4月,公司决定拆除红筹架构并申请回归A股上市。盈创动力、刘某荣在红筹架构拆除后继续直接持有海创有限股权,红筹架构搭建和拆除前后前述股东对海创有限和海创开曼的持股比例均未发生变化。

2013年2月,刘某荣成为海创有限股东。红筹架构搭建期间,其始终由陈某伦通过CYL代持海创开曼股份,并间接持有对应的海创有限权益,代持关系真实有效,不存在纠纷,且代持的股份已于2020年6月还原。红筹架构拆除后,刘某荣的持股情况未发生变化,不存在突击入股的情形。故刘某荣不属于《监管规则适用指引——关于申请首发上市企业股东信息披露》中认定的申报前12个月内产生的新股东,无须按照相关规则要求进行锁定。

2014年1月,盈创动力成为海创有限股东,且在红筹架构搭建期间通过其境外投资平台ICON始终持有海创开曼股份,红筹架构搭建和拆除前后前述股东对海创有限和海创开曼的持股比例均未发生变化。但ICON与盈创动力股权结构并非完全一致。出于谨慎考虑,盈创动力拟比照申报前12个月内产生的新股东,将其所持的发行人股份锁定期定为自发行人股票上市之日起12个月或自取得发行人新增股份之日(红筹架构拆除时受让海创有限股权之日)起36个月(孰长)。

**案例2-3** 美埃科技(股票代码:688376.SH,2022年11月18日科创板上市)

**关注要点:**根据申报文件,公司最近一年新增股东有宁波五月丰、PS Fortune Limited(PS)、PH Fortune Limited(PH)、瑞穆投资、宁波佳月晟、苏州富坤、KCT Investment Limited(KCT)、无锡源鑫、清川重政、宁波丽芬玉、宁波鸣志亮、宁波春蕾燕、嘉德智尚。

**案例分析:**关于公司最近一年新增股东的情况发行人进行了相关说明。

(1)产生新股东的原因、股权转让或增资价格及定价依据

宁波五月丰及PH系为了将原来在宝利金瑞层面持股的员工激励计划的员工权益下翻到美埃有限层面,而由有关员工在中国内地及香港特别行政区(以下简称香港)分别设立员工持股平台。宁波五月丰及PH通过认购美埃有限新增注册资本的方式取得了美埃有限的股权,由于系境外权益的同比例下翻,该次增资的定价为1元/注册资本。PS是为了将原来在宝利金瑞层面持股的美埃集团3位管理人员的权益下翻至美埃有限层面而由3位管理人员在香港设立持股平台。PS通过认购美埃有限新增注册资本的方式取得了美埃有限的股权,由于境外权益的同比例下翻,该次增资的定价为1元/注册资本。

瑞穆投资、无锡源鑫、苏州富坤、宁波丽芬玉、宁波鸣志亮、宁波春蕾燕、宁波佳月晟、KCT、清川重政、嘉德智尚均为在2020年1月入股发行人的投资人。其中,瑞穆投资、苏州富坤、无锡源鑫系在中国证券投资基金业协会备案的私募基金;宁波丽芬玉、宁波鸣志亮、宁波春蕾燕系发行人员工为投资发行人而专门设立的有限合伙企业;宁波佳月晟的合伙人系实际控制人的朋友及南京天加的员工;嘉德智尚的合伙人系实际控制人的朋友。

上述新增股东因认可发行人且看好发行人的发展前景,认为发行人有投资价值,在获知有投资机会后通过受让T & U Investment Co. , Limited持有的美埃有限股权的方式成为股东,股权转让价格系各受让方与转让方根据市场化方式协商确定。

(2)新股东是否具备法律、法规规定的股东资格

清川重政为日本籍自然人,其已出具承诺函确认不存在法律法规规定禁止担任发行人股东的情形。

根据境外律师出具的法律意见,PS、PH、KCT均为依据香港法律设立并合法存续的公司,不存在依据香港法律法规及各自公司章程规定应当解散的情形。

宁波五月丰、瑞穆投资、宁波佳月晟、苏州富坤、无锡源鑫、宁波丽芬玉、宁波鸣志亮、宁波春蕾燕、嘉德智尚均为依据中国法律法规设立并合法存续的有限合伙企业,不存在法律法规及各自合伙协议规定应当解散的情形,亦不存在法律法规规定的禁止担任发行人股东的情形。

**附:新增股东是否具备股东资格**

**(一)自然人股东**

自然人股东原则上包括限制民事行为能力人和无民事行为能力人,但限制民事行为能力人和无民事行为能力人需要通过监护和代理制度由他人代为行使有关权利。自然人股东不包括受到规范性文件禁止的“特殊自然

人”,如公务员、军人、党员领导干部等。

根据相关法律法规,禁止和限制投资入股的情形如下。

1. 国家公务员不得投资入股

根据《公务员法》第59条的规定,公务员应当遵纪守法,不得违反有关规定从事或者参与营利性活动,在企业或者其他营利性组织中兼任职务。

2. 公务员辞职或退休的,在离职2年内,原系领导成员、县处级以上领导职务的公务员在离职3年内,不得从事与原工作业务直接相关的投资入股

根据《公务员法》第107条的规定,公务员辞去公职或者退休的,原系领导成员、县处级以上领导职务的公务员在离职3年内,其他公务员在离职2年内,不得到与原工作业务直接相关的企业或者其他营利性组织任职,不得从事与原工作业务直接相关的营利性活动。

3. 乡(含乡)以上党政机关在职干部(包括退居二线的干部),不得投资入股

根据中共中央、国务院《关于严禁党政机关和党政干部经商、办企业的决定》第2条的规定,乡(含乡)以上党政机关在职干部(包括退居二线的干部),一律不得以独资或合股、兼职取酬、搭干股分红等方式经商、办企业;也不允许利用职权为其家属、亲友所办的企业谋取利益。

4. 军人不得投资入股

根据《中国人民解放军内务条令(试行)》第105条的规定,军人不得经商,不得从事本职以外的其他职业和网络营销、传销、有偿中介活动,不得参与以营利为目的的文艺演出、商业广告、企业形象代言和教学活动,不得利用工作时间和办公设备从事证券期货交易、购买彩票,不得擅自提供军人肖像用于制作商品。

5. 省(部)、地(厅)级领导干部配偶、子女,不准在该领导干部管辖的业务范围内有投资入股行为

根据《关于“不准在领导干部管辖的业务范围内个人从事可能与公共利益发生冲突的经商办企业活动”的解释》的规定,省(部)、地(厅)级领导干

部的配偶、子女，不准在该领导干部管辖的业务范围内个人从事可能与公共利益发生冲突的经商办企业活动。

6. 国有企业领导人员及其配偶、子女及其他特定关系人，不得在该企业的关联企业、与该企业有业务关系的企业投资入股

《国有企业领导人员廉洁从业若干规定》第 5 条规定，国有企业领导人员应当忠实履行职责，不得从事营利性经营活动和有偿中介活动，或者在本企业的同类经营企业、关联企业和与本企业有业务关系的企业投资入股；第 6 条规定，国有企业领导人员的配偶、子女及其他特定关系人，不得在本企业的关联企业、与本企业有业务关系的企业投资入股。

7. 教育部直属高校党员领导干部不得投资入股

根据《直属高校党员领导干部廉洁自律“十不准”》第 6 条的规定，直属高校党员领导干部不准以本人或者借他人名义经商、办企业。

**（二）法人和非法人组织股东**

1. 企业法人可以成为公司的股东。商业银行原则上不得成为非金融机构和企业的股东，但国家另有规定的除外。

2. 机关法人、社会团体法人、事业单位法人，法律法规明确禁止其从事投资和经营活动的除外。

3. 具备法人条件并经依法登记为法人的农村集体经济组织或村民委员会、具有投资能力的城市居民委员会。

4. 券商直投子公司。担任拟上市公司的辅导机构、财务顾问、保荐机构或者主承销商的，自签订有关协议或者实质开展相关业务之日起，公司的直投子公司、直投基金、产业基金及基金管理机构不得再对该拟上市公司进行投资。

5. 个人独资企业、合伙企业可以作为股东，会计师事务所、律师事务所等不得作为其他行业企业的股东。

6. 私募投资基金。发行人股东存在私募投资基金的，应按《私募投资基金监督管理条例》等相关法律法规或规范性文件履行备案登记程序。

# 第3条 对赌协议

## 一、规范要求

投资机构在投资发行人时约定对赌协议等类似安排的，保荐机构及发行人律师、申报会计师应当重点就以下事项核查并发表明确核查意见：一是发行人是否为对赌协议当事人；二是对赌协议是否存在可能导致公司控制权变化的约定；三是对赌协议是否与市值挂钩；四是对赌协议是否存在严重影响发行人持续经营能力或者其他严重影响投资者权益的情形。存在上述情形的，保荐机构、发行人律师、申报会计师应当审慎论证是否符合股权清晰稳定、会计处理规范等方面的要求，不符合相关要求的对赌协议原则上应在申报前清理。

发行人应当在招股说明书中披露对赌协议的具体内容、对发行人可能存在的影响等，并进行风险提示。

解除对赌协议应关注以下方面：

(1)约定“自始无效”，对回售责任“自始无效”相关协议签订日在财务报告出具日之前的，可视为发行人在报告期内对该笔对赌不存在股份回购义务，发行人收到的相关投资款在报告期内可确认为权益工具；对回售责任“自始无效”相关协议签订日在财务报告出具日之后的，需补充提供协议签订后最新一期经审计的财务报告。

(2)未约定“自始无效”的，发行人收到的相关投资款在对赌安排终止前应作为金融工具核算。

## 二、相关解析

对赌协议又称估值调整协议，是指投资方与融资方在达成股权性融资协议时，为解决交易双方对目标公司未来发展的不确定性、信息不对称以及代理成本而设计的包含了股权回购、现金补偿等对未来目标公司的估值进行调整的协议。从对赌协议的签署主体来看，包括投资方与目标公司的股东或者实际控制人"对赌"、投资方与目标公司"对赌"。实践中，股权对赌在很大程度上解决了投资方和融资方在目标公司估值方面的争议和分歧，有利于推动企业股权融资，因此对赌协议在企业发展初期或上市前较为普遍。

上市退出/并购或转让退出是投资方获取投资回报的重要途径，部分投资方将标的公司是否上市或者上市后的市值作为触发对赌条件的衡量指标之一。但鉴于对赌协议安排可能导致公司控制权发生变化，从而严重影响公司持续经营能力或者严重影响投资者权益，在早期审核中监管部门对对赌协议此类特殊权利安排持明确否定态度。随着资本市场的发展及注册制的实施，监管部门根据对赌协议具体条款内容进行了区分。2019 年 3 月 24 日，上交所发布《上海证券交易所科创板股票发行上市审核问答（二）》，首次明确同时满足相关条件的对赌协议，可以于申报前不进行清理。具体条件包括：(1)发行人不作为对赌协议当事人；(2)对赌协议不存在可能导致公司控制权变化的约定；(3)对赌协议不与市值挂钩；(4)对赌协议不存在严重影响发行人持续经营能力或者其他严重影响投资者权益的情形。2020 年 6 月 12 日，《深圳证券交易所创业板股票首次公开发行上市审核问答》发布，也明确了对同时满足上述条件的对赌协议可以不进行清理。在全面注册制下，2023 年 2 月 17 日，证监会发布《监管规则适用指引——发行类第 4 号》，对对赌协议的核查和披露要求进一步作出了明确规定。尽管如此，实践中保留对赌条款的拟上市公司仍属于少数，大多数企业选择申报前终止对赌协议，或者先终止并附条件恢复。

## 三、典型案例

**案例3-1** 凯尔达(股票代码:688255.SH,2021年10月25日科创板上市)

**关注要点:**发行人控股股东凯尔达集团与晔翔企管签署了《股份转让协议之补充协议》约定如发行人在《股份转让协议》生效后5年内未实现首次公开发行股份并上市,在不违反法律、法规禁止性规定的情况下,晔翔企管可要求凯尔达集团回购相关股票。相关对赌条款处于中止状态。

审核问询关注:上述对赌协议对发行人的影响,是否存在未披露的对赌协议或其他利益安排。

**案例分析:**《股份转让协议之补充协议》在发行人申请首次公开发行股份时自动中止执行,并于审核通过发行人首次公开发行股份申请时自动终止执行,如发行人首次公开发行股份申请未被受理或发行人主动撤回申请材料或被终止审查或否决,《股份转让协议之补充协议》自动恢复执行。

为保持公司股权结构的稳定性,凯尔达集团与晔翔企管签署了《〈股份转让协议之补充协议〉的终止协议》,该终止协议生效后,发行人与晔翔企管不再存在对赌协议或其他类似安排。

本案例中,上市申报时发行人相关对赌条款处于中止状态,在审核阶段签署终止协议,发行人与各股东之间及各股东之间的对赌协议彻底终止。

**案例3-2** 德邦科技(股票代码:688035.SH,2022年9月19日科创板上市)

**关注要点:**公司、实际控制人及公司其他股东曾与大基金签署投资协议、股东协议及其相关补充协议,约定大基金享有董事监事委派、优先认购权、优先购买权、共同出售权、反稀释权、优先清算权、业绩保障、实际控制人股权回购、最优惠条款、信息权等保护性权利及特殊权利条款安排。

2021年9月,公司、实际控制人及公司其他股东与大基金签署股东协议之补充协议,约定:自公司实现其股份在证券交易所首次公开发行申报之日,股东特殊权利条款终止,不再具有约束力;自上述股东特别权利终止后,各方之间不存在任何其他形式的对赌条款安排或者特殊利益安排;如果公司IPO申报因任何原因被撤回、退回、撤销,或被中国证券发行的有权监管部门否决、终止审查、拒绝审查的,相关股东特殊权利条款在前述任何一种情形发生之日自动恢复效力。

审核问询关注:补充协议规定自动恢复条款,是否符合相关规定要求。

**案例分析**:根据保荐机构关于审核问询函的回复,2021年9月,发行人、实际控制人及发行人其他股东与国家集成电路基金签署股东协议之补充协议,自公司实现其股份在证券交易所首次公开发行申报(以交易所受理函或网站公示信息为准)之日,股东特殊权利条款终止,不再具有约束力,但设有附条件自动恢复条款。该等约定符合《上海证券交易所科创板股票发行上市审核问答(二)》(2019年3月)的相关要求,具体分析如表3-1所示。

**表3-1 关于德邦科技对赌条款的约定**

| 规定要求 | 实际约定 |
| --- | --- |
| 发行人不作为对赌协议的当事人 | 发行人系相关协议的签署主体之一,但该等协议已明确约定,业绩保障、股权回购等对赌条款的义务当事人为发行人的实际控制人,发行人并不作为相关对赌条款的义务当事人 |
| 对赌协议不存在可能导致公司控制权变化的约定 | 如若发行人成功上市,则相关对赌条款彻底解除,实际控制人不会发生变化;如若触发回购义务,则实际控制人所持有的公司股份数量和比例将会增加,控制权进一步加强。因此,相关对赌条款的约定不会导致公司控制权发生变化 |
| 对赌协议不与市值挂钩 | 相关对赌条款的约定不存在与市值挂钩的情形 |
| 对赌协议不存在严重影响发行人持续经营能力或者其他严重影响投资者权益的情形 | 业绩保障、股权回购等相关对赌条款约定并不涉及公司的业务发展与日常经营,不存在严重影响发行人持续经营能力或者其他严重影响投资者权益的情形 |

**案例3－3** 绿通科技(股票代码:301322.SZ,2023年3月6日创业板上市)

**关注要点:**发行人在历史沿革中引入投资人股东时,实际控制人及其一致行动人与投资人签订的投资协议对股份回购、优先购买权等投资人享有的特殊权利进行了约定,前述特殊权利约定已经终止,但出现某些情形时,前述终止的特别权利自动恢复效力。

审核问询要求说明特殊权利约定的具体内容,重新生效是否涉及发行人回购股份、是否表明对赌协议清理不彻底。

**案例分析:**发行人与上述股东的特殊权利约定已自发行人首次公开发行股票并上市申请通过广东证监局现场验收之日起终止执行,截至审核期间仍处于终止状态。发行人首次公开发行股票并上市申请已被深交所依法受理,效力恢复条款的其他情形只是针对发行人首次公开发行股票并上市申请被主动撤回、未审核通过、遭否决或未上市交易等情况,且不涉及发行人回购股份或承担其他义务及责任。如发行人最终上市成功,该等效力恢复条款将确定不再执行,前述特殊权利约定也将永久终止执行,不再恢复效力。

本案例中,发行人股东特殊权利约定的效力恢复条款只是针对发行人首次公开发行股票并上市申请被主动撤回、未审核通过、遭否决或未上市交易等情况,不涉及发行人回购股份,发行人上述对赌协议已清理。

**案例3－4** 金橙子(股票代码:688291.SH,2022年10月26日科创板上市)

**关注要点:**发行人与嘉兴哇牛、橙芯创投、豪迈科技等股东之间存在对赌条款或其他权利安排的约定,各方已签署终止协议。

审核问询要求说明终止协议签订后对赌条款是否自始无效。

**案例分析:**解除对赌协议应关注是否“自始无效”。《监管规则适用指引——发行类第4号》第3条规定:(1)约定“自始无效”,对回售责任“自始无效”相关协议签订日在财务报告出具日之前的，可视为发行人在报告期内对该笔对赌不存在股份回购义务，发行人收到的相关投资款在报告期内可确认为权益工具；对回售责任“自始无效”相关协议签订日在财务报告出具日之后的，需补充提供协议签订后最新一期经审计的财务报告。(2)未约定“自始无效”的，发行人收到的相关投资款在对赌安排终止前应作为金融工具核算。

本案例中，嘉兴哇牛、橙芯创投、豪迈科技与发行人及全体股东签署《关于北京金橙子科技股份有限公司特殊投资条款终止协议》，以发行人为对赌当事人的对赌条款自始无效，以实际控制人为对赌当事人的对赌条款符合相关规定，无须清理依然有效。

**案例3－5** 荣旗科技(股票代码:301360. SZ,2023 年 4 月 25 日创业板上市)

**关注要点**：发行人在招股说明书的风险因素中披露了控股股东、实际控制人可能履行对赌协议的风险，发行人控股股东、实际控制人与相关股东签署的投资协议中存在股权回购条款，且尚未终止。

审核问询要求发行人结合对赌协议的主要条款和合法合规性，分析是否符合《深圳证券交易所创业板股票首次公开发行上市审核问答》(2020 年 6 月)关于对赌协议等相关规定，说明对赌协议对发行人的影响、不导致发行人控制权发生变化的原因，进一步分析发行人将上述事项披露为风险因素的原因及合理性。

**案例分析**：本案例中，对赌协议的主要条款符合《深圳证券交易所创业板股票首次公开发行上市审核问答》(2020 年 6 月)等相关规定。

协议中约定的股权回购义务，自公司 IPO 申请材料获得受理通知书之日起自动失效，在提交的 IPO 申请由公司撤回或被证监会等审核机构否决之日(最迟至 2022 年 12 月 31 日)起将自动生效且视为自始有效，在取得证监会发行批文且股票发行上市后永久失效。

就经各方签署的补充协议/备忘录而言，其内容符合《深圳证券交易所创业板股票首次公开发行上市审核问答》（2020年6月）中关于满足相应条件的对赌协议等类似安排可以不予清理的规定，具体情况如下。

（1）发行人不作为或曾经作为对赌协议当事人：协议中约定的回购义务人为发行人的控股股东、实际控制人，发行人自身不承担回购义务，不作为或曾经作为对赌协议当事人。

（2）对赌协议不存在可能导致公司控制权变化的约定：发行人处于发行上市审核期间，相关对赌条款的效力处于中止状态，发行人的实际控制人无须承担回购义务，不会导致发行人控制权发生变化；如发行人获准发行上市，对赌条款将永久失效，发行人的实际控制人仍无须承担相应义务，亦不会导致发行人控制权发生变化。此外，若发生回购情形，实际控制人履行回购义务将会增加其的持股数量及比例，不会导致发行人的控制权发生变化。

（3）对赌协议不与市值挂钩：投资人股权回购请求权的触发条件为发行人的上市申报以及实现上市日期等，不存在与市值挂钩的情形。

（4）对赌协议不存在严重影响发行人持续经营能力或者其他严重影响投资者权益的情形：对赌条款不涉及发行人具体经营活动，且发行人处于发行上市审核期间，相关对赌条款的效力处于中止状态，对赌协议不存在严重影响发行人持续经营能力或者其他严重影响投资者权益的情形。

**案例3-6** 科源制药（股票代码：301281.SZ，2023年4月4日创业板上市）

**关注要点**：申报文件及审核问询回复显示：（1）发行人控股股东、实际控制人与财金科技、鲁信资本、财金投资、云聚投资等股东均签订了对赌协议，相关对赌协议约定了在公司未能满足上市进程等情形时由力诺集团进行股份回购或赋予投资人增持股份与提名董事的权利、业绩未达标时需进行现金补偿、随售权、优先购买权等。（2）根据各方签署的终止协议，截至对赌协议终止之日，未触发对赌权利人要求公司或其控股股东、实际控制人进行业绩补偿、回购或者行使随售权等特殊权利的情形，或者虽然该等情形已经触发，但对赌权利人同意予以豁免，且不予追究违约责任。各方就包含对赌相关协议/文件的签署、执行、效力在内的相关事项及其他事项未产生过任何争议或纠纷。

**案例分析：**发行人已详细说明报告期内触发但对赌权利人同意予以豁免的对赌条款的对手方、触发和豁免的具体情况。

保荐机构、发行人律师核查后认为：在发行人控股股东和/或实际控制人与其他股东签署的对赌协议中，发行人均未作为对赌义务人，不负有任何对赌义务或责任，且回购、业绩补偿等全部对赌条款均处于终止状态。因此，发行人不存在无法避免地交付现金或其他金融资产来履行合同义务的情形，发行人无须针对回购或业绩补偿等确认金融负债，不会对发行人财务报表和经营状况造成不利影响。

在发行人控股股东、实际控制人和其他股东签署的对赌协议中，发行人不作为对赌协议当事人，不存在可能导致公司控制权变化的约定、不与市值挂钩。同时，发行人未作为对赌条款的权利人或义务人，对赌条款的内容不涉及发行人自身的责任承担，不会影响发行人的具体经营活动；对赌条款未对除发行人控股股东、实际控制人之外的其他股东设置义务或责任，且在本次发行上市审核期间，对赌条款持续处于效力终止状态，如发行人成功实现上市，则对赌条款彻底终止且不可恢复，不存在发行人上市后仍有效的特殊股东权利条款。因此，已清理的对赌协议不存在严重影响发行人持续经营能力或者其他严重影响投资者权益的情形。同时，力诺集团、实际控制人与各股东均签署《终止协议》，业绩补偿、回购等全部对赌条款均终止，恢复条款仅在公司未能成功上市时触发。

# 第4条 资产管理产品、契约型私募投资基金投资发行人

## 一、规范要求

银行非保本理财产品,资金信托,证券公司、证券公司子公司、基金管理公司、基金管理子公司、期货公司、期货公司子公司、保险资产管理机构、金融资产投资公司发行的资产管理产品等《关于规范金融机构资产管理业务的指导意见》(银发〔2018〕106号)规定的产品(以下简称资产管理产品),以及契约型私募投资基金,直接持有发行人股份的,中介机构和发行人应从以下方面核查披露相关信息:

(1)中介机构应核查确认公司控股股东、实际控制人、第一大股东不属于资产管理产品、契约型私募投资基金。

(2)资产管理产品、契约型私募投资基金为发行人股东的,中介机构应核查确认该股东依法设立并有效存续,已纳入国家金融监管部门有效监管,并已按照规定履行审批、备案或报告程序,其管理人也已依法注册登记。

(3)发行人应当按照首发信息披露准则的要求对资产管理产品、契约型私募投资基金股东进行信息披露。通过协议转让、特定事项协议转让和大宗交易方式形成的资产管理产品、契约型私募投资基金股东,中介机构应对控股股东、实际控制人、董事、监事、高级管理人员及其近亲属,本次发行的中介机构及其负责人、高级管理人员、经办人员是否直接或间接在该等资产管理产品、契约型私募投资基金中持有权益进行核查并发表明确意见。

(4)中介机构应核查确认资产管理产品、契约型私募投资基金已作出合理安排,可确保符合现行锁定期和减持规则要求。

## 二、相关解析

“三类股东”指契约型私募基金、资产管理计划和信托计划,存在“三类

股东”的企业是否满足股权结构清晰稳定存在一定争议。“三类股东”属于委托人通过受托人名义进行投资,以基金合同、信托合同等契约为载体的金融产品,本身不具有民事主体资格,无法登记为公司股东,通常由基金管理人、信托投资人和资管计划管理人登记为公司股东。“三类股东”具有金融产品的属性,如果出现到期兑付、份额或收益权转让等情形,可能影响产品的存续,导致企业股权结构不稳定。此外,“三类股东”的投资人结构较为复杂,或存在多层嵌套,对产品的实际利益主体穿透难度较大。基于以上因素,存在“三类股东”的企业在 2018 年以前普遍被认为不符合上市监管的审核要求。2018 年 1 月 12 日,证监会在新闻发布会上首次明确了监管部门对企业申请 IPO 时存在“三类股东”的监管政策,之后发布的《首发业务若干问题解答》(2020 年 6 月修订)、《上海证券交易所科创板股票发行上市审核问答(二)》(2019 年 3 月)、《深圳证券交易所创业板股票首次公开发行上市审核问答》(2020 年 6 月)均对拟上市公司涉及“三类股东”问题制定了相关规定。2023 年 2 月 17 日,证监会发布《监管规则适用指引——发行类第 4 号》,第 4 条提出资产管理产品、契约型私募投资基金投资发行人的核查及披露要求,作为最新政策指引规范。

尽管监管部门对企业股东存在资产管理产品、契约型私募投资基金的上市审核口径有所放开,但企业在筹划上市的过程中仍应注意以下方面:(1)公司控股股东、实际控制人、第一大股东不属于资产管理产品、契约型私募投资基金。(2)由于资产管理产品、契约型私募投资基金穿透难、核查难的特点以及产品存续期可能对发行人股权结构稳定性产生不利影响,该类股东持股比例不宜过高,结构尽量简化。(3)控股股东、实际控制人、董事、监事、高级管理人员及其近亲属、发行上市的中介机构,应避免直接或间接在该等资产管理产品、契约型私募投资基金中持有权益。(4)作为发行人股东的资产管理产品、契约型私募投资基金依法设立并有效存续,已纳入国家金融监管部门有效监管,并已按照规定履行审批、备案或报告程序,其管理人也已依法注册登记。(5)资金来源合法,不存在股权权属纠纷和潜在纠纷。(6)符合现行锁定期和减持规则要求。

## 三、典型案例

**案例4-1** 文灿股份(股票代码:603348.SH,2018年4月26日主板上市)

**关注要点:**公司的6名股东属于资产管理计划、4名股东属于契约型私募基金,此外,公司股东信业盛韬的有限合伙人东方汇智资产管理有限公司的出资来源为东方汇智—泰复2号。

**案例分析:**文灿股份是监管部门2018年明确“三类股东”监管政策后首家顺利过会并上市的企业。保荐机构、发行人律师经核查后认为:(1)发行人的“三类股东”已纳入国家金融监管部门有效监管,均依法设立并有效存续,且已按照规定履行审批、备案或报告程序,其管理人均已依法注册登记。(2)发行人“三类股东”不存在《关于规范金融机构资产管理业务的指导意见(征求意见稿)》限制的杠杆、分级、嵌套情形。(3)发行人“三类股东”及其投资人与发行人的控股股东及实际控制人、主要股东、董事、监事、高级管理人员及其近亲属、本次发行上市中介机构及其签字人员不存在关联关系;发行人的控股股东及实际控制人、主要股东、董事、监事、高级管理人员及其近亲属、本次发行上市中介机构及其签字人员未直接或间接在“三类股东”中持有权益。(4)发行人“三类股东”的存续期、续期安排符合锁定期、减持规则的相关要求,管理人已承诺自文灿股份上市之日起一年内不转让文灿股份的股票,并在股票锁定期满后按照监管机构的减持规则进行减持。

**案例4-2** 成大生物(股票代码:688739.SH,2021年10月28日科创板上市)

**关注要点:**发行人股东中存在部分“三类股东”,即资产管理计划、信托计划和契约型基金。共有55名三类股东,合计持有公司2.0688%的股份

(其中员工持股计划持有发行人 0.5707% 的股份)。

审核问询要求说明发行人“三类股东”是否合法合规。

**案例分析**:在公司的“三类股东”中,契约型基金股东均已经按照《私募投资基金监督管理暂行办法》的规定履行了私募基金备案手续,且各自的基金管理人均已经按照《私募投资基金管理人登记和基金备案办法(试行)》(已失效)的规定办理了私募投资基金管理人的登记手续;资产管理计划股东均已经按照《私募投资基金监督管理暂行办法》的规定履行了资产管理计划产品备案手续,且其管理人已经按照《证券期货经营机构私募资产管理业务管理办法》、《证券期货经营机构私募资产管理计划备案管理办法(试行)》(已失效)等的规定,取得了证监会的批准,并加入了中基协成为会员;信托计划股东均已经按照《私募投资基金监督管理暂行办法》、《信托法》、《中国信托登记有限责任公司监督管理办法》和《信托登记管理办法》的相关规定履行信托计划产品登记手续,且其信托机构已经按照《信托公司管理办法》的规定,经原中国银行业监督管理委员会批准并领取了金融许可证。

根据全体证券持有人名册(合并同一持有人多个账户),除上海永柏联投投资管理有限公司—永柏联投新三板成长优选私募证券投资基金外,公司其他 54 名“三类股东”提供了三类股东情况调查表、产品合同等文件资料。无法取得有效联系的上海永柏联投投资管理有限公司—永柏联投新三板成长优选私募证券投资基金,持有公司 0.0006% 股份,持股比例较低。“三类股东”已就其存续期作出合理安排,符合锁定期和减持规则的要求。

**案例 4-3** 西部超导(股票代码:688122.SH,2019 年 7 月 22 日科创板上市)

**关注要点**:上市审核问询时,西部超导股东共计 456 名,其中“三类股东”共计 18 家,均系西部超导于股转系统非公开发行股票或做市交易形成,其中 3 家为 2015 年 7 月定向发行股票形成,15 家为做市交易形成。

**案例分析**:发行人的 18 家“三类股东”均已根据《证券法》、《证券投资基金法》、《私募投资基金监督管理暂行办法》、《私募投资基金管理人登记和基金备案办法(试行)》(已失效)、《基金管理公司特定客户资产管理业务试点办法》(已失效)等相关法律法规的规定,办理了私募投资基金备案登记或基金专户产品备案登记;其管理人均已根据《私募投资基金监督管理暂行办法》、《私募投资基金管理人登记和基金备案办法(试行)》(已失效)、《证券投资基金管理公司管理办法》(2012年修订,已失效)、《基金管理公司特定客户资产管理业务试点办法》(已失效)等相关法律法规的规定,办理私募投资基金管理人登记手续,或取得了证监会核发的从事特定客户资产管理业务或受托投资管理业务的批复。

通过中国证券投资基金业协会网站(http://www.amac.org.cn/)等公开信息平台对18家“三类股东”的基本信息进行网络检索,并结合15家“三类股东”提供的资料,发现发行人的18家“三类股东”均在中国证券投资基金业协会办理了备案手续,除1家公司无法通过公开信息平台查询到相关信息外,其余可查询到的“三类股东”显示的运作状态均为“正在运作”。

综上,发行人的18家“三类股东”均依法设立并有效存续,已纳入国家金融监管部门有效监管,并已按照规定履行审批、备案或报告程序,其管理人也已依法注册登记。

**案例4-4** 海光信息(股票代码:688041.SH,2022年8月12日科创板上市)

**关注要点:**发行人间接股东中存在“三类股东”。

**案例分析:**上市审核问询时,公司直接股东中不存在“三类股东”,公司直接股东中云融汇投资穿透后的出资人中存在资产管理计划,公司直接股东晨山创投基金穿透后的出资人中存在信托计划。

“三类股东”依法设立并有效存续,已纳入国家金融监管部门有效监管,并已按照规定履行审批、备案或报告程序,其管理人也已依法注册登记。所涉资产管理计划和信托计划不存在杠杆、分级及多层嵌套的情况,不存在按照《关于规范金融机构资产管理业务的指导意见》(银发〔2018〕106 号)需要整改和规范的情形,不存在影响公司持续经营的情形。公司不存在控股股东、实际控制人,持有公司 5% 以上股份的股东,公司董事、监事、高级管理人员及其近亲属,本次发行的中介机构及其签字人员未直接或间接在相关的资产管理计划和信托计划中持有权益。"三类股东"已作出合理安排,可确保符合现行锁定期和减持规则要求。

**案例 4－5** 宏景科技(股票代码:301396. SZ,2022 年 11 月 22 日创业板上市)

**关注要点**:发行人股东弘图文化的上层股东/合伙人上信信托属于"三类股东"。

**案例分析**:经中介机构核查,发行人的直接股东弘图文化为依法登记备案的私募股权投资基金,其已出具关于股份锁定及减持意向的承诺函,承诺自公司首次公开发行的股票在证券交易所上市之日起 12 个月内,其不会转让或委托他人管理其在公司首次公开发行股票前所直接或间接持有的首发前股份,也不会提议由公司回购该部分股份。弘图文化减持股份时,将严格遵守《公司法》、《证券法》、《上市公司股东、董监高减持股份的若干规定》、《深圳证券交易所科创业板股票上市规则》、《深圳证券交易所上市公司股东及董事、监事、高级管理人员减持股份实施细则》、《上市公司创业投资基金股东减持股份的特别规定》(2020 年修订)及其他届时有效的相关法律、法规、规范性文件对持股比例、持股期限、减持方式、减持价格的相关规定。综上所述,发行人的直接股东均不属于"三类股东",除上信信托属于"三类股东"以外,其他间接股东均不属于"三类股东";上信信托系依法设立并有效存续的信托计划,已在中国信托登记有限公司办理初始登记,其管理人上海国际信托有限公司已取得原中国银行业监督管理委员会上海监管局颁发的金融许可证;发行人已按照首发信息披露准则的要求在招股说明书中补充披露弘图文化的上层股东/合伙人中存在出资来源于"三类股东"的情形,发行人的控股股东、实际控制人,董事、监事、高级管理人员及其近亲属,本次发行的中介机构及其负责人、高级管理人员、经办人员均未直接或间接在上信信托中持有权益。发行人的股东弘图文化已出具股份锁定及减持的承诺,可确保符合现行锁定期和减持规则要求。上信信托持有广东省新媒体产业基金(有限合伙)的合伙份额、广东省新媒体产业基金(有限合伙)持有弘图文化的合伙份额及弘图文化持有发行人的股份均权属清晰,不存在纠纷或潜在纠纷。

**案例4-6** 普门科技(股票代码:688389.SH,2019年11月5日科创板上市)

**关注要点:**发行人间接股东中存在“三类股东”。

**案例分析:**上述“三类股东”管理人、“三类股东”的最终出资人出具了如下书面声明:

(1)最终出资人投资上述契约型基金或资管计划的资金来源均为合法自有资金,不存在任何来源于普门科技及其股东、董事、监事、高级管理人员,普门科技近3年主要客户、经销商或供应商的资金或前述主体提供的资助或财务支持,且与前述主体不存在任何利益输送或往来。

(2)管理人、最终出资人与普门科技的关联方、股东(包括法人股东穿透后的自然人股东等)、董事、监事及高级管理人员,普门科技持股5%以上的自然人股东之主要家庭成员,普门科技近3年的主要客户、经销商及供应商不存在关联关系、资金往来、业务往来。

(3)管理人与最终出资人为自身之利益投资,不存在任何代普门科技及其股东、董事、监事、高级管理人员,近3年主要客户、经销商或供应商进行投资或代持权益的情况。

因此,在发行人的直接股东中,除自然人股东外,其余机构股东均为中国境内目前依法有效存续的有限责任公司或有限合伙企业,不属于“三类股东”;发行人间接股东中存在“三类股东”,均已按照相关规定履行备案、登记程序,“三类股东”管理人、最终出资人均承诺其出资来源合法合规、不存在股份代持、委托持股情况。

## 第5条 出资瑕疵

### 一、规范要求

发行人的注册资本应依法足额缴纳。发起人或者股东用作出资的资产的财产权转移手续已办理完毕。保荐机构和发行人律师应关注发行人是否存在股东未全面履行出资义务、抽逃出资、出资方式等存在瑕疵,或者发行人历史上涉及国有企业、集体企业改制存在瑕疵的情形。

(1)历史上存在出资瑕疵的,应当在申报前依法采取补救措施。保荐机构和发行人律师应当对出资瑕疵事项的影响及发行人或相关股东是否因出资瑕疵受到过行政处罚、是否构成重大违法行为及本次发行的法律障碍,是否存在纠纷或潜在纠纷进行核查并发表明确意见。发行人应当充分披露存在的出资瑕疵事项、采取的补救措施,以及中介机构的核查意见。

(2)对于发行人是国有或集体企业改制而来,或发行人主要资产来自国有或集体企业,或历史上存在挂靠集体组织经营的企业,若改制或取得资产过程中法律依据不明确、相关程序存在瑕疵或与有关法律法规存在明显冲突,原则上发行人应在招股说明书中披露有权部门关于改制或取得资产程序的合法性、是否造成国有或集体资产流失的意见。国有企业、集体企业改制过程不存在上述情况的,保荐机构、发行人律师应结合当时有效的法律法规等,分析说明有关改制行为是否经有权机关批准、法律依据是否充分、履行的程序是否合法以及对发行人的影响等。发行人应在招股说明书中披露相关中介机构的核查意见。

## 二、相关解析

拟上市公司历史上如果存在出资瑕疵，是否构成上市障碍可分为以下情况进行判断：(1)历史上存在出资瑕疵，但申报前已采取相应的补救措施，且涉及金额较小，对企业的生产经营未产生重大影响，不构成上市的重大法律障碍。如历史上存在股东出资不到位、以与公司主营业务无关的工业产权出资、以非货币资产出资但未办理财产转移手续等，需采取以货币资金补足、依法办理财产权转让手续等补救措施；如涉及国有或集体企业改制，还需取得有权部门关于改制或取得资产程序的合法性、是否造成国有或集体资产流失的意见。(2)仍存在少量不规范问题，但不会对发行人生产经营造成重大影响。例如：公司设立初期某股东以实物资产出资未经评估，该资产已到位使用并且占当时出资资产的比重较小，该资产已通过折旧正常报废，如果能够说明其不会对公司目前的生产经营造成重大不利影响，则不构成上市的重大法律障碍。

出资瑕疵的解决思路通常考虑以下方面：(1)相关股东补足出资或将瑕疵资产转让，相关股东补足出资主要有以下情形：①以货币资本补足，包括股东以现金补足和以应付给该股东的股利补足；②以无形资产、固定资产或债权等资产补足，以债权补足的，须有债权形成的真实基础。(2)会计师对出资情况进行复核并出具复核报告。(3)责任股东或相关股东、实际控制人出具对该出资瑕疵承担相应责任的承诺，其他股东同时出具承诺，不追究存在瑕疵股东的责任。(4)取得相关主管部门、资产所有权单位出具的证明或文件，如涉及国有或集体企业改制，还需取得有权部门关于改制或取得资产程序的合法性、是否造成国有或集体资产流失的意见。(5)保荐机构及发行人律师发表核查意见。

## 三、典型案例

**案例5-1** 斯瑞新材(股票代码:688102.SH,2022年3月16日科创板上市)

**关注要点:**斯瑞有限设立时注册资本为50万元,其中货币出资1.9万元,机器设备出资48.1万元,该实物出资未履行评估手续,不符合当时适用的《公司法》第24条规定,“对作为出资的实物、工业产权、非专利技术或者土地使用权,必须进行评估作价,核实财产,不得高估或者低估作价”。另外,经发行人律师核查,公司设立时的货币出资1.9万元的凭证遗失。

2002年10月转增资本公积的300万元及2003年4月转增股本的600万元,均为股东豁免对公司的债务,债务转入资本公积,后转增注册资本。因年代久远,转增注册资本的资本公积所来源的债务原始资料不齐全。

**案例分析:**为弥补斯瑞有限设立时的出资瑕疵,根据发行人律师核查银行缴款凭证等相关资料,斯瑞有限设立时的50万元出资,已由发行人的实际控制人全部以现金补足。为弥补2002年及2003年资本公积转增股本的出资瑕疵,接受转增股本的9位股东于2020年6月现金补足了该次转增的股本。根据发行人律师核查银行缴款凭证等相关资料,上述两次增资的900万元注册资本金,已由当时的9位股东以现金补足。会计师出具验资复核报告,确认上述补足出资已到位。经发行人律师核查,发行人及发行人股东未因上述出资瑕疵受到过行政处罚,经中国裁判文书网(http://wenshu.court.gov.cn/)、中国执行信息公开网(http://zxgk.court.gov.cn/)等网站查询,发行人及发行人股东不存在与上述出资有关的诉讼,上述出资问题不存在纠纷或潜在纠纷。

本案例中,公司历史沿革中的出资瑕疵已由发行人股东以货币的形式补足,不存在纠纷,不会构成发行人上市的实质性障碍。

**案例5-2** 振华新材(股票代码:688707.SH,2021年9月14日科创板上市)

**关注要点:**公司系由原股东深圳振华与79名自然人于2004年共同发起设立的股份有限公司。深圳振华以其所属分公司新材料厂、新光源厂的固定资产出资设立振华新材,并安排部分员工到振华新材就业,此情形属于国有企业改制。

审核问询关注发行人设立是否履行了必要的审批或备案程序,是否存在争议和纠纷。

**案例分析:**经核查,发行人律师认为,除设立时未制订完整改制方案并报批、未取得设立时点金融机构债权人书面同意、未办理国有股权管理方案批复外,发行人设立已履行了必要的审批或备案程序,并已取得有权部门的批准及确认,发行人设立不存在争议及纠纷。该等瑕疵已得到贵州省国资委、中国电子信息产业集团有限公司等的确认,不存在国有资产流失及损害职工权益的情形,相关金融债务在到期时点已及时全额偿还,符合国有企业改制相关法律法规文件的指导精神。同时,公司后期已取得国务院国资委国有股权管理方案批复,对设立的合规性予以确认,因此该等情形不影响发行人设立的合法有效性,未造成国有资产流失,亦对本次发行上市不构成实质性法律障碍。

**案例5-3** 中科微至(股票代码:688211.SH,2021年10月26日科创板上市)

**关注要点:**中科微投系中科院微电子所控股的投资持股平台,中科院微电子所以协议定价方式确定出资专利价格,并以所务会决议方式审批通过中科微投出资事项,经济行为审批程序及出资资产定价方式符合《促进科技成果转化法》(2015年修正)、《中国科学院对外投资管理暂行办法》(科发计字〔2010〕42号)的相关规定;中科微投未按照《事业单位国有资产管理暂行办法》(财政部令第36号)的相关规定对用于出资的3项专利进行评估并履行国有资产评估备案程序，存在国资管理程序瑕疵情形。

**案例分析**：针对出资瑕疵事项公司采取了以下补救措施：(1)补充资产评估及上报评估结果。(2)取得国有产权主管机构书面确认并补足出资差额。(3)取得国资监管部门核发的国有资产产权登记文件。

保荐机构、发行人律师经核查后认为：发行人前身中科微至智能制造科技江苏有限公司设立时，中科微投已履行了必要的国资监管部门经济行为审批程序，出资专利以协议定价方式确定价格符合法律法规规定并履行了必要程序，出资行为有效；中科微投未完成专利出资的评估备案程序，但已对出资专利进行补充评估且评估结果经国有产权主管部门确认，基于审慎性，中科微投已以现金补足出资差额，公司已取得国资监管部门的国有资产产权登记文件。因此，发行人设立时的出资资产国资管理程序瑕疵不会对发行人的有效设立、合法存续及股权清晰造成重大不利影响，发行人已采取了必要的补救措施，发行人及其相关股东未因出资国资程序瑕疵事项受到过行政处罚，发行人历史上存在的上述情形不属于重大违法行为，亦不构成本次发行的法律障碍，不存在纠纷或潜在纠纷。

**案例5-4** 祥明智能(股票代码：301226.SZ，2022年3月25日创业板上市)

**关注要点**：场地出资未履行评估程序和管理技术出资。

**案例分析**：

(1)场地出资未履行评估程序

祥兴电机厂以场地作价出资但未履行评估程序，不符合当时有效的《中外合资经营企业法》(1990年修订)的规定。鉴于上述情况，公司委托具有从事证券期货相关业务评估资格的评估机构对股东祥兴电机厂上述用以出资的房屋建筑物、场地价值进行追溯评估，并出具资产评估报告，评估值高于用作出资时的作价金额。

根据上述评估报告，该等房屋建筑物、场地的评估价值系根据其在评估基准日的现时市场价格采用成本法按照必要的评估程序进行的评估，评估是在独立、客观、公正的原则下作出，评估结果合理公允。

祥兴电机厂以房屋建筑物、场地进行出资，后续已补充出具评估报告对该等房屋建筑物、场地进行追溯评估，其评估值高于祥兴电机厂出资时的作价金额，祥兴电机厂不存在出资不实的情形。因此，祥兴电机厂以该等场地出资，未履行评估程序的情况不会对公司本次发行上市构成实质不利影响。

(2)管理技术出资

发行人前身祥明有限成立时，祥兴电机厂以管理技术进行出资。管理技术不属于当时有效的《中外合资经营企业法》(1990 年修订)及其实施条例所列明的合法出资方式。

为规范上述出资，祥明有限董事会作出决议，同意股东祥兴电机(其前身为祥兴电机厂)以现金替换其以管理技术的出资，且经上述替换出资后，公司的注册资本及实收资本均不变。祥兴电机将用于替换管理技术股的出资款支付至祥明有限，原以管理技术出资的相应注册资本已足额缴纳。

**案例 5 - 5** 哈焊华通(股票代码:301137. SZ,2022 年 3 月 22 日创业板上市)

**关注要点:**武进集装箱制造厂以 1224 平方米厂房出资时，其作为出资的厂房未取得权属证书，出资存在瑕疵。

**案例分析:**武进集装箱制造厂系 1987 年 7 月设立的集体(乡办)企业，于 2001 年 10 月改制为股份合作制企业。武进集装箱制造厂以 1224 平方米厂房出资时，因厂房未取得房产证没有进行变更登记。发行人前身华通有限在 2005 年通过出让方式取得了该等地块的国有土地使用权；出资厂房的作价经合营各方协商确定，且已经实际交付使用，在 2013 年对生产车间进行改扩建后取得了房屋所有权证。

为解决出资瑕疵事项，2021 年 4 月 10 日，公司召开 2021 年第二次临时股东大会，审议通过了关于股东变更部分出资形式的议案，对公司设立时出资中上述厂房作价的部分由实物出资变更为货币出资。

2021 年 4 月 12 日,会计师出具了关于常州华通焊丝有限公司设立时股东武进集装箱制造厂出资情况的专项复核报告,确认截至 2021 年 4 月 12 日,已收到缴纳的出资款,本次出资方式变更后,公司股东及股本不变。

**案例 5 -6** 华秦科技(股票代码:688281. SH,2022 年 3 月 7 日科创板上市)

**关注要点:**1992 年 12 月,华秦公司(发行人前身)成立时为挂靠在陕西省科技咨询服务中心名下的集体企业。2012 年 7 月,华秦公司解除挂靠关系改制为有限责任公司。华秦公司解除“挂靠”关系,履行了清产核资及产权界定程序,但华秦公司未根据《城镇集体所有制企业、单位清产核资产权界定工作的具体规定》(财清字〔1996〕13 号)取得有权部门出具的认定意见。

**案例分析:**公司取得了主管部门、地方政府出具的确认函。

2020 年 12 月 4 日,陕西省科技咨询服务中心出具《关于确认陕西华秦科技实业有限公司历史沿革中有关事项的复函》(陕科咨发〔2020〕17 号),确认:1992 年至 2012 年挂靠期间,华秦科技设立、注册资本变动及改制等事项履行了集体所有制企业当时所需的法定程序,合法、合规,不存在集体资产流失问题。

2020 年 12 月 4 日,陕西省科学技术厅向陕西省科技咨询服务中心出具《关于确认陕西华秦科技实业有限公司历史沿革中有关事项的复函》,确认:1992 年至 2012 年挂靠期间,华秦科技设立、增资时陕西省科技厅及陕西省科技咨询服务中心均未向华秦科技实际出资,未实际控制、管理华秦科技。华秦科技为个人投资企业,陕西省科技厅与华秦科技及其股东之间不存在任何股权纠纷及争议,不存在集体资产流失问题。

2021 年 6 月 5 日,陕西省人民政府出具《关于对陕西华秦科技实业股份有限公司有关事项给予确认的函》(陕政函〔2021〕65 号),确认:华秦公司自

1992年设立至2012年改制为有限责任公司期间,设立及历次增资的实际投资人均为个人,无集体出资及国有出资,不存在集体资产流失问题。

**案例5-7** 新特电气(股票代码:301120.SZ,2022年4月19日创业板上市)

**关注要点:**发行人集体企业改制过程中是否存在法律依据不明确、相关程序存在瑕疵或与有关法律法规存在明显冲突的情形,是否造成集体资产流失。

**案例分析:**公司集体企业改制已履行了有关审计、评估、批准等程序,并经北京市集体改制企业上市产权确认工作联席会议办公室、北京市人民政府办公厅等有权机关最终审核确认,改制符合法律规定,不存在法律依据不明确、相关程序存在瑕疵或与有关法律法规存在明显冲突的情形,公司改制过程未造成集体资产流失。

## 附:出资专利是否认定为职务发明

如果出资专利是专利所有人在前公司任职期间形成的,则存在被认定为职务发明的风险。如果不能排除出资专利为职务发明的情形,则股东需要以现金方式置换所涉专利的出资。

根据《专利法》《专利法实施细则》的相关规定,符合以下条件之一的,构成职务发明:

(1)员工在本职工作中作出的发明创造。

(2)员工履行单位交付的本职工作之外的任务所作出的发明创造。

(3)员工从原单位离职(退休、调离原单位或者劳动、人事关系终止)后1年内作出的,与其在原单位承担的本职工作或者分配的任务有关的发明创造。

(4)员工主要是利用本单位的物质技术条件所完成的发明创造。

针对专利出资可能涉及职务发明的情形,拟上市公司通常可采用以下措施进行补救:

(1)根据《专利法》《专利法实施细则》对职务发明的上述规定,逐条论证出资专利是否属于职务发明。

(2)考虑以货币资金替换专利出资,货币资金替换后需进行验资,彻底解决出资瑕疵。同时,出资专利需留在公司,以免损害公司利益。

(3)有权部门出具证明,说明发行人未因出资瑕疵受到行政处罚、不构成重大违法行为及本次发行的法律障碍,不存在纠纷或潜在纠纷。

(4)实际控制人出具兜底承诺,承诺承担因出资瑕疵带来的风险,其风险不由上市公司承担。

## 第6条　发行人资产来自上市公司

### 一、规范要求

境内上市公司在境内分拆子公司上市,保荐机构和发行人律师应核查是否符合境内分拆上市的相关规定并发表意见;境外上市公司在境内分拆子公司上市,保荐机构和发行人律师应核查是否符合境外监管的相关规定并发表意见。

除上述情形外的发行人部分资产来自上市公司,保荐机构和发行人律师应当针对以下事项进行核查并发表意见:

(1)发行人取得上市公司资产的背景、所履行的决策程序、审批程序与信息披露情况,是否符合法律法规、交易双方公司章程以及证监会和证券交易所有关上市公司监管和信息披露要求,资产转让是否存在诉讼、争议或潜在纠纷。

(2)发行人及其关联方的董事、监事和高级管理人员在上市公司及其关联方的历史任职情况及合法合规性,是否存在违反竞业禁止义务的情形,与上市公司及其董事、监事和高级管理人员是否存在亲属及其他密切关系，如存在，在相关决策程序履行过程中，相关人员是否回避表决或采取保护非关联股东利益的有效措施；资产转让过程中是否存在损害上市公司及其中小投资者合法利益的情形。

(3)发行人来自上市公司的资产置入发行人的时间，在发行人资产中的占比情况，对发行人生产经营的作用。

## 二、相关解析

2022年1月5日，证监会发布《上市公司分拆规则(试行)》，明确和完善了分拆条件，强调了不得分拆的情形。《上市公司分拆规则(试行)》是对《上市公司分拆所属子公司境内上市试点若干规定》(中国证券监督管理委员会公告〔2019〕27号，以下简称《境内分拆规定》)和《关于规范境内上市公司所属企业到境外上市有关问题的通知》(证监发〔2004〕67号，以下简称《境外分拆通知》)的修改、整合。《上市公司分拆规则(试行)》对上述“分拆规定”最重要的修改是增加了分拆上市的禁止情形，为促进上市公司聚焦原有主业发展，子公司主要业务或资产若属于上市公司首次公开发行股票并上市时主要业务或资产的，不得分拆该子公司上市。另外，对于上市公司董事、高级管理人员及其关联方，拟分拆子公司董事、高级管理人员及其关联方持有拟分拆子公司的股份比例进行了限制。

根据《上市公司分拆规则(试行)》第3条的规定，上市公司分拆应满足以下条件：

(1)上市公司股票境内上市已满3年；

(2)上市公司最近3个会计年度连续盈利；

(3)上市公司最近3个会计年度扣除按权益享有的拟分拆所属子公司的净利润后，归属于上市公司股东的净利润累计不低于人民币6亿元(本规则所涉净利润计算，以扣除非经常性损益前后孰低值为依据)；

(4)上市公司最近一个会计年度合并报表中按权益享有的拟分拆所属子公司的净利润不得超过归属于上市公司股东的净利润的50%;上市公司最近一个会计年度合并报表中按权益享有的拟分拆所属子公司的净资产不得超过归属于上市公司股东的净资产的30%。

根据《上市公司分拆规则(试行)》第4条的规定,上市公司存在以下情形之一的,不得分拆:

(1)资金、资产被控股股东、实际控制人及其关联方占用或者上市公司权益被控股股东、实际控制人及其关联方严重损害;

(2)上市公司或其控股股东、实际控制人最近36个月内受到过证监会的行政处罚;

(3)上市公司或其控股股东、实际控制人最近12个月内受到过证券交易所的公开谴责;

(4)上市公司最近一年或一期财务会计报告被注册会计师出具保留意见、否定意见或者无法表示意见的审计报告;

(5)上市公司董事、高级管理人员及其关联方持有拟分拆所属子公司股份,合计超过所属子公司分拆上市前总股本的10%,但董事、高级管理人员及其关联方通过该上市公司间接持有的除外。

根据《上市公司分拆规则(试行)》第5条的规定,上市公司所属子公司存在以下情形之一的,上市公司不得分拆:

(1)主要业务或资产是上市公司最近3个会计年度内发行股份及募集资金投向的,但子公司最近3个会计年度使用募集资金合计不超过子公司净资产10%的除外;

(2)主要业务或资产是上市公司最近3个会计年度内通过重大资产重组购买的;

(3)主要业务或资产是上市公司首次公开发行股票并上市时的主要业务或资产;

(4)主要从事金融业务的;

(5)子公司董事、高级管理人员及其关联方持有拟分拆所属子公司股份,合计超过该子公司分拆上市前总股本的30%,但董事、高级管理人员及其关联方通过该上市公司间接持有的除外。

前款第1项所称募集资金投向包括上市公司向子公司出资或者提供借款,并以子公司实际收到募集资金作为判断标准。上市公司向子公司提供借款的,子公司使用募集资金金额,可以按照每笔借款使用时间长短加权平均计算。

## 三、典型案例

**案例6-1** 萤石网络(股票代码:688475.SH,2022年12月28日科创板上市)

**关注要点:**发行人为海康威视控股子公司,本次IPO构成海康威视分拆子公司A股上市;2015年3月发行人设立前系海康威视的互联网业务中心。

**案例分析:**经核查,发行人律师认为:(1)海康威视分拆萤石网络至科创板上市符合当时适用的《境内分拆规定》的相关要求。(2)发行人及其前身萤石有限设立后,通过资产转让、人员劳动关系变更、生产模式调整,自建生产线、销售、采购体系等方式进行拆分,相关资产的转让履行了相应的内部审批、国有资产评估及评估备案程序,拆分方式和拆分程序符合当时适用的法律法规、规范性文件以及海康威视、萤石网络内部制度的规定。(3)萤石有限设立后拥有了基本的资产和人员,开始建立独立的业务体系,符合当时适用的《公司法》及其作为上市公司控股子公司的基本要求。(4)为符合分拆上市的相关要求,发行人自2019年启动资产、人员、业务等方面的进一步调整,以加强公司的独立性,截至审核问询回复之日,发行人的业务独立于股东单位及其他关联方,资产独立完整,具有独立完整的供应、生产、销售系统,发行人的人员、机构、财务独立,符合科创板上市公司独立性的相关要求。

**案例6－2** 厦钨新能(股票代码:688778.SH,2021年8月5日科创板上市)

**关注要点:**发行人原系上市公司厦门钨业的全资子公司,2017年1月1日根据厦门钨业整合锂电业务独立运作的需要而取得上市公司划转的资产。

审核问询要求就发行人部分资产来自上市公司事项核查并发表明确意见。

**案例分析:**经核查,保荐机构、发行人律师认为:本次划转履行了所有必要的决策、审批程序,并依法进行了信息披露,符合有关法律法规、厦门钨业和新能源有限章程以及证监会和证券交易所有关上市公司监管和信息披露要求,不存在争议或潜在纠纷。本次划转的资产和负债于2017年1月1日置入发行人前身新能源有限,在新能源有限当时净资产(含置入资产)中的占比为80%,属于发行人的主要生产经营资产;本次划转系厦门钨业整合锂电池材料业务独立运作的客观需要,有利于保护厦门钨业及其中小股东的利益;划转至今发行人持续具有独立面向市场经营的能力,本次划转不会对发行人本次分拆上市构成实质不利影响。发行人的董事、监事和高级管理人员在上市公司厦门钨业及其控制公司的历史任职情况均合法合规不存在违反竞业禁止义务的情形;本次划转时,发行人时任董事、监事和高级管理人员在厦门钨业未担任董事或高级管理人员,未参与本次划转事项的决策。厦门钨业本次分拆发行人至科创板上市符合当时适用的《公司法》、《证券法》、《科创板首次公开发行股票注册管理办法(试行)》、《上海证券交易所科创板股票上市规则》及《境内分拆规定》等有关法律、法规和规范性文件的规定。

**案例6－3** 隆扬电子(股票代码:301389.SZ,2022年10月31日创业板上市)

**关注要点:**发行人控股股东位于国际避税地且持股层次复杂。发行人直接控股股东隆扬国际注册于香港，间接控股股东鼎炫控股注册于开曼群岛并于2017年11月在我国台湾证券交易所上市，股票代码为8499.TW。实际控制人通过多层结构合计持有鼎炫控股71.55%的股份，通过控制鼎炫控股、隆扬国际控制发行人92.05%的股份。发行人整合了鼎炫控股控制下的全部电磁屏蔽材料相关业务，鼎炫控股另持有台衡精密等衡器相关企业。发行人上市申请系境外上市公司在境内分拆子公司上市。

**案例分析**：经核查，保荐机构、发行人律师认为：鼎炫控股针对本次隆扬电子于我国大陆深交所上市事宜，已遵循我国台湾地区相关“法律法规”的规定，履行了必要的审议程序，符合我国台湾地区相关监管要求，不存在纠纷或潜在纠纷，亦不存在因子公司在其他证券交易所挂牌上市而导致鼎炫控股不符合我国台湾地区证券交易所上市条件的情形。

发行人控股股东隆扬国际、鼎炫控股设置境外架构具有商业合理性，均系合法搭建；境外架构中持股主体均真实持有发行人股份，不存在委托持股、信托持股，无各种影响控股权的约定，不存在协议控制的情形，发行人的控制权清晰稳定；发行人实际控制人以其家庭经营积累的自有合法资金对发行人出资，资金来源合法合规；境外架构设置不会对发行主体信息披露的真实性、及时性产生重大不利影响，发行人的实际控制人能够控制境外架构切实履行相关承诺及信息披露义务，不会对发行人公司治理和内控的有效性产生不利影响；发行人控股股东不存在股权权属争议，也不存在对赌、代持等其他安排，发行人控股股东和受控股股东、实际控制人支配的股东所持发行人的股份权属清晰。

**案例6-4** 威高骨科（股票代码：688161.SH，2021年6月30日科创板上市）

**关注要点**：发行人为香港联合交易所（以下简称香港联交所）主板上市公司威高股份的子公司，本次发行人需取得香港联交所就拆分上市的批复及保证配额的豁免同意函。

**案例分析:**香港联交所主板上市公司对子公司分拆上市的主要规定为《香港联合交易所证券上市规则》(以下简称《香港上市规则》)第 14 章和《第 15 项应用指引》(以下简称 PN15)。根据前述规则,本次分拆上市应履行如下手续。

(1)香港联交所批准

公司分拆需根据 PN15 的要求向香港联交所提交分拆申请并取得批准。威高股份已于 2020 年 3 月 31 日就分拆上市向香港联交所提交申请,并于 2020 年 7 月 17 日取得了香港联交所的批准。

(2)董事会审议

分拆上市涉及发行人发行新股,根据《香港上市规则》,发行人发行新股被视为威高股份的出售交易;根据 PN15 第 3(e)(1)段规定,如有关交易根据《香港上市规则》第 14.07 条规定的任何百分比率计算达 25% 或 25% 以上,有关交易须获股东批准。本次分拆项目交易的测试比率(资产比率、代价比率、盈利比率、收益比率和股本比率)均在 25% 以下,有关交易仅需经过董事会的批准而不需要经过股东批准进行。

威高股份已于 2020 年 6 月 1 日召开了董事会会议,决议通过:分拆威高股份附属公司威高骨科于上海科创板首发上市;授权威高股份任何一名董事或公司秘书代表威高股份作出一切有关行动以促使本次分拆上市顺利实施和生效,包括但不限于办理与本次分拆上市相关的公告、申报等相关事宜。

(3)披露责任

2020 年 6 月 11 日,威高股份发布《建议分拆山东威高骨科材料股份有限公司并于科创板独立上市》公告:发行人于当日向上交所提交上市申请。

综上,就威高股份分拆子公司独立上市,威高股份已经根据《香港上市规则》、PN15 的要求履行了所有法定程序,符合《香港上市规则》、PN15 的要求。

**案例6-5** 安必平(股票代码:688393.SH,2020年8月20日科创板上市)

**关注要点:**发行人子公司达诚医疗系向上市公司达安基因及公司董事收购取得。

**案例分析:**据发行人、达安基因及达诚医疗出具的说明,达安基因、达诚医疗及发行人计划整合各方在病理诊断领域的优势技术和资源,提高在病理诊断领域的市场占有率,经各方协商决定由达安基因全资子公司达安科技对发行人进行增资,达安基因及达诚医疗另一股东将达诚医疗100%的股权转给发行人。基于上述背景,达安基因于2011年4月将其持有的达诚医疗50%的股权转让给发行人。达安基因已履行相应的决策程序、审批程序与信息披露义务,符合相关法律法规、交易双方公司章程以及证监会和深交所有关上市公司监管和信息披露的要求。

资产转让完成后,发行人及其关联方与达安基因之间就上述转让资产不存在纠纷或诉讼;发行人及其关联方的董事、监事、高级管理人员以及达安基因在转让上述资产时不存在损害达安基因及其中小投资者合法利益的情形;来自上市公司的资产置入发行人的时间为2011年4月,在发行人资产中的占比较低,对发行人生产经营未产生重大影响;达诚医疗不存在使用达安基因募集资金的情况;发行人本次发行上市不涉及境内外上市公司分拆子公司在科创板上市相关事项。

**案例6-6** 有研硅(股票代码:688432.SH,2022年11月10日科创板上市)

**关注要点:**发行人的部分资产来自上市公司有研新材料股份有限公司。

**案例分析:**硅板块资产重组置入发行人后,有研新材的主营业务聚焦为稀土材料、高纯/超高纯金属材料和光电材料等先进功能材料,已不包括与硅材料、硅片生产、销售相关的业务,有研集团下属子公司中的硅材料、硅片相关业务均集中于发行人。因此,硅板块资产重组后有研新材、发行人已不属于经营同类业务的主体。

有研新材、有研集团均已出具关于历史任职人员的合规性说明，硅板块资产转让前及目前发行人、有研集团的董事、监事、高级管理人员在有研新材的历史任职均已履行必要的内部审议程序、国资管理程序，有研新材董事、监事、高级管理人员的任职已履行了必要的信息披露程序，该等历史任职情况符合相关法律、法规的规定及内部管理制度。发行人、有研集团的董事、监事、高级管理人员在有研新材的历史任职不存在违反《公司法》(2018年修正)第148条中规定的“未经股东会或者股东大会同意，利用职务便利为自己或者他人谋取属于公司的商业机会，自营或者为他人经营与所任职公司同类的业务”之情形，不存在违反竞业禁止义务的情形。发行人、有研集团的董事、监事、高级管理人员与有研新材及其董事、监事、高级管理人员不存在亲属及其他密切关系。

## 第7条　股权质押、冻结或发生诉讼仲裁

### 一、规范要求

对于控股股东、实际控制人支配的发行人股权出现质押、冻结或诉讼仲裁的，发行人应当按照招股说明书准则要求予以充分披露；保荐机构、发行人律师应当充分核查发生上述情形的原因，相关股权比例，质权人、申请人或其他利益相关方的基本情况，约定的质权实现情形，控股股东、实际控制人的财务状况和清偿能力，以及是否存在股份被强制处分的可能性、是否存在影响发行人控制权稳定的情形等。对于被冻结或诉讼纠纷的股权达到一定比例或被质押的股权达到一定比例且控股股东、实际控制人明显不具备清偿能力，导致发行人控制权存在不确定性的，保荐机构及发行人律师应充分论证，并就是否符合发行条件审慎发表意见。

对于发行人的董事、监事及高级管理人员所持股份发生被质押、冻结或

发生诉讼纠纷等情形的,发行人应当按照招股说明书准则的要求予以充分披露,并向投资者揭示风险。

## 二、相关解析

发行人的控制权应当保持稳定,对于控股股东、实际控制人支配的发行人股权出现质押、冻结或诉讼仲裁的,股权稳定存在不确定性,可能对公司正常生产经营产生重大不利影响。

拟上市公司的控股股东和实际控制人应尽量避免股权出现质押、冻结或诉讼仲裁的情形,尽量在IPO申报前解除股权质押,在IPO申报前无法完成的,争取在IPO审核期间解除质押。如果必须进行股权质押,需考虑质押比例和偿债能力问题,如果质押比例过高,需要在申请上市前清偿债务或变更担保方案。同时,股权质押的商业合理性也要考虑,通常情况下,如果股权质押的原因是为合理商业用途的借款提供担保,具有合理性。但如果股权质押与股权权属争议纠纷有关,则对发行人股权稳定不利。此外,为论证股权质押对发行人控制权不存在实质影响,拟上市公司可以从以下方面进行规划:(1)通过一致行动协议、表决权委托等方式进一步集中控股股东或实际控制人的表决权。(2)在股权架构设计上,可以考虑通过实际控制人担任合伙企业普通合伙人(General Partner,GP)等方式集中控制权。(3)财务投资人等外部股东通过签署不谋取控制权承诺书等方式稳定公司的控制权。

## 三、典型案例

**案例7-1** 汇成股份(股票代码:688403.SH,2022年8月18日科创板上市)

**关注要点:**发行人控股股东所持发行人股份存在质押情形,相关质押系为发行人获得银行贷款所提供的增信措施。

审核问询关注控股股东及实际控制人股权质押的具体情况，是否存在实现质押权的风险；上述事项是否影响控制权清晰稳定，是否符合《科创板首次公开发行股票注册管理办法（试行）》（已失效）规定的关于"控股股东和受控股股东、实际控制人支配的股东所持发行人的股份权属清晰，不存在导致控制权可能变更的重大权属纠纷"等发行条件。

**案例分析：**本案例中，上述股权质押在上市审核期间全部解除，截至审核问询函回复之日，发行人控股股东、实际控制人所持发行人股份不存在质押情形，亦不存在实现质押权的风险。

**案例 7-2** 科源制药（股票代码：301281.SZ，2023 年 4 月 4 日创业板上市）

**关注要点：**报告期内，公司实际控制人所持力诺集团股权、力诺集团所持力诺投资股权、力诺集团及力诺投资所持公司股权曾存在质押、冻结或诉讼仲裁情形。

审核问询关注相关情况及解决进展，是否存在仍影响发行人控制权稳定性的情形。

**案例分析：**在本次 IPO 申请之前，实际控制人及力诺集团通过引入战略投资者、转让子公司股权、土地收储盘活资产等形式，增强资金实力及流动性，相关事项均已得到解决，实际控制人所持力诺集团股权、力诺集团所持力诺投资股权、力诺集团及力诺投资所持公司股权不存在质押、冻结及诉讼，不存在影响公司控制权稳定性的情形。

**案例 7-3** 荣信文化（股票代码：301231.SZ，2022 年 9 月 8 日创业板上市）

**关注要点：**公司实际控制人直接持股 39.95%，其中 2.67% 股份处于质押状态。

**案例分析**:西安投资控股有限公司向发行人提供西安市文化产业发展专项资金,发行人实际控制人为上述借款提供股份质押担保。报告期内,公司资产负债率、流动比率、速冻比率等各项偿债能力指标良好,未发生过逾期借款的情况,且实际控制人股权质押比例较低,不会影响实际控制人的稳定性。

## 第8条 境外控制架构

### 一、规范要求

实际控制人实现控制的条线存在境外控制架构的,保荐机构和发行人律师应当对发行人设置此类架构的原因、合法性及合理性、持股的真实性、是否存在委托持股、信托持股、是否有各种影响控股权的约定、股东的出资来源等问题进行核查,说明发行人控股股东和受控股股东、实际控制人支配的股东所持发行人的股份权属是否清晰,以及发行人如何确保其公司治理和内控的有效性,并发表明确意见。

### 二、相关解析

在境外控制架构中,实际控制人一般通过多层股权间接控制境内发行人。境外控制架构的设计较为复杂,既要考虑离岸公司所在国的法律环境、金融环境、税收环境,又要考虑资本市场的上市条件和要求。基于对公司控制权稳定以及实际控制人合规经营的考量,《监管规则适用指引——发行类第4号》第8条中明确规定了针对实际控制人实现控制的条线存在境外控制架构情形的核查要求。

## 三、典型案例

**案例 8－1** 隆扬电子(股票代码:301389. SZ,2022 年 10 月 31 日创业板上市)

**关注要点:**发行人直接控股股东隆扬国际注册于香港,间接控股股东鼎炫控股注册于开曼群岛并于 2017 年 11 月在我国台湾证券交易所上市,实际控制人通过多个萨摩亚注册的持股主体持有鼎炫控股股份。

审核问询要求列表说明控股股东各上层控制主体穿透至最终出资人或上市公司的情况,说明各层控制主体的稳定性以及实际控制人保持控制权稳定的措施,控股股东和受控股股东、实际控制人支配的股东所持发行人的股份权属是否清晰。

**案例分析:**本案例中,发行人的控股股东是在香港注册的公司,控股股东是注册在开曼群岛并且在我国台湾地区上市的公司,发行人相当于是台湾地区上市公司间接控制的公司。发行人实际控制人系中国台湾籍,采用多层境外架构主要原因为鼎炫控股在我国台湾证券交易所上市时,考虑到我国台湾地区的商业惯例、税务筹划、股权转让、二级市场股份出售的便利性而搭建。为认定发行人股权架构中不存在委托持股、信托持股、协议控制等情形,公司聘请境外律师出具了法律意见书及境外主体的商业登记证、股东名册、董事名册、现况证明书等资料。

**案例 8－2** 格力博(股票代码:301260. SZ,2023 年 2 月 8 日创业板上市)

**关注要点:**发行人控股股东为 GLOBE HOLDINGS(HONG KONG) CO., LIMITED(GHHK),持有发行人 70.0996% 的股份,Greenworks Holdings Limited(Greenworks Holdings)持有 GHHK100% 股权,系实际控制人 100% 持股的 BVI 公司,实际控制人通过设置多层境外架构投资并间接控

制发行人。

审核问询关注设置 BVI、香港等多层境外投资架构间接控制发行人的原因、合法合规性及商业合理性；股东的出资来源；持股的真实性，是否存在委托持股、信托持股或其他利益安排，是否存在各种影响控股权的约定，发行人的股权是否清晰稳定，发行人如何确保其公司治理和内控的有效性。

**案例分析**：根据发行人及实际控制人的说明，2016 年为引入 STIHL Holding AG & Co. KG 及其同一控制下企业（以下简称 STIHL）作为战略投资人，经多方协商确定由 GHHK 作为格力博集团园林机械业务板块的持股平台，并持有包括发行人股权在内的园林机械业务相关公司股权。考虑到境外不同司法辖区的营商环境和税收政策，采取了较为常见的境外投资结构，即通过设立的 BVI 公司 Greenworks Holdings 持有 GHHK 股份，并由 GHHK 向 STIHL 发行股份完成融资。根据国家外汇管理局上海分局核发的境内居民个人境外投资外汇登记表及业务登记凭证，实际控制人已根据 37 号文的规定就设立特殊目的公司 Greenworks Holdings 事宜办理了外汇登记手续。2020 年，格力博集团决定启动 A 股上市，各方协商一致确定以格力博作为境内上市主体，同时将格力博集团园林机械业务板块公司重组至发行人体内。前述重组完成后，最终形成实际控制人通过 BVI 公司 Greenworks Holdings、香港公司 GHHK 间接控制发行人的多层境外架构。实际控制人对出资来源进行了说明。根据保荐机构和发行人律师对实际控制人进行的访谈，以及取得实际控制人出具的确认函，各方确认其目前及历史上直接或间接持有发行人股权真实，不存在委托持股、信托持股或其他利益安排，不存在影响控股权的约定，发行人的股权清晰稳定。

# 第9条 诉讼或仲裁

## 一、规范要求

1. 发行人应当在招股说明书中披露对股权结构、生产经营、财务状况、未来发展等可能产生较大影响的诉讼或仲裁事项，包括案件受理情况和基本案情，诉讼或仲裁请求，判决、裁决结果及执行情况，诉讼或仲裁事项对发行人的影响等。如诉讼或仲裁事项可能对发行人产生重大影响，应当充分披露发行人涉及诉讼或仲裁的有关风险。

2. 保荐机构、发行人律师应当全面核查报告期内发生或虽在报告期外发生但仍对发行人产生较大影响的诉讼或仲裁的相关情况，包括案件受理情况和基本案情，诉讼或仲裁请求，判决、裁决结果及执行情况，诉讼或仲裁事项对发行人的影响等。

发行人提交首发申请至上市期间，保荐机构、发行人律师应当持续关注发行人诉讼或仲裁的进展情况、发行人是否新发生诉讼或仲裁事项。发行人诉讼或仲裁的重大进展情况以及新发生的对股权结构、生产经营、财务状况、未来发展等可能产生较大影响的诉讼或仲裁事项，应当及时补充披露。

3. 发行人控股股东、实际控制人、控股子公司、董事、监事、高级管理人员和核心技术人员涉及的重大诉讼或仲裁事项比照上述标准执行。

4. 涉及主要产品、核心商标、专利、技术等方面的诉讼或仲裁可能对发行人生产经营造成重大影响，或者诉讼、仲裁有可能导致发行人实际控制人变更，或者其他可能导致发行人不符合发行条件的情形，保荐机构和发行人律师应在提出明确依据的基础上，充分论证该等诉讼、仲裁事项是否构成本次发行的法律障碍并审慎发表意见。

## 二、相关解析

发行人应当按照《监管规则适用指引——发行类第4号》第9条的要求对诉讼或仲裁进行详细的信息披露。诉讼的具体情况包括诉讼主体、事由、诉讼标的、金额、最新进展、判决结果及相关案件的执行情况等。针对诉讼对发行人生产经营的影响,详细披露涉诉事项对发行人财务状况、经营成果、声誉、业务活动、未来前景等的影响,并说明涉诉案件是否会对发行人的业绩和持续经营产生不利影响,是否构成本次发行上市的障碍。

此外,不同类型的诉讼或仲裁其关注点往往各有侧重:(1)如果存在知识产权纠纷,知识产权纠纷涉及发行人产品的具体情况,涉诉产品的数量、报告期内的销售收入及相关占比,是否涉及发行人的核心技术或商标,对发行人生产经营的重要性以及对发行人持续合法经营的影响。(2)如果存在股权相关诉讼,相关股权转让是否履行了法定程序,对发行人股份权属清晰稳定的影响,是否存在股权转让的其他潜在纠纷和诉讼风险,公司拟采取的保障措施。(3)如果存在买卖合同纠纷方面的诉讼,关注违约的原因,违约是否对公司产生重大不利影响。(4)如果存在采购方面的诉讼,采购诉讼对应产品或设备的背景,该事项对发行人生产经营的影响,如后续无法继续采购或使用相关产品、设备,是否对发行人持续经营产生重大不利影响。(5)如果存在产品质量方面的诉讼,发行人因产品质量进行赔偿损失的具体金额,涉及的客户数量,以及对应相关产品的销售收入金额,未决诉讼对发行人经营业绩的具体影响,发行人是否计提预计负债。(6)如果存在劳动用工方面的诉讼,劳动纠纷处理、员工利益保障、工商事宜处理、劳务分包及劳务派遣可能引发的纠纷对公司生产经营的影响。

如果发行人对相关诉讼或仲裁按监管要求进行了信息披露,诉讼标的金额较小且不具有重大影响,不会对发行人的持续经营和持续盈利能力等产生重大不利影响,则发行人仍然符合上市条件。

## 三、典型案例

**案例9－1** 三一重能(股票代码:688349.SH,2022年6月22日科创板上市)

**关注要点:**根据申报材料,公司及其控股子公司涉及的争议金额超过500万元的尚在进行中的主要诉讼、仲裁案件共1件。2019年的诉讼赔偿款提预计负债确认营业外支出。根据公开信息,发行人报告期内存在多项诉讼仲裁案件。

审核问询要求发行人披露报告期内对财务状况、经营成果、声誉、业务活动、未来前景等可能产生较大影响的诉讼或仲裁事项。

**案例分析:**问询回复时发行人及其控股子公司尚未了结的重大诉讼为买卖合同纠纷案件,案件处于二审阶段,发行人已按照谨慎性原则,对应收货款全额计提了坏账,该案不会对发行人的生产经营、财务状况、经营成果、声誉、业务活动、未来前景等造成重大不利影响。发行人报告期内已结案的诉讼、仲裁案件,所涉事项不涉及发行人的主要产品、核心商标、专利、技术等方面,不会对发行人股权结构、生产经营、财务状况、未来发展等产生较大影响。

**案例9－2** 井松智能(股票代码:688251.SH,2022年6月6日科创板上市)

**关注要点:**根据招股说明书及首轮问询回复,发行人诉讼案件起因包括货款支付、交货逾期、产品质量问题等争议。

二轮问询要求发行人说明涉及的全部诉讼/仲裁、执行案件起因、标的数额、争议双方及进展情况;就涉及交货逾期、产品质量相关争议的案件,公司履约情况及产生争议的原因,裁判/仲裁机关对于双方责任的认定和依据。

**案例分析**:发行人律师查阅发行人提供的诉讼/仲裁案件、执行案件相关资料;获取发行人出具的声明;访谈相关诉讼/仲裁、执行案件的代理律师;查阅市场监督管理局出具的合法合规证明。经核查,发行人律师认为,发行人的交货逾期、产品质量争议仅涉及少数项目,该等争议系因客户原因或发行人对外购设备把控不严所导致,发行人不存在重大违约情形,且发行人已对外购设备把控不严情形采取了积极有效的整改措施,后续未再因外购设备质量和交付问题而与客户发生争议和纠纷,发行人在产品质量、履约效率方面亦不存在重大缺陷,该等争议没有对发行人持续经营产生重大不利影响。

**案例 9-3** 华宝新能(股票代码:301327.SZ,2022 年 9 月 19 日创业板上市)

**关注要点**:根据申报材料与审核问询,2021 年 7 月 30 日,Generac Power System,Inc.(Generac)以 Generark Energy,Inc.(Generark US)及发行人为共同被告向美国特拉华联邦地区法院提起诉讼,Generac 主要诉讼请求包括要求发行人停止使用或注册 GENERARK 商标,赔偿因侵权行为而遭受的利润损失 3 倍的金额,尚未提出明确的诉讼金额,亦未提供赔偿金额计算依据。

第二轮审核问询要求说明上述未决诉讼案件的进展情况,包括案件受理情况,诉讼请求,判决或裁决结果及执行情况;分析相关诉讼事项及诉讼结果对公司生产经营及财务成果的具体影响,是否需同步调整“GENERARK”品牌在其他地区名称及销售策略等。

**案例分析**:截至第二轮问询函回复出具之日,Generac 已经与发行人及子公司 Generark US 签署《和解协议》,相关案件已撤诉。保荐机构、发行人律师认为,“GENERARK”品牌产品进入市场时间不长,尚处于运营初期阶段,不构成发行人的核心品牌,产品销售额占发行人同期销售额的比例均不高,现对发行人业务的贡献较为有限;Generark US 已着手在全球二十多个国家申请注册新商标,拟启用新商标,停用“GENERARK”商标不会影响发行人的持续经营能力;因该案件结果需支付的律师费,以及引起的商标注册费用、广告推广费用、产品外壳费用占发行人 2021 年的营业收入比例较低,诉讼事项所涉损失可控,不会对发行人财务状况造成实质影响。因此,Generark US 与 Generac 关于“GENERARK”商标纠纷案件的处理结果不会对发行人生产经营及财务成果产生重大不利影响;同时,发行人将在原“GENERARK”品牌销售区域启用新品牌并优化销售策略。

**案例 9－4** 敏芯股份(股票代码:688286. SH,2020 年 8 月 10 日科创板上市)

**关注要点**:根据申报材料,发行人涉及无效宣告请求的 16 项专利中,有 7 项系发行人核心技术体系的组成部分,专利所述的部分技术特征运用于发行人在售产品中,9 项为发行人储备专利。

**案例分析**:关于发行人涉及专利诉讼的基本情况,保荐机构查阅了相关诉讼文件,包括但不限于起诉状、法院传票、证据资料等;查阅了发行人相关专利的权属证书、专利说明书等文件;通过国家知识产权局网站、中国裁判文书网、国家知识产权局专利局复审和无效审理部网站等公开渠道进行了检索与查询。

保荐机构经核查后认为:对方分别对发行人提起了专利侵权诉讼、专利权属诉讼以及专利无效申请。专利侵权诉讼、专利权属诉讼均不涉及发行人核心技术,所涉产品销售金额均极小,不会对发行人持续经营能力造成重大不利影响;专利无效申请不属于发行人核心技术等资产的权属纠纷,被整体宣告无效的风险极低,即使部分专利被认定为缺少新颖性或创造性,也不会对发行人持续经营造成重大不利影响。因此,发行人不存在主要资产、核心技术等的重大权属纠纷,不存在重大诉讼等或有事项,涉及的诉讼或无效申请事项不会对持续经营有重大不利影响。

**案例9-5** 纵横股份(股票代码:688070.SH,2021年2月10日科创板上市)

**关注要点**:上市审核期间发行人五项专利涉及被起诉专利侵权,五项专利被提起无效宣告请求。

**案例分析**:经核查,保荐机构、发行人律师认为:(1)认定本次诉讼涉案产品仅为公司某无人机系统产品及认定发行人全系列产品未侵犯原告专利技术均具有充分依据,假如发行人本次败诉并导致其他产品的诉讼,对发行人不存在重大不利影响。(2)鉴于本次涉诉专利不涉及标准必要专利,发行人可通过产品升级及时消除侵权情形,如果发行人全系列产品侵犯了原告涉诉专利,亦不会对发行人造成重大不利影响,不构成本次发行上市的障碍。(3)形成发行人主营业务收入的核心专利、技术等来源于长期的技术积累和自主创新,不存在侵权的情形。(4)在无效宣告请求的审查过程中,发行人对该等发明专利的使用不存在任何限制;即便相关发明专利被宣告无效,该审查结果使得该等发明专利相关申请记载事项成为公知事实,公司依然掌握并可以使用相关技术,发行人亦不会因专利被宣告无效而丧失对该等技术的占有及使用的权利,上述专利无效宣告请求不会对发行人持续生产经营构成重大不利影响。

**附:针对专利等知识产权诉讼的应对措施**

专利等知识产权诉讼在IPO过程中尤为重要,如果未能妥当处理可能对企业上市造成实质影响。

**(一)针对专利侵权诉讼的应对措施**

1.充分披露专利侵权诉讼的诉讼情况、目前所处阶段和案件的最新进展。

2.将公司相关产品、应用场景和技术路线与涉案专利技术特征进行比对,分析是否侵犯原告专利技术,是否构成侵权。

3. 论证公司产品未侵犯原告涉诉专利,涉诉专利不涉及标准必要专利,潜在赔偿风险小,涉诉产品停止制造、销售的潜在风险低并有升级替代解决方案,实际控制人承诺承担公司及其子公司因专利侵权诉讼所造成的全部损失。

4. 分析涉诉产品报告期内的销售收入及占比,论证即使在未考虑相关专利技术对涉诉产品的技术贡献的情况下,对公司的营业收入无重大影响。

5. 说明发行人在不断更新迭代既有产品和解决方案,不断丰富产品系列,持续提升产品技术及市场竞争力。即使诉讼出现不利后果,未来停止销售侵权产品亦不会对公司业务造成重大影响。

6. 充分披露形成发行人主营业务收入的核心专利在产品中的运用情况及形成主营业务收入的具体体现,以及发行人针对核心技术所采取的保护措施。

**(二)针对专利无效的应对措施**

根据《专利法》《专利法实施细则》《民事案件案由规定》《专利纠纷行政调解指引(试行)》等相关法律法规,已授权专利仅在不具备新颖性、创造性和实用性的情况下可能会被宣告专利权无效。

针对可能被提起专利无效诉讼的情况可采取如下措施:

1. 通过第三方机构对专利出具复核报告,论证发行人拥有的已授权发明专利具有较高稳定性,相关专利被整体宣告无效的风险较低。

2. 发行人核心技术尽量采取专利、著作权、技术秘密等多种保护措施,即使部分专利被宣告无效也不会导致发行人核心技术丧失或被模仿,不会对发行人核心技术造成重大不利影响。

3. 从发行人所属行业和技术领域的角度,说明掌握核心专利到形成市场竞争力需要长时间积累,发行人拥有较高的技术壁垒和综合优势,即使部分专利被宣告无效也不会对发行人持续生产经营构成重大不利影响。

**(三)相关建议**

1. 拟上市公司应增强知识产权保护意识,对公司已有知识产权进行全面梳理,尽早排查因职务发明、委托开发、合作开发等可能引起的专利权属纠纷。

2. 对企业核心技术进行知识产权保护的全面布局,采用多种形式进行交叉保护。

3. 健全和完善知识产权保护制度,包括产品研发生产前的侵权检索、风险防范预警制度、知识产权侵权应对机制、防止损失扩大的排查制度等。

## 第10条 资产完整性

### 一、规范要求

发行人租赁控股股东、实际控制人房产或者商标、专利来自控股股东、实际控制人授权使用的,保荐机构和发行人律师通常应关注并核查以下方面:相关资产的具体用途、对发行人的重要程度、未投入发行人的原因、租赁或授权使用费用的公允性、是否能确保发行人长期使用、今后的处置方案等,并就该等情况是否对发行人资产完整性和独立性构成重大不利影响发表明确意见。

如发行人存在以下情形之一的,保荐机构及发行人律师应当重点关注、充分核查论证并发表意见:一是生产型企业的发行人,其生产经营所必需的主要厂房、机器设备等固定资产系向控股股东、实际控制人租赁使用;二是发行人的核心商标、专利、主要技术等无形资产是由控股股东、实际控制人授权使用。

### 二、相关解析

拟上市公司需要具有直接面向市场独立经营的能力,具有完整的业务体系,具有开展生产经营所必备的资产。关于资产完整性需要关注:公司与实际控制人明确界定资产的权属关系,实际控制人注入上市公司的资产和业务独立完整,全部足额到位,并完成相关的产权变更手续;公司拥有独立于实际控制人的生产系统、辅助生产系统和配套设施、土地使用权、工业产权、非专利技术等;公司拥有独立的产、供、销系统,主要原材料和产品的采购和销售不依赖于实际控制人,具备完全面向市场独立经营的能力;非生产型企业应当具备与经营有关的业务体系及相关资产;公司改制设立时,主要产品或经营业务重组进入发行人的,其主要产品或经营业务使用的商标及其他知识产权须进入上市主体。

## 三、典型案例

案例 10-1 祥明智能(股票代码:301226.SZ,2022 年 3 月 25 日创业板上市)

**关注要点:**发行人历史上存在租赁使用控股股东房产及经授权使用控股股东商标的情形。

**案例分析:**鉴于公司拟进行首次公开发行股票并上市,为保证公司资产的独立性、完整性,控股股东决定将相关商标转让给公司。同时,考虑到相关商标在取得之后主要由公司在其产品上使用,其对公司生产经营的重要程度较高,而控股股东取得相关商标的成本较低且其已无相关的产品生产及实际经营业务,对该等商标无其他使用安排,其作为公司控股股东,基于保证公司独立性及持续经营能力的考虑,经与公司协商一致,确认将相关商标无偿转让给公司。截至审核问询回复之日,发行人控股股东已将相关房产及商标投入发行人,发行人合法拥有其全部资产的所有权和使用权。

案例 10-2 恒而达(股票代码:300946.SZ,2021 年 2 月 8 日创业板上市)

**关注要点:**根据申报材料,报告期发行人租用实际控制人控制的立高鞋业厂房2395.60平方米。审核问询要求补充披露:(1)上述房产的具体用途、对发行人的重要程度、未投入发行人的原因、租赁使用费的公允性、能否确保发行人长期使用、今后的处置方案等。(2)上述租赁厂房面积占发行人全部厂房面积的比例,使用上述厂房产生的收入、毛利、利润情况,评估其对发行人的重要性。

**案例分析**:经核查,保荐机构、发行人律师认为,发行人于2019年3月向立高鞋业租赁房屋,系因为发行人所拥有的房屋已全部投入生产经营,现有场地无法满足发行人研发、试制、生产新产品的需求,拟开发的新业务已无场所开展。鉴于此,为满足发行人生产经营的需求,且立高鞋业拥有的厂房紧邻发行人厂区,发行人承租立高鞋业的房屋并适当改造装修后用于新产品冷切金属圆锯片的研发、试制、生产。租金单价参考公开市场价格确定,价格公允。

截至问询回复出具之日,发行人已通过出让方式新增取得了两宗土地用途为工业用地的土地使用权,并已拟定新厂房的建设方案,待新厂房建设完工后,发行人承租立高鞋业房屋所开展的业务将搬迁至新厂房经营,上述发行人向立高鞋业承租房屋的交易将终止。此外,发行人在2019年度承租立高鞋业的厂房面积占发行人所拥有厂房总面积的比例仅为3.21%,且发行人承租该房屋在2019年度产生的销售收入对发行人2019年度的财务状况、经营成果和盈利能力不构成重大影响,发行人不因上述房屋租赁而对关联方立高鞋业形成依赖,上述房屋租赁事项不影响发行人资产完整性和独立性。

**案例10-3** 富乐德(股票代码:301297.SZ,2022年12月30日创业板上市)

**关注要点**:审核问询回复显示:(1)发行人存在多个关联方,且部分关联方从事的业务属于泛半导体领域,属于发行人的上下游行业。(2)上海富乐德租用上海申和房产3527平方米用于厂房、仓储和办公。

第三轮审核问询要求补充说明按照关联方及关联交易情况披露是否完整、准确,是否存在关联交易非关联化的情形;订单获取方式,主要客户的订单获取过程;是否依赖控股股东或核心管理人员开拓业务;上海富乐德租用上海申和房产的必要性,定价是否公允;上海申和在转让上海富乐德股权时,未一并转让相应房产的原因;发行人的业务及资产是否独立。

**案例分析**:经核查,保荐机构、发行人律师认为:(1)发行人关联方及关联交易情况披露完整、准确,不存在关联交易非关联化的情形。(2)发行人订单获取方式以自主联系或转介绍等方式接洽后的商务谈判为主,通过接洽、验厂、试洗、价格谈判等过程获得主要客户的订单;发行人不依赖控股股东或其核心管理人员开拓业务。(3)上海富乐德租用上海申和房产具有必要性,租赁价格定价公允;因上海申和土地、房产无法分割,且其尚经营其他生产型业务,因此其转让上海富乐德股权给安徽富乐德时,未一并转让相应房产,原因合理;公司业务、资产独立。

**案例 10-4** 昆船智能(股票代码:301311.SZ,2022 年 11 月 30 日创业板上市)

**关注要点**:招股说明书披露,截至 2020 年 12 月 31 日,在发行人 15 项商标中,14 项商标系昆船集团授权使用;发行人部分房产系向关联方租赁使用。

审核问询要求说明:商标及租赁房产的具体用途、对发行人的重要程度、未投入发行人的原因、租赁或授权使用费用的公允性、是否能确保发行人长期使用、今后的处置方案等,是否对发行人资产完整和独立性构成重大不利影响。

**案例分析**:发行人在问询回复中进行了相关说明:(1)昆船集团未将“昆船”系列商标投入发行人,系因发行人及其子公司被许可使用的商标仅是“昆船”系列商标中的一部分,且昆船集团也将该等“昆船”系列商标授权给其下属其他企业使用。基于上述原因,无法将“昆船”系列商标转让给发行人。(2)用于生产经营的厂房因涉及专项产品生产设施保障项目,难以通过分割方式注入发行人。

本案例中,发行人在问询回复中对商标、租赁房产未投入发行人的原因进行了说明,历史原因及现实困难导致商标、租赁房产难以完全投入发行人,对此,发行人采取了相应措施确保上述事项不会对发行人资产完整性和独立性构成重大不利影响。发行人与昆船集团的商标许可使用协议明确许可期限且昆船集团承诺将到期商标及时续展,并及时与发行人签署续签协议,有效保证发行人可以长期使用授权许可商标;为保证发行人及其子公司能够长期使用租赁房产,发行人与昆船集团的房产租赁合同明确发行人及其子公司享有优先承租权,且昆船集团已就长期租赁出具了说明,保证发行人能够长期使用租赁房产。

**案例 10-5** 大族数控(股票代码:301200.SZ,2022 年 2 月 28 日创业板上市)

**关注要点:**申报材料显示:(1)发行人租赁控股股东大族激光及其关联公司的厂房及办公楼宇,用于生产、办公及研发。(2)大族激光将其持有的部分境内外注册商标无偿许可发行人非独占性使用,并同意将其正在申请中的“大族数控”中文简体、繁体版以及“HAN☆S CNC”“英文+星图形”的组合商标核准注册后许可发行人独占性使用。允许发行人在其产品及服务、宣传材料及其他任何与发行人主营业务相关的活动范围内使用许可商标,许可使用期限为该等注册商标有效期满前且发行人为大族激光合并报表范围内的公司期间。(3)发行人及其子公司麦逊电子分别与大族激光存在共有专利情形。

审核问询要求:(1)补充披露发行人租赁控股股东及其关联方房产的用途、面积及占公司租赁房产面积的比例,合计租金占发行人成本的比例,使用上述厂房及办公楼宇产生的收入、毛利、利润情况,以及租赁关联方房产价格的公允性。(2)补充披露大族激光无偿许可发行人使用其商标的背景、原因及商业合理性,相关商标对发行人生产经营的重要程度及对应产品实现收入占比,相关商标未注入发行人的原因,除发行人外,使用该等商标的其他企业的经营领域及情况,共用商标是否存在风险、纠纷或潜在纠纷。(3)补充披露发行人及其子公司与大族激光共有专利涉及的产品情况及其在报告期内销售收入金额及占比,该等专利对发行人生产经营的重要程度,发行人及其子公司的核心技术及研发是否对大族激光存在重大依赖;相关共有专利不转让予发行人的原因;发行人与大族激光对相关共有专利的关于权利约定、利益分配、保密主要条款;大族激光是否授权其他企业使用上述专利,大族激光、发行人实际控制人控制的其他企业与发行人之间是否存在共用专利及核心技术、研发人员、研发体系的情形,大族激光等关联方是否存在为发行人分担成本或进行其他利益输送行为的情况。

**案例分析**:经核查,保荐机构、发行人律师认为:(1)报告期内,发行人租赁控股股东及其关联方房产主要用于办公研发;2021 年大族激光智造中心建成交付,发行人部分职能将迁入大族激光智造中心,相关租赁价格与周边市场租赁价格可比、公允,且发行人可长期使用。(2)大族激光对“大族”、“HAN☆S”及“HAN☆S Laser”商标实施统一管理,未将相关商标注入包括发行人在内的下属公司,而是将上述商标以许可使用的形式授权给发行人及大族激光相关下属公司使用,具有合理商业原因;大族激光与相关下属公司共用“大族”、“HAN☆S”及“HAN☆S Laser”等商标的行为不存在纠纷或潜在纠纷。(3)发行人及其子公司与大族激光共有专利主要系根据大族激光知识产权统一管理制度由双方共同申请,相关专利对应的研究成果由发行人独立取得。截至审核问询回复之日,发行人及其子公司与大族激光已不存在共有专利,相关专利不存在授权其他企业使用的情况。发行人具有独立的专利及核心技术与独立的研发体系和研发团队,不存在与大族激光、发行人实际控制人控制的其他企业共用专利及核心技术的情况,不存在大族激光等关联方为发行人分担成本或进行其他利益输送行为的情况。

**案例10-6** 美利信(股票代码:301307.SZ,2023年4月24日创业板上市)

**关注要点:**申请文件显示发行人及下属子公司拥有的全部7项房屋建筑物均处于抵押状态,正在租入的一项面积为47,000平方米的房产存在的瑕疵包括“土地为划拨用地,无房产证书,对外出租未取得土地、房产管理部门批准”,其余全部6项租入生产经营场所均存在无土地与房屋权属证明或土地出让未履行村民决策程序等瑕疵情况。

审核问询要求说明租入房产中各类瑕疵情形涉及面积及占发行人全部使用房产面积比例、具体使用用途,是否存在因瑕疵等而无法继续租入的风险;分析说明租赁价格公允性。

**案例分析:**公司房屋租赁中可能存在以下风险:(1)相关未履行报建手续的自建房屋因不符合《城乡规划法》等相关规定而存在被责令限期拆除、没收实物的风险,从而可能致使发行人无法继续租入或正常使用该等物业。(2)相关房屋因所附着的集体建设用地流转程序存在瑕疵而可能产生土地使用争议,从而可能影响继续租入地上物业等风险。

尽管存在上述风险,但公司认为该等风险较小,原因如下:

(1)经租赁房产所在地住建、规划、城管及当地政府等主管部门的确认,该等租赁房产最近5年内没有拆除、拆迁、征用等计划,同意发行人继续按现状使用该等房产,并确认不会对发行人作出处罚。

(2)截至审核问询回复出具之日,发行人及其分、子公司均未被相关方要求搬离。

(3)若未来由于政策的变化,相关租赁瑕疵房产需要进行拆除或其他原因导致发行人搬迁的,周围可替代的租赁房产资源较为充足,发行人及其分、子公司可以在较短时间内找到符合条件的替代厂房并维持正常经营,且搬迁成本较低。

(4)根据发行人控股股东美利信控股及实际控制人出具的承诺函,若发行人因上述瑕疵情况而无法继续使用该等租赁房屋的,或将来有关政府主管部门要求拆除上述房产或对发行人作出处罚,将无条件承担发行人因此而产生的全部损失、成本及费用。

综上,公司存在因土地或房产瑕疵等无法继续租入相关房产的风险,但该等风险较小。

**案例 10-7** 爱科科技(股票代码:688092.SH,2021 年 3 月 19 日科创板上市)

**关注要点:**招股说明书披露,报告期内,公司及其子公司丰云信息存在向关联方控股股东爱科电脑租赁办公场所的情况。

审核问询要求发行人就上述事项作风险揭示并补充披露:(1)相关场所的具体用途,能否长期使用,对发行人的重要程度。(2)是否对发行人资产完整性和独立性构成重大不利影响。

**案例分析:**发行人及丰云信息向爱科电脑租赁办公场所主要用于办公及研发,对房屋无特殊要求,同类型房屋较为常见,具有较高的可替代性。发行人及丰云信息向爱科电脑租赁相关场所的租赁价格公允,发行人可以长期使用该场所。发行人及子公司对目前所租赁的房屋不具有重大依赖,即使发生因任何原因需要搬迁的情况,也不会对发行人的正常业务开展造成实质不利影响。

发行人目前处于高速发展阶段,需持续增加研发及开拓海外市场的投入,参考周边房产市价,如购买爱科电脑房产需支付较高对价,会影响发行人资金流动性,从而影响发行人在其他领域的投入。

本案例中,发行人全资子公司爱科机器人已经完成生产厂房建设。基于此,发行人拥有生产经营所必需的土地、房产。发行人及丰云信息租赁的爱科电脑房屋主要用于办公及研发,同类型房屋较为常见且替代性较高,发行人对目前所租赁的房屋不具有重大依赖,发行人及其子公司向爱科电脑租赁房屋对其资产完整性和独立性不构成重大不利影响。

**案例10-8** 唯赛勃(股票代码:688718.SH,2021年7月28日科创板上市)

**关注要点:**2019年2月,汕头津贝特(唯赛勃的控股子公司)与爱舍尔科技签署《专利权转让协议》,将其持有的2项实用新型专利(一种净水用过滤阀门组件、一种净水机的布水器)、3项外观设计专利[水龙头、即热式净水机(台式)、软水机]及1项计算机软件著作权[Azuretics智能净水机App软件(Android版V1.0)]0元转让给爱舍尔科技,上述知识产权原账面价值为0元。

**案例分析:**2019年2月,爱舍尔科技处于开拓市场、积累品牌声誉阶段,为支持爱舍尔科技开拓市场、积累更多优质客户资源,汕头津贝特将净水机研发和生产涉及的相关知识产权转让给爱舍尔科技,由于转让的知识产权相关费用支出金额较低,因而双方协商确定以0元作价转让。随后,发行人唯赛勃启动上市工作,为规范公司资产完整性,公司于2020年4月与爱舍尔科技沟通将上述知识产权转回的事宜并向国家知识产权局提交所有权变更申请,并于2020年6月完成知识产权所有权变更程序。爱舍尔科技在受让汕头津贝特净水器设备相关专利权和软件著作权期间,爱舍尔科技向公司采购家用厨下机、台式机等样机整体金额较小,占公司营业收入的比例较低,爱舍尔科技尚未利用上述无形资产实现规模化销售产生经济利益,因而相关知识产权转回的交易仍以0元作价,上述知识产权转让的作价具备合理性。

**案例10-9** 禾信仪器(股票代码:688622.SH,2021年9月13日科创板上市)

**关注要点:**招股说明书披露,除坚持自主研发外,公司也会与其他国内外知名高校、科研院所和企业等单位进行合作研发,作为公司自主研发活动的有效补充。

审核问询要求说明共有知识产权在发行人处的使用情况、在发行人业务体系中实际发挥的作用、目前存续状态，对发行人资产完整性是否构成重大影响；发行人在专利技术上对外部研发是否存在重大依赖，是否会对发行人生产经营构成重大不利影响。

**案例分析**：公司共有知识产权系公司与暨南大学、上海大学、阜阳师范学院、复旦大学等第三方合作开发产生，公司与上海大学、暨南大学、阜阳师范学院、复旦大学就上述共有知识产权签署了《申请专利协议》，对各方的权利义务进行了约定。

公司与上海大学、暨南大学、阜阳师范学院、复旦大学共有的36项专利中，仅与暨南大学（5项）、复旦大学（2项）约定共有权属人具有相关专利的实施权，且公司对该等专利可单独实施并享有全部收益，上海大学、阜阳师范学院均仅享有共有专利的署名权。同时，上述专利中仅有与上海大学共有的5项专利与公司核心技术相关，而且上海大学仅具有专利署名权，实质性权利均归公司所有。除此之外，公司核心技术对应的核心专利不存在与暨南大学、阜阳师范学院、复旦大学共有的情形。因此，公司与上述高校的共有知识产权不会对公司的资产完整性构成重大影响。

**案例10－10** 电气风电（股票代码：688660.SH，2021年5月19日科创板上市）

**关注要点**：发行人向上海电气体系内公司租赁办公楼、非核心生产厂房、起重设备及仓库，上述租赁用于发行人的生产经营。

**案例分析**：发行人向上海电气集团置业有限公司租赁的办公楼不涉及发行人生产制造等环节，不属于发行人生产经营所必需的场地，且该办公楼不具备特殊性，具有可替代性，对发行人的重要性较小，投入发行人的必要性较小。发行人已与出租方签订价格公允的长期租赁协议，确保发行人能够长期使用，不影响发行人资产的完整性和独立性。

发行人向电气重装租赁的生产厂房仅用于生产风机零部件，属于临时性租赁，不属于生产经营所必需的主要厂房。该厂房不具备特殊性，具有可替代性，对发行人的重要性较小，投入发行人的必要性较小。发行人已与电气重装签订租赁协议，合作期间未发生纠纷，不影响发行人资产完整性、独立性。

## 第11条 关联交易

### 一、规范要求

中介机构在尽职调查过程中，应当尊重企业合法合理、正常公允且确实有必要的经营行为，如存在关联交易的，应就交易的合法性、必要性、合理性及公允性，以及关联方认定、关联交易履行的程序等事项，基于谨慎原则进行核查，同时请发行人予以充分信息披露，具体如下：

(1)关于关联方认定。发行人应当按照《公司法》、《企业会计准则》和证监会、证券交易所的相关规定认定并披露关联方。

(2)关于关联交易的必要性、合理性和公允性。发行人应披露关联交易的交易内容、交易金额、交易背景以及相关交易与发行人主营业务之间的关系；还应结合可比市场公允价格、第三方市场价格、关联方与其他交易方的价格等，说明并摘要披露关联交易的公允性，是否存在对发行人或关联方的利益输送。

对于控股股东、实际控制人与发行人之间关联交易对应的营业收入、成本费用或利润总额占发行人相应指标的比例较高（如达到30%）的，发行人应结合相关关联方的财务状况和经营情况、关联交易产生的营业收入、利润总额合理性等，充分说明并摘要披露关联交易是否影响发行人的经营独立性、是否构成对控股股东或实际控制人的依赖，是否存在通过关联交易调节发行人收入利润或成本费用、对发行人利益输送的情形；此外，发行人还应披露未来减少与控股股东、实际控制人发生关联交易的具体措施。

(3)关于关联交易的决策程序。发行人应当披露章程对关联交易决策程序的规定,已发生关联交易的决策过程是否与章程相符,关联股东或董事在审议相关交易时是否回避,以及独立董事和监事会成员是否发表不同意见等。

(4)关于关联方和关联交易的核查。保荐机构及发行人律师应对发行人的关联方认定,发行人关联交易信息披露的完整性,关联交易的必要性、合理性和公允性,关联交易是否影响发行人的独立性、是否可能对发行人产生重大不利影响,以及是否已履行关联交易决策程序等进行充分核查并发表意见。

## 二、相关解析

关联方认定及关联交易历来是IPO审核中重点关注的问题,应遵循实质重于形式的原则确认关联方,关联交易金额及占比应尽可能降低。关联方核查需要特别关注以下方面:(1)发行人与异常或新增客户、供应商是否存在关联关系。审核中会重点关注异常或新增客户及供应商,特别是成立时间较短、交易存在异常的客户和供应商。严防利用隐藏的关联公司,通过自买自卖或向经销商转移存货等方式进行业绩调控,核查中需要走访相关客户及供应商、访谈企业高管、调取工商登记资料等。同时,需要核查主要客户和供应商的工商信息,如成立时间、注册资金、注册地、联系电话、邮箱、股东及董事、监事、高级管理人员(以下简称董监高)等信息,确认是否存在异常。(2)是否存在刻意规避关联方认定的情形,包括通过非关联第三方交易和关联交易非关联化。通过非关联第三方交易即将一家或多家非关联的第三方公司作为直接交易对手,发行人与第三方公司之间发生交易,使该交易行为不构成关联交易,再通过关联方与第三方公司进行交易。关联交易非关联化是指通过转让关联方的股权,达到法律上要求的非关联关系,将关联关系非关联化。关联交易非关联化股权转让的行为仅仅是股权代持行为,实质上仍然由发行人的关键人实际控制关联方,对交易有重大影响。为核查是否存在刻意规避关联方认定的情形,通常采用以下程序:通过中国裁判文书网、国家企业信用信息公示系统等渠道查询;银行账户资金流水核查;获取发行人及其董监高、控股股东、实际控制人、持有发行人5%以上股份的股东及其他股东填写的调查表等方式确认发行人关联方认定的完整性。

拟上市公司可通过以下途径规范或减少关联交易:(1)剥离;(2)整合;(3)减少关联交易;(4)制度规范和完善等。如果关联方业务与拟上市公司主营业务关联度不强,盈利能力有限,剥离行为不会对拟上市公司的主营业务范围和持续盈利能力造成重大影响的,则可将该关联方或该业务剥离转让给第三方。如果关联方在拟上市公司经营活动中较为重要,通过剥离或转让可能导致公司在业务完整性、经营活动可持续性等方面出现问题,拟上市公司应将关联方纳入上市主体,从而解决关联交易问题。此外,发行人报告期内应逐步规范和减少关联交易,并完善与关联交易相关的制度。

## 三、典型案例

**案例11-1** 通达海(股票代码:301378.SZ,2023年3月20日创业板上市)

**关注要点**:申报材料及审核问询回复显示,发行人与持股2.87%的股东讯飞投资的关联方科大讯飞存在关联交易的情况;报告期内发行人与科大讯飞的关联交易主要系双方有关信息化建设的相互采购,报告期内持续存在,且预计未来将持续存在。

第二轮审核问询要求补充说明:发行人与科大讯飞同时存在关联采购及关联销售的合理性,必要性,采购、销售的具体内容及对应的业务内容,发行人向科大讯飞采购、销售业务规模占其自身对应业务比重,发行人是否作为科大讯飞的外包商、加工商存在;区分上述各类采购、销售内容类型,分别结合发行人向无关联第三方采购、销售相同类型产品服务,进一步说明关联交易的公允性。

**案例分析:**经核查,保荐机构、申报会计师、发行人律师认为:(1)由于信息化建设领域,客户的定制化需求较高,不同参与方在各自的专业领域具有一定的优势,在为客户提供信息化建设时会采购其他信息化服务企业的产品和服务。发行人基于客户需求,向科大讯飞采购其擅长的语音系统软件运维、刑事案件智能辅助办案系统,具有商业合理性和必要性。科大讯飞基于客户需求,向发行人采购相关法院审判管理业务系统的接口开发服务、维保服务、接口调试服务,具有商业合理性和必要性。发行人不作为科大讯飞的外包商、加工商存在。(2)发行人与科大讯飞之间的销售和采购定价公允。

**案例 11-2** 华人健康(股票代码:301408.SZ,2023 年 3 月 1 日创业板上市)

**关注要点:**申报材料显示:(1)报告期内发行人与控股股东、实际控制人胞兄、原董事持有、曾任职的多家企业存在关联交易情况。(2)报告期内发行人与阿里健康及其关联服务平台,以及其关联方杭州礼和存在关联交易的情况。

审核问询要求发行人补充披露:(1)报告期内与发行人发生关联交易的单位基本情况、交易内容、产生交易的背景及必要性;与部分关联方同时存在关联销售及采购的合理性,定价依据及公允性,是否将长期持续存在;是否存在股份代持、利益输送或其他利益安排;裕泰和投资的基本情况,发行人向其关联方租赁房产的背景及必要性,房产面积及占发行人总生产面积比重情况,是否属于发行人核心生产经营场所。(2)补充披露发行人与阿里健康及其关联服务平台,以及其关联方杭州礼和发生关联交易的背景及必要性,交易内容,定价依据及公允性。

**案例分析:**经核查,保荐机构、发行人律师、申报会计师认为:(1)报告期内与发行人发生关联交易的单位基本情况、交易内容不存在异常，产生交易的背景合理，关联交易具有必要性；与部分关联方同时存在关联销售及采购具有合理性，定价依据合理，交易价格公允，发行人与上述各方在未来将根据自身经营需要保持合理的业务往来关系；发行人与关联方不存在股份代持、利益输送或其他利益安排；发行人向裕泰和投资租赁房产的背景合理，交易具有必要性，所租赁房产面积占发行人零售门店租赁房产总面积较低，不属于发行人核心生产经营场所。(2)报告期内，发行人与阿里健康及其关联服务平台、杭州礼和发生的关联交易背景合理，具有必要性，定价依据合理，交易价格公允。

**案例11-3** 涛涛车业(股票代码:301345.SZ,2023年3月21日创业板上市)

**关注要点**:报告期内，发行人关联采购主要系发行人向关联方拓宇实业采购电动平衡车。

审核问询要求补充披露:发行人向拓宇实业采购电动平衡车的单价及对外销售单价，是否存在拓宇实业向发行人输送利益的情形；报告期内其他关联采购的定价依据及价格公允性。

**案例分析**:经核查，保荐机构、会计师认为:(1)发行人向拓宇实业采购平衡车后对外销售，相关采购价格公允，不存在拓宇实业向发行人输送利益的情形。(2)报告期内，发行人其他关联交易均系发行人正常经营所需，按照市场价格定价，与向市场第三方采购价格相比不存在明显差异，定价公允，对公司成本、费用支出的总体影响较小，不存在损害发行人利益的情形。

**案例11-4** 三一重能(股票代码:688349.SH,2022年6月22日科创板上市)

**关注要点**:根据申报材料，报告期内，发行人向关联方浙江三一装备有限公司及浙江三一铸造有限公司、索特传动设备有限公司、湖南中泰设备工程有限公司、沈阳三一建筑设计研究有限公司采购商品或服务。

审核问询要求说明：报告期内，发行人向上述关联方采购商品或服务的原因及必要性，采购金额变动的原因，采购金额占采购同类商品的比例，是否对关联方供应商存在依赖，关联交易的公允性及是否履行必要关联交易审批程序。

**案例分析**：经核查，申报会计师认为：(1)发行人报告期内与上述关联方进行采购均为正常的商业合作，具有合理性及必要性。(2)上述向关联方采购金额占同类交易比例合理，不存在对关联方供应商存在依赖的情况。(3)发行人向上述关联方采购原材料均价与向非关联方采购均价不存在明显差异，定价公允。(4)发行人报告期内发生的关联交易均已履行相应审议程序。

### 附：关联方认定

发行人应当按照《公司法》、《企业会计准则》和证监会、证券交易所的相关规定认定并披露关联方。对于关联方的认定标准，不同的法规准则略有差异。

1.《公司法》(2023年修订)

《公司法》第265条第4项对关联关系进行了规定，指公司控股股东、实际控制人、董事、监事、高级管理人员与其直接或者间接控制的企业之间的关系，以及可能导致公司利益转移的其他关系。但是，国家控股的企业之间不仅因为同受国家控股而具有关联关系。

2.财政部企业会计准则

《企业会计准则第36号——关联方披露》(以下简称第36号准则)第4条列举了构成关联方的条件，主要如下：(1)该企业的母公司、对其实施共同控制或施加重大影响的投资方；(2)该企业的合营企业、联营企业和子公司；(3)与该企业受同一母公司控制的其他企业；(4)该企业主要投资者个人、该企业或其母公司的关键管理人员，及与其关系密切的家庭成员；(5)该企业主要投资者个人、关键管理人员或与其关系密切的家庭成员控制、共同控制或施加重大影响的其他企业。

《企业会计准则解释第13号》第1条对构成关联方的条件进行了补充，关于企业与其所属企业集团其他成员企业等相关的关联方判断，除第36号准则第4条规定外，下列各方构成关联方，应当按照第36号准则进行相关披露：(1)企业与其所属企业集团的其他成员单位（包括母公司和子公司）的合营企业或联营企业；(2)企业的合营企业与企业的其他合营企业或联营企业。

除第36号准则第5条和第6条规定外，两方或两方以上同受一方重大影响的，不构成关联方。第36号准则中所指的联营企业包括联营企业及其子公司，合营企业包括合营企业及其子公司。

3. 证监会和交易所规则

《上市公司信息披露管理办法》《上海证券交易所股票上市规则》《深圳证券交易所股票上市规则》等多个证监会和交易所法规细化了关联法人和关联自然人的具体条件。

例如，《深圳证券交易所股票上市规则》(2023年修订)第6.3.3条规定：

“上市公司的关联人包括关联法人（或者其他组织）和关联自然人。

“具有下列情形之一的法人或者其他组织，为上市公司的关联法人（或者其他组织）：

“（一）直接或者间接地控制上市公司的法人（或者其他组织）；

“（二）由前项所述法人（或者其他组织）直接或者间接控制的除上市公司及其控股子公司以外的法人（或者其他组织）；

“（三）持有上市公司5%以上股份的法人（或者其他组织）及其一致行动人；

“（四）由上市公司关联自然人直接或者间接控制的，或者担任董事（不含同为双方的独立董事）、高级管理人员的，除上市公司及其控股子公司以外的法人（或其他组织）。

“具有下列情形之一的自然人,为上市公司的关联自然人:

“(一)直接或者间接持有上市公司5%以上股份的自然人;

“(二)上市公司董事、监事及高级管理人员;

“(三)直接或者间接地控制上市公司的法人(或者其他组织)的董事、监事及高级管理人员;

“(四)本款第(一)项、第(二)项所述人士的关系密切的家庭成员。

“在过去十二个月内或者根据相关协议安排在未来十二个月内,存在第二款、第三款所述情形之一的法人(或者其他组织)、自然人,为上市公司的关联人。

“中国证监会、本所或者上市公司根据实质重于形式的原则,认定其他与上市公司有特殊关系、可能或者已经造成上市公司对其利益倾斜的自然人、法人(或者其他组织),为上市公司的关联人。”

## 第12条　董事、高级管理人员、核心技术人员变化

### 一、规范要求

发行人应当按照要求披露董事、高级管理人员的变动情况。中介机构对上述人员是否发生重大变化的认定,应当本着实质重于形式的原则,综合两方面因素分析:一是最近36个月(或24个月)内的变动人数及比例,在计算人数比例时,以董事和高级管理人员合计总数作为基数;二是上述人员离职或无法正常参与发行人的生产经营是否对发行人生产经营产生重大不利影响。

如果最近36个月(或24个月)内发行人的董事、高级管理人员变动人数比例较大,或董事、高级管理人员中的核心人员发生变化,对发行人的生产经营产生重大不利影响的,保荐机构及发行人律师应当重点关注、充分核查论证并审慎发表意见。

变动后新增的董事、高级管理人员来自原股东委派或发行人内部培养产生的,原则上不构成人员的重大变化。发行人管理层因退休、调任等原因发生岗位变化的,不轻易认定为重大变化,但发行人应当披露相关人员变动对公司生产经营的影响。

发行人申请在科创板上市的,还应当按照上述要求披露核心技术人员的变动情况。保荐机构及发行人律师按照要求核查论证并发表意见。

## 二、相关解析

根据《首次公开发行股票注册管理办法》第12条第2项的规定,发行人主营业务、控制权和管理团队稳定,首次公开发行股票并在主板上市的,最近3年内主营业务和董事、高级管理人员均没有发生重大不利变化;首次公开发行股票并在科创板、创业板上市的,最近2年内主营业务和董事、高级管理人员均没有发生重大不利变化;首次公开发行股票并在科创板上市的,核心技术人员应当稳定且最近2年内没有发生重大不利变化。

董事、高级管理人员和核心技术人员发生重大变化,会影响发行人运营的稳定性,从而对发行人持续经营能力以及未来发展的预期带来不确定性,因而要求发行人在36个月(或24个月)内董事、高级管理人员不得发生重大变动。

具体而言,如董事、高级管理人员和核心技术人员变更,不会对发行人的生产经营造成重大不利影响,则不属于董事、高级管理人员和核心技术人员的重大变动。反之,则属于上市相关规定限制的重大变动。此外,除了参考董事、高级管理人员和核心技术人员变动人数及占比外,发行人经营决策和核心管理团队是否发生实质变动也是重要的判断标准。

## 三、典型案例

**案例 12－1** 苑东生物(股票代码:688513.SH,2020 年 9 月 2 日科创板上市)

**关注要点:**原财务总监辞职的具体原因;报告期内,发行人高管人员变动对公司生产经营的影响;说明发行人最近 2 年内董事、高管是否发生重大不利变化。

**案例分析:**发行人原财务总监因个人身体原因及家庭原因辞任公司财务总监后,由自 2011 年起先后任公司财务经理、总会计师的人员接任。接任人员系由公司内部培养产生,熟悉公司业务情况,具备专业胜任能力。发行人原副总经理因到退休年龄而辞任副总经理职务,但仍担任发行人董事且仍在公司任职。发行人另一副总经理因到退休年龄而辞任副总经理职务并辞职。上述高管人员变动未对公司生产经营带来重大不利影响。

本案例中,变动后新增的上述人员由原股东委派或发行人内部培养产生,原则上不构成重大不利变化;发行人管理层因退休、调任等发生岗位变化的,原则上不构成重大不利变化。

**案例 12－2** 颀中科技(股票代码:688352.SH,2023 年 4 月 20 日科创板上市)

**关注要点:**根据最近 2 年的申报材料,除两名人员外,公司董事、高管人员全部发生变化,新增人员由原股东委派或公司内部培养产生。

**案例分析:**发行人最近 2 年内董事及高管变动,新增人员均系由原股东根据相应人员的专业知识及从业背景委派或由发行人内部培养的核心骨干人员,以其各自所具备的专业能力和勤勉尽责的职业道德保障了发行人公司治理和经营决策的准确性及有效性。符合《上海证券交易所科创板股票发行上市审核问答》(2019 年 3 月)的相关规定,发行人最近 2 年内董事、高管变动没有对发行人的生产经营造成重大不利影响。此外,最近2年发行人核心技术人员未发生变化。

**案例12-3** 唯万密封(股票代码:301161.SZ,2022年9月14日创业板上市)

**关注要点:**发行人董事会秘书于任命前一个月入职发行人前身。

审核问询要求结合相关董事、高级管理人员在发行人前身的任职情况,补充说明人员变动对公司生产经营的影响,发行人董事会秘书于任命前一个月入职发行人前身是否属于内部培养,发行人董事、高级管理人员最近2年内是否发生重大不利变化。

**案例分析:**发行人股改后为进一步完善公司治理结构,增设董事会秘书职务并通过外部招聘寻找合适人选,不属于发行人内部培养。

根据公司的实际经营决策结构以及进一步完善公司治理的相关要求,发行人在股改完成后调整和增设了相关董事席位,增补了高级管理人员的相关职位并进一步明确了各高级管理人员岗位职能权限。

经核查,保荐机构、发行人律师认为,最近2年内,发行人董事及高级管理人员保持基本稳定,人员变动主要系因还原公司日常经营中管理决策人员、外部股东内部正常人事调任、发行人内部培养以及股改后进一步完善公司治理结构所致,人员变动不构成重大变化,没有对发行人的持续经营能力造成重大不利影响。

**案例12-4** 神州细胞(股票代码:688520.SH,2020年6月22日科创板上市)

**关注要点:**发行人最近两年董事、高级管理人员不存在重大变更的依据是否充分。

**案例分析:**根据审核问询回复,发行人最近两年内董事、高级管理人员变更已按照《公司法》及当时有效的公司章程的规定履行了内部决策程序。

发行人最近两年董事、高级管理人员增加的原因主要为完善公司治理结构、设立董事会、引入外部投资机构委派董事以及新增独立董事等。发行人最近两年聘任的财务总监、副总经理自报告期初即在发行人体系内(神州细胞工程)分别担任财务总监、副总经理,新聘任的另一副总经理在临床数据统计和管理方面具有丰富的经验,是对发行人原经营管理团队的补充和完善,有利于增强公司临床研究开发的实力,发行人最近两年不涉及高级管理人员的离任。发行人最近两年内离任董事有 4 人,其中 2 人离任后仍在发行人体系内任职。此外,最近两年内,发行人执行董事/董事长一直未发生变化。

基于上述原因,前述董事、高级管理人员的调整不会影响发行人的生产经营稳定,发行人业务发展目标、经营方针和经营政策亦并未因此发生改变,发行人最近两年董事不存在重大变更。

## 第 13 条　土地使用权

### 一、规范要求

发行人存在使用或租赁使用集体建设用地、划拨地、农用地、耕地、基本农田及其上建造的房产等情形的,保荐机构和发行人律师应对其取得和使用是否符合《土地管理法》等法律法规的规定、是否依法办理了必要的审批或租赁备案手续、有关房产是否为合法建筑、是否可能被行政处罚、是否构成重大违法行为出具明确意见,说明具体理由和依据。

上述土地为发行人自有或虽为租赁但房产为自建的,如存在不规范情形且短期内无法整改,保荐机构和发行人律师应结合该土地或房产的面积占发行人全部土地或房产面积的比例,使用上述土地或房产产生的营业收入、毛利、利润情况,评估其对于发行人的重要性。如面积占比较低、对生产经营影响不大,应披露将来如因土地问题被处罚的责任承担主体、搬迁的费用及承担主体、有无下一步解决措施等,并对该等事项做重大风险提示。

发行人生产经营用的主要房产系租赁上述土地上所建房产的，如存在不规范情形，原则上不构成发行上市障碍。保荐机构和发行人律师应就其是否对发行人持续经营构成重大影响发表明确意见。发行人应披露如因土地问题被处罚的责任承担主体、搬迁的费用及承担主体、有无下一步解决措施等，并对该等事项做重大风险提示。

发行人募投用地尚未取得的，需披露募投用地的计划、取得土地的具体安排、进度等。保荐机构、发行人律师需对募投用地是否符合土地政策、城市规划、募投用地落实的风险等进行核查并发表明确意见。

## 二、相关解析

2019年修正前的《土地管理法》第63条原则上禁止农民集体所有的土地的使用权用于非农业建设的出让、转让或者出租，因此在此之前签订的集体土地租赁或出让合同的效力均存在瑕疵。2019年修正后的《土地管理法》，首次允许集体建设用地出让、出租，并将可出租的集体建设用地归纳为“集体经营性建设用地”。企业如果要取得完整的集体建设用地使用权，需要同时满足下列条件：(1)该地块的土地利用规划为工业、商业等经营性用途；(2)该地块已完成首次不动产权利登记；(3)租赁、出让双方签订书面合同并载明法律规定的内容；(4)目标地块所有权属集体经济组织成员的村民会议2/3以上成员或者2/3以上村民代表同意目标地块的出让或出租。

由于历史上农村土地管理制度变更较为频繁、各地基层部门对农村建设用地权籍调查不足、农民自身产权意识薄弱等，存在大量未完成不动产权登记的集体建设用地。如果集体建设用地及地上建筑物在企业的上市申请材料递交之前完成不动产权利首次登记，则权利瑕疵可视为被修正；如果集体建设用地及地上建筑物在上市申请前无法完成首次登记的流程并取得证书，但已经确认可以获得证书的，需要披露取得证书的流程。如果集体建设用地及地上建筑物在未来一定时间内无法根据现有规范性文件完成不动产首次登记取得不动产权利证书，拟上市公司可考虑以下措施：发行人与所在地负责城乡规划的有关部门确认目标地块的土地性质以及在未来一定期间的规划，是否被规划为工业、商业等经营性用途的建设用地；若已确定短期内无法取得不动产权利证明以排除物业权属瑕疵的，尤其是相关瑕疵物业所属的区域并未被规划为工业用途建设用地的情况下，发行人应当尽快制定搬迁计划。

根据最高人民法院《关于审理城镇房屋租赁合同纠纷案件具体应用法律若干问题的解释》第2条的规定，“出租人就未取得建设工程规划许可证或者未按照建设工程规划许可证的规定建设的房屋，与承租人订立的租赁合同无效。但在一审法庭辩论终结前取得建设工程规划许可证或者经主管部门批准建设的，人民法院应当认定有效”。在集体经营性建设用地并未纳入城乡规划范围的前提下，集体建设用地上的建筑物难以取得建设工程规划许可证，只有在经主管部门批准建设的情况下，该建筑物的租赁合同才能被认定为有效。发行人用于生产经营所租赁的房产存在不规范情形，如果有下一步解决措施，并且对发行人持续经营不构成重大影响，原则上不构成企业上市的障碍。

发行人募投项目如涉及土地使用权，且以出让方式取得的，应签订合同，足额缴纳出让金并办理登记手续；以购买、租赁或作价入股方式取得的，应签订合同并办理必要的登记手续。根据《监管规则适用指引——发行类第4号》第13条的规定，如发行人募投用地尚未取得的，亦需要披露募投用地的计划及进度安排等。

## 三、典型案例

**案例13－1** 信邦智能(股票代码:301112.SZ,2022年6月29日创业板上市)

**关注要点：**审核问询回复显示：(1)发行人位于广州市花都区某地块正

在推进“三旧改造”事项，该土地及地上建筑物是发行人及其控股子公司在境内主要的生产经营场所，该土地及地上建筑物尚未取得权属证明。(2)广州花都汽车城发展有限公司将征地范围内的59.45亩土地转让给发行人。广州花都汽车城发展有限公司所征土地曾位于申请集体土地登记宗地范围内，原权属单位为广州市花都区炭步镇民主村民委员会。(3)该地块取得产权证明所需办理的后续手续包括，取得用地红线批复、取得规划条件批复、取得供地批复、申请办理不动产权证书。

审核问询关注：核查并披露土地瑕疵事项是否可能被行政处罚，是否构成重大违法行为，对发行人持续经营能力的影响以及是否构成本次发行上市的障碍，并做重大风险提示。

**案例分析**：截至招股说明书签署之日，发行人花都旧基地和地上建筑物由发行人及其子公司广州富士使用，该等瑕疵土地、房产面积占发行人及其子公司全部自有土地、房产面积的比例分别为40.67%、57.41%。2020年度，发行人、广州富士的营业收入、营业毛利和净利润占发行人(各单体直接加总数)相关财务指标的比例分别为49.31%、53.80%、38.50%。据此，该土地及地上建筑物是发行人及其控股子公司广州富士主要的生产经营场所。

根据广州市花都区人民政府出具的《关于广州信邦智能装备股份有限公司用地情况的说明》，信邦智能取得广州市花都区某地块使用权的历史脉络清晰，但由于历史原因，信邦智能至今未能取得该地块及地上建筑物的权属证书；信邦智能及其子公司广州富士在其生产经营活动中使用该地块及兴建、使用地上建筑物不存在重大违法违规行为。

保荐机构、发行人律师认为：发行人不会因上述土地问题被行政处罚，信邦智能及其子公司广州富士在其生产经营活动中使用花都旧基地及兴建、使用地上建筑物不存在重大违法违规行为；因发行人拥有位于广州市花都区另一工业用地的使用权，若有搬迁需要时，发行人在该工业用地上的新厂房建成后可较快完成厂房内部建设及生产线搬迁，不会对发行人持续经营能力造成重大不利影响；同时，因发行人厂房内大型设备较少，新旧厂房之间距离较近，根据发行人的预计搬迁成本较小，且发行人实际控制人已承诺如监管部门要求发行人搬迁，将足额补偿发行人及其控股子公司因此发生的罚款、搬迁费、装修费等支出费用或承受的损失，不会因此给发行人及其控股子公司的生产经营及持续经营能力造成重大不利影响，亦不会构成发行人本次发行上市的法律障碍。

**案例 13－2** 大族数控（股票代码：301200.SZ，2022 年 2 月 28 日创业板上市）

**关注要点**：招股说明书披露：（1）发行人租赁的 4 项物业未取得建设工程规划许可证和不动产权属证书，属历史遗留违法建筑。（2）发行人租赁的控股股东大族激光的部分场地尚未完成不动产登记手续。

审核问询关注：（1）租赁房产及土地的权属情况，出租人是否为发行人的关联方，是否存在租赁划拨地、集体建设用地等情形，租赁价格是否公允及其依据。（2）披露权属存在瑕疵的相关房产和土地的面积及占比、在发行人生产经营中的作用，发行人是否存在无法续租的风险，是否对发行人生产经营存在重大不利影响，可能承担的法律风险。

**案例分析**：经核查，保荐机构、发行人律师认为：（1）发行人及其控股子公司存在向控股股东大族激光承租物业的情形。截至回复报告出具之日，发行人及其控股子公司不存在租赁划拨地、集体建设用地的情形。发行人租赁物业的租赁价格与租赁物业所在区域市场可比租赁价格不存在重大差异。该等物业的租赁价格系发行人与出租方经协商一致确定。（2）发行人承租瑕疵房产中的 4000 平方米尚未办理临时使用手续，可能导致发行人无法临时使用该等物业及被处罚；截至回复报告出具之日，发行人未因租用临时使用手续未办理齐全的房屋而受到房屋租赁主管部门的行政处罚；大族激光的控股股东大族控股、实际控制人已经出具承诺，将承担租赁瑕疵导致的全部损失。根据相关主管机关出具的确认函及证明，发行人无法续租上述瑕疵房产的风险较低;由于发行人所在区域工业化程度较高,厂房租赁市场活跃,发行人可以在短时间内找到合适的厂房及仓库替代。综上,该等租赁瑕疵不会对发行人的持续经营构成重大不利影响。

**案例13-3** 澳华内镜(股票代码:688212.SH,2021年11月15日科创板上市)

**关注要点**:公司招股说明书披露,自2003年4月至2020年3月,公司存在租赁使用位于上海市申港路660号土地的情形,该等土地原为上海市松江区新桥镇春申村所有,后由上海新闵资产经营有限公司(镇属集体企业)管理。公司历史上曾于该等土地上建造生产经营用房并取得了上海市松江区规划管理局核发的《建设用地规划许可证》、《上海市建设项目选址意见书》及上海市松江区发展计划委员会出具的《松江区生产性建设项目审批表》松计项(建字2003第478号)。但由于历史原因,该等土地及附属房屋均未能取得产权证书。

审核问询要求说明:发行人租赁集体土地建房相关的法律瑕疵情况、可能受到的处罚风险、相关事项对发行人生产经营的具体影响等事项进行风险揭示和重大事项提示。

**案例分析**:经核查,保荐机构、发行人律师认为:(1)发行人历史上租赁使用集体土地从事非农业建设,因出租方原因未取得相关部门批准,且未办理集体土地使用权登记,不符合《土地管理法》等法律法规规定及发行人所在省市关于集体建设用地的规定。(2)发行人历史上使用该等土地并在该等土地上建设附属房屋系基于特定历史原因,发行人已就使用该等土地足额缴纳租金,并已主动办理生产经营场所迁出手续。同时,松江区新桥镇人民政府、松江区规划和自然资源局已针对发行人历史上使用该等土地相关事项出具相关说明,且发行人实际控制人已承诺如发行人因该等土地、建设附属房屋而受到有关部门处罚或造成发行人损失的则予以相应补偿。因此,发行人历史上使用该等土地并在该等土地上建设附属房屋不构成重大违法行为。

## 附：土地使用权获取方式

土地使用权的一般获取方式分为三种：出让、划拨、转让。

### （一）土地使用权出让

土地使用权出让是指国家以土地所有者的身份将土地使用权在一定年限内让予土地使用者，并由土地使用者向国家支付土地使用权出让金的行为。

土地出让方式涉及四种，分别为土地招标、土地拍卖、土地挂牌、协议出让。

1. 土地招标

招标出让国有土地使用权，是指市、县人民政府自然资源主管部门发布招标公告，邀请特定或者不特定的公民、法人和其他组织参加国有土地使用权投标，根据投标结果确定土地使用者的行为。

2. 土地拍卖

拍卖出让国有土地使用权，是指市、县人民政府自然资源主管部门发布拍卖公告，由竞买人在指定时间、地点进行公开竞价，根据出价结果确定土地使用者的行为。

3. 土地挂牌

挂牌出让国有土地使用权，是指市、县人民政府自然资源主管部门发布挂牌公告，按公告规定的期限将拟出让宗地的交易条件在指定的土地交易场所挂牌公布，接受竞买人的报价申请并更新挂牌价格，根据挂牌期限截止时的出价结果确定土地使用者的行为。

4. 协议出让

协议出让国有土地使用权，是指国家以协议方式将国有土地使用权在一定年限内出让给土地使用者，由土地使用者向国家支付土地使用权出让金的行为。

**(二)土地使用权划拨**

土地使用权划拨是指县级以上人民政府依法批准,在土地使用者缴纳补偿、安置等费用后将该幅土地交付其使用,或者将土地使用权无偿交付土地使用者使用的行为。

划拨土地使用权直接由政府的批准行为产生,在交纳征用补偿安置费后即可取得土地使用权,不需要向国家交纳出让金和签订任何合同。只是需要进行登记以确定土地使用权的范围并表明取得划拨土地使用权。

根据《城市房地产管理法》第24条规定只有下列建设用地才可以适用划拨方式取得土地使用权:(1)国家机关用地和军事用地;(2)城市基础设施用地和公益事业用地;(3)国家重点扶持的能源、交通、水利等项目用地;(4)法律、行政法规规定的其他用地。

划拨土地进行转让、出租、抵押需要具备的条件:(1)土地使用者为公司、企业、其他组织和个人;(2)领有土地使用权证,地上建筑物有合法产权证明;(3)经当地政府批准其出让并补交土地使用权出让金或者以转让、出租、抵押所获收益抵交出让金。

**(三)土地使用权转让**

土地使用权转让是指土地使用者将土地使用权再转移的行为,包括出售、交换和赠与。未按土地使用权出让合同规定的期限和条件开发、利用土地的,土地使用权不得转让。

## 第14条 环保问题的披露及核查要求

### 一、规范要求

发行人应当在招股说明书中充分做好相关信息披露,包括:生产经营中涉及环境污染的具体环节、主要污染物名称及排放量、主要处理设施及处理能力;报告期内,发行人环保投资和相关费用成本支出情况,环保设施实际运行情况，报告期内环保投入、环保相关成本费用是否与处理公司生产经营所产生的污染相匹配；募投项目所采取的环保措施及相应的资金来源和金额等；公司生产经营与募集资金投资项目是否符合国家和地方环保要求，发行人若发生环保事故或受到行政处罚的，应披露原因、经过等具体情况，发行人是否构成重大违法行为，整改措施及整改后是否符合环保法律法规的有关规定。

保荐机构和发行人律师应对发行人的环保情况进行核查，包括：是否符合国家和地方环保要求，已建项目和已经开工的在建项目是否履行环评手续，公司排污达标检测情况和生态环境部门现场检查情况，公司是否发生环保事故或重大群体性的环保事件，有关公司环保的媒体报道。

在对发行人全面系统核查基础上，保荐机构和发行人律师应对发行人生产经营总体是否符合国家和地方环保法规和要求发表明确意见，发行人曾发生环保事故或因环保问题受到处罚的，保荐机构和发行人律师应对是否构成重大违法行为发表明确意见。

## 二、相关解析

2014 年原环境保护部[1]发布《关于改革调整上市环保核查工作制度的通知》（已失效），取消 IPO 环保核查，指出根据减少行政干预、市场主体负责原则，各级环保部门不应再对各类企业开展任何形式的环保核查，不得再为各类企业出具环保守法证明等任何形式的类似文件，并且指出“自本通知发布之日起，我部停止受理及开展上市环保核查”。该通知发布后，环保核查不是 IPO 申报的必备事项，但并不意味着降低对企业的环保要求，相反更需要企业从实质重于形式的角度对环保合规进行全面落实，保荐机构和发行人律师应对发行人环保情况进行全面核查并发表明确意见。

---

〔1〕 2018 年机构改革后环境保护部撤并为生态环境部，下同。

## 三、典型案例

**案例14-1** 国博电子(股票代码:688375.SH,2022年7月22日科创板上市)

**关注要点:**根据申报材料发行人生产经营中涉及的主要环境污染物包括危险固体废物。

审核问询要求说明:(1)危险固体废物的生产及贮存情况,是否符合《固体废物污染环境防治法》《危险废物贮存污染控制标准》相关规定。(2)第三方危废处理机构的名称、与发行人的合作情况、资质的齐备性,是否存在违法违规或受行政处罚的情形。

**案例分析:**发行人律师履行了如下核查程序:(1)查阅发行人芯片及装配生产线扩产技改项目、TR组件生产项目等项目竣工环境保护验收监测报告表。(2)查阅发行人与第三方危废处理机构签署的业务合同;第三方危废处理机构的营业执照、危废处理资质证明文件。(3)通过公开途径查询第三方危废处理机构是否存在违法违规或受到行政处罚的情形。(4)查询第三方危废处理机构出具的说明文件。

经核查,发行人律师认为:(1)发行人危险固体废物的生产及贮存情况,符合《固体废物污染环境防治法》《危险废物贮存污染控制标准》相关规定。(2)发行人生产过程中产生的危险废物均交由有资质单位进行处置,在委托第三方处理危险废物的过程中不存在违法违规及被主管部门行政处罚的情况。(3)与发行人合作的第三方危废处理机构不存在因违法违规受到行政处罚,从而影响其经营资质情形,未出现法律、法规、规范性文件和公司章程规定的需要终止经营的情形。

**案例14-2** 华塑科技(股票代码:301157.SZ,2023年3月9日创业板上市)

**关注要点:**申请文件及首轮问询回复显示,发行人生产的储能BMS绝大多数应用于铅蓄电池。公开资料显示，铅蓄电池在生产过程中可能产生铅烟、铅尘、含铅废水、含铅固废等。工业和信息化部、原环境保护部等部门就铅蓄电池行业已发布了《铅蓄电池行业规范条件》《铅酸蓄电池行业规范公告管理办法》《关于加强铅酸蓄电池及再生铅行业污染防治工作的通知》等行业规范。

第二轮审核问询要求补充说明监管政策对铅蓄电池行业环保的相关要求，结合铅蓄电池可能引起污染，发展受国家环保政策、环保标准的变动影响较大等情况，说明铅蓄电池的行业发展情况及未来趋势，并就铅蓄电池环保风险对发行人未来生产经营的影响作出更具针对性的风险揭示。

**案例分析：**铅蓄电池行业受国家环保政策、环保标准影响较大，近年来，国家通过出台鼓励废铅蓄电池的回收利用政策、制定铅蓄电池标准等措施，不断推动行业集中和产业升级，铅蓄电池行业已经进入高质量绿色发展阶段。根据前瞻产业研究院的保守预测，结合国内锂电池对铅蓄电池替代情况，“十四五”期间我国铅蓄电池产量仍将保持增长态势；发行人在招股说明书中补充披露了铅蓄电池行业环保风险提示。

**案例 14－3** 维峰电子（股票代码：301328. SZ，2022 年 9 月 8 日创业板上市）

**关注要点：**申报文件显示，发行人存在较多金属表面处理及热处理加工（电镀）的需求，上述加工环节属于重污染生产环节。发行人生产经营中会产生废水、废气、固体废弃物及噪声污染。

审核问询要求说明生产经营中涉及环境污染的具体环节、主要污染物名称及排放量、主要处理设施及处理能力；报告期内，发行人环保投资和相关费用成本支出情况，环保设施实际运行情况，报告期内环保投入、环保相关成本费用是否与处理公司生产经营所产生的污染相匹配；募投项目所采取的环保措施及相应的资金来源和金额等。

**案例分析：**发行人在审核问询回复中对上述情况进行了说明，保荐机构和发行人律师认为，报告期内发行人环保投入、环保相关成本费用与处理公司生产经营所产生的污染相匹配。发行人已说明募投项目所采取的环保措施，环保设施拟投资的资金来源为本次发行的募集资金。

**案例14－4** 北方长龙（股票代码：301357.SZ，2023年4月18日创业板上市）

**关注要点**：申报文件显示发行人生产经营涉及的主要环境污染物包括废机油、废油抹布、废活性炭等危险固废。

审核问询要求：(1)披露发行人在生产经营中主要污染物名称及排放量，是否属于重污染行业。(2)披露报告期内环保投资和相关费用成本支出情况，环保设施实际运行情况，报告期内环保投入、环保相关成本费用是否与处理公司生产经营所产生的污染相匹配。(3)说明生产经营与募集资金投资项目是否符合国家和地方环保要求，是否发生过环保事故，是否存在环境污染方面的违法违规情形。

**案例分析**：根据《企业环境信用评价办法（试行）》（环发〔2013〕150号）第3条的规定，重污染行业包括：火电、钢铁、水泥、电解铝、煤炭、冶金、化工、石化、建材、造纸、酿造、制药、发酵、纺织、制革和采矿业16类行业，以及国家确定的其他污染严重的行业。公司主要从事非金属复合材料制品业务，生产过程中产生的污染物排放量较少，不属于重污染行业。根据《陕西省生态环境厅办公室关于印发陕西省2021年重点排污单位名录的通知》（陕环办函〔2021〕56号）规定，公司不属于“陕西省2021年重点排污单位名录”中的企业。综上，发行人不属于重污染行业。

发行人已在招股说明书中披露报告期内环保投资和相关费用成本支出情况，环保设施实际运行情况，报告期内环保投入、环保相关成本费用与处理公司生产经营所产生的污染相匹配。

报告期内，发行人生产经营与募集资金投资项目符合国家和地方环保要求，未发生过环保事故，不存在环境污染方面的违法违规情形。

**案例 14－5** 三孚新科(股票代码:688359.SH,2021 年 5 月 21 日科创板上市)

**关注要点:**关于环保问题在发行注册环节反馈意见中要求结合公司所属行业、生产流程、工艺等情况,补充披露:(1)发行人是否属于高耗能高排放行业,公司主营业务和生产经营是否符合当前国家产业政策和环保规定的要求。(2)发行人已建、在建、拟建项目是否属于高耗能高排放项目,是否需履行审批、核准、备案、环评等程序及履行情况,是否存在被关停的情况或被关停风险,以及对公司生产经营的影响。(3)生产经营中涉及环境污染的具体环节、主要污染物名称及排放量、主要处理设施及处理能力,发行人主要能源资源消耗和污染物排放是否符合国家法律法规和国家标准。(4)报告期内发行人环保投资和相关费用成本支出情况,环保设施实际运行情况,报告期内环保投入、环保相关成本费用是否与处理公司生产经营所产生的污染相匹配。(5)公司生产经营与募集资金投资项目是否符合国家和地方产业政策和环保规定,是否符合相关主管部门的要求。(6)发行人是否曾发生环保事故、重大群体性环保事件或受到环保行政处罚,及有关公司执行国家产业政策和环保守法情况的媒体报道。

**案例分析:**经核查,保荐机构、发行人律师认为:(1)发行人不属于高耗能高排放行业,公司主营业务和生产经营符合当前国家产业政策和环保规定的要求。(2)发行人已建、在建项目不属于高耗能高排放项目,且已履行审批、备案、环评等程序,不存在被关停的情况或被关停风险。(3)发行人生产过程是化学原料的混合,不涉及化学合成过程,生产工艺较为简单,仅有少量废水、废气及固体废弃物产生;主要能源资源消耗和污染物排放符合国家法律法规和国家标准。(4)报告期内发行人环保投入及相关费用运行费用真实,环保设施实际运行状况良好,报告期内环保投入、环保相关成本费用与处理公司生产经营所产生的污染相匹配。(5)报告期内,公司生产经营与募集资金投资建设项目符合国家和地方产业政策和环保规定,符合相关主管部门的要求。(6)发行人报告期内未发生过环保事故、重大群体性环保事件或受到环保行政处罚,发行人不存在网络媒体报道质疑的环保违规情况。

**案例14-6** 万凯新材(股票代码:301216.SZ,2022年3月29日创业板上市)

**关注要点:**发行人此次募集资金部分主要用于建设“年产120万吨食品级PET高分子新材料项目(二期)”。

审核问询要求披露:募投项目所采取的环保措施及相应的资金来源和金额;公司生产经营与募集资金投资项目是否符合国家和地方环保要求;环评批复文件是否处于有效期内。

**案例分析:**公司募投项目运营与发行人现有生产经营活动相似,产生的环境污染物主要包括废水、废气、固体废弃物及噪声。针对上述污染物拟采取的环保措施与发行人目前采取的环保措施相似。根据募投项目投资规划,年产120万吨食品级PET高分子新材料项目(二期)所需环保投资约为2000万元。多功能绿色环保高分子新材料项目环保投资约为200万元。公司将以自筹资金先期投入上述环保设施的建设,待募集资金到位后予以置换。

发行人已投产的生产项目均已取得环境主管部门的环评批复、验收手续,生产经营符合相关国家和地方的环保要求。环评批复文件处于有效期内。

## 附:企业环保问题所涉规定及分析

### (一)重污染行业

根据《企业环境信用评价办法(试行)》第3条第2款第3项的规定,重污染行业包括:火电、钢铁、水泥、电解铝、煤炭、冶金、化工、石化、建材、造纸、酿造、制药、发酵、纺织、制革和采矿业 16 类行业，以及国家确定的其他污染严重的行业。

根据《国家环境保护总局关于对申请上市的企业和申请再融资的上市企业进行环境保护核查的通知》(环发〔2003〕101 号)、《关于重污染行业生产经营公司 IPO 申请申报文件的通知》(中国证券监督管理委员会发行监管函〔2008〕6 号)等规定，2014 年以前重污染行业申请上市的企业须向环保行政主管部门提出环境保护核查申请，取得核查意见后方可申请上市，未取得相关意见的，证监会不予受理其上市申请。

2014 年原环境保护部发布《关于改革调整上市环保核查工作制度的通知》(已失效)，自该通知发布之日起，各级环保部门停止受理及开展上市环保核查，关于上市环保核查的要求不再执行。自此，重污染行业申请上市的企业无须再向主管部门申请进行环境保护核查，在 IPO 申请时，与非重污染行业的企业程序一致。

**(二)高排放行业**

根据 2018 年工业和信息化部发布的《坚决打好工业和通信业污染防治攻坚战三年行动计划》第 2 条第 4 项的规定，各地针对钢铁、建材、焦化、铸造、电解铝、化工等高排放行业，科学制定错峰生产方案，实施差别化管理，并将错峰生产方案细化到企业生产线、工序和设备。企业未按期完成治理改造任务的，一并纳入当地错峰生产方案，实施停产。

现行规定中并未对高排放行业企业的上市申请作出明确限制或要求进行事前审批程序，但审核中会重点关注该类企业的环保合规问题。

**(三)高污染、高环保风险产品**

“高污染”产品是指在生产过程中产生的污染严重、难以治理的产品；“高环境风险”产品是指在生产、运贮过程中易发生污染事故、危害环境和人体健康的产品。《环境保护综合名录》是判断相关产品是否属于高污染、高环保风险的主要依据文件。

发行人生产、销售涉及高污染或高环境风险产品并不一定会构成上市

的实质性障碍,但需要关注以下方面问题:

1. 高污染、高环境风险产品产生的收入及占发行人主营业务收入的比例,是否属于发行人的主要产品。

2. 对于高污染、高环境风险产品的压降计划。

3. 如果发行人产品属于《环境保护综合名录》中“高环境风险”产品,需要说明是否满足环境风险防范措施要求、应急预案管理制度是否健全、近一年内是否未发生重大特大突发环境事件等要求。

4. 如果产品属于《环境保护综合名录》中“高污染”产品,则需要说明发行人是否满足国家或地方污染物排放标准及已出台的超低排放要求、是否达到行业清洁生产先进水平、近一年内是否无因环境违法行为受到重大处罚的情形。

如果发行人涉及的高污染、高环境风险产品属于发行人主要产品、占营业收入的比例较高,或发行人难以提供行之有效的压降计划,则可能成为发行人上市的重要不利因素。

## 第15条　发行人与关联方共同投资

### 一、规范要求

发行人如存在与其控股股东、实际控制人、董事、监事、高级管理人员及其亲属直接或者间接共同设立公司情形,发行人及中介机构应主要披露及核查以下事项:

(1)发行人应当披露相关公司的基本情况,包括但不限于公司名称、成立时间、注册资本、住所、经营范围、股权结构、最近一年又一期主要财务数据及简要历史沿革。

(2)中介机构应当核查发行人与上述主体共同设立公司的背景、原因和必要性,说明发行人出资是否合法合规、出资价格是否公允。

(3)如发行人与共同设立的公司存在业务或资金往来的,还应当披露相关交易的交易内容、交易金额、交易背景以及相关交易与发行人主营业务之间的关系。中介机构应当核查相关交易的真实性、合法性、必要性、合理性及公允性,是否存在损害发行人利益的行为。

(4)如公司共同投资方为董事、高级管理人员及其近亲属,中介机构应核查说明公司是否符合《公司法》相关规定,即董事、高级管理人员未经股东会或者股东大会同意,不得利用职务便利为自己或者他人谋取属于公司的商业机会,自营或者为他人经营与所任职公司同类的业务。

## 二、相关解析

基于规范和减少关联交易、防止利益冲突和利润转移等因素的考虑,对于发行人与控股股东、实际控制人或董事、监事、高级管理人员及其亲属共同投资设立子公司的情形,监管机构的审核态度在过往较为严格。但《首发业务若干问题解答》(2020 年 6 月修订)发布后,在充分披露和核查的前提下,并不禁止发行人与其控股股东、实际控制人或董事、监事、高级管理人员的相关共同投资行为。除《首发业务若干问题解答》(2020 年 6 月修订)外,《深圳证券交易所创业板股票首次公开发行上市审核问答》(2020 年 6 月)和《上海证券交易所科创板股票发行上市审核问答(二)》(2019 年 3 月)中也存在类似的规定和要求。2023 年 2 月 17 日,证监会发布《监管规则适用指引——发行类第 4 号》对发行人与关联方共同投资的情形进一步作出了明确规定。

虽然监管机构对共同投资问题不再禁止,但是并不代表对共同投资带来的潜在利益输送问题不再关注,发行人与关联方共同投资的情形在上市审核过程中仍是问询的重点。

## 三、典型案例

**案例15-1** 飞沃科技(股票代码:301232.SZ,2023年6月15日创业板上市)

**关注要点:**申报材料显示常德智能制造装备产业投资合伙企业(有限合伙)(以下简称常德智能)为发行人的参股公司,执行事务合伙人为上海合金汇盈资产管理股份有限公司(以下简称合金汇盈)。工商信息显示,合金汇盈的实际控制人在报告期内曾担任发行人董事职务。

审核问询要求保荐机构就发行人与关联方共同投资发表明确意见。

**案例分析:**经核查,保荐机构认为:(1)发行人与合金汇盈等公司共同投资设立常德智能,主要是为培育和促进当地智能制造装备产业创新成果产业化,同时获取投资收益,具有商业合理性。(2)发行人出资设立常德智能,履行了必备的法律程序,出资资金来源合法合规,出资价格公允。(3)报告期内,发行人与常德智能不存在业务或资金往来,不存在损害发行人利益的行为。(4)发行人与合金汇盈共同投资设立常德智能,符合《公司法》和届时公司章程的相关规定,履行了关联交易决策程序,不存在相关自然人利用其职务便利为自己或者他人谋取属于公司的商业机会,自营或者为他人经营与所任职公司同类的业务的情形。

**案例15-2** 燕东微(股票代码:688172.SH,2022年12月16日科创板上市)

**关注要点:**发行人存在与控股股东、实际控制人等关联方共同投资的情况。

审核问询要求保荐机构、发行人律师对发行人与关联方共同投资四川广义、新相微、北京电子城集成电路设计服务有限公司(以下简称电子城IC设计服务公司)等进行充分核查并发表明确意见。

**案例分析**:经核查,保荐机构、发行人律师认为:发行人与关联方共同投资新相微、电子城 IC 设计服务公司具有必要性和合理性,出资合法合规,价格公允,除对电子城 IC 设计服务公司出资外,报告期内,发行人同新相微、电子城 IC 设计服务公司不存在业务或资金往来。发行人关联方京东方出资的天津显智链投资中心(有限合伙)向公司控股子公司四川广义其他股东购买四川广义 40.29% 的股份。发行人投资四川广义具有必要性和合理性,出资合法合规,价格公允。鉴于四川广义与发行人的业务往来和资金往来均为发行人合并报表范围内的业务往来及内部资金调度,相关往来不会对发行人的经营业绩及财务状况产生重大不利影响,不会对发行人利益造成损害。

**案例 15-3** 晶品特装(股票代码:688084.SH,2022 年 12 月 8 日科创板上市)

**关注要点**:根据招股说明书,报告期发行人曾存在与董事、监事、高级管理人员共同投资晶品镜像、九州帷幄的情况,相关自然人股东已将所持晶品镜像、九州帷幄的股份转出。

审核问询要求说明:(1)目前晶品镜像、九州帷幄自然人股东的背景,入股原因及合理性,是否在发行人处任职及具体情况,是否与发行人主要客户、供应商存在关联关系或其他利益安排。(2)相关董事、监事、高级管理人员转出所持晶品镜像、九州帷幄股份的原因及合理性,转让的真实性和公允性。

**案例分析**:经核查,保荐机构、发行人律师认为:(1)发行人为激励相关技术人员,将晶品镜像、九州帷幄部分股权预留或转让给自然人股东,该等自然人股东取得股权时皆在发行人或其子公司处任职,该等自然人股东入股原因具有合理性。(2)晶品镜像、九州帷幄自然人股东与发行人主要客户、供应商不存在关联关系或其他利益安排。(3)因工作调整,相关人员不再负责九州帷幄的工作而将股权转出,转让原因具有合理性,相关股权转让真实、价格公允。

**案例15-4** 亿华通(股票代码:688339.SH,2020年8月10日科创板上市)

**关注要点:**招股说明书披露,发行人与关联方共同投资了水木华通、张家口海珀尔。

审核问询要求:(1)披露相关公司的基本情况,包括但不限于公司名称、成立时间、注册资本、住所、经营范围、股权结构、最近一年又一期主要财务数据及简要历史沿革。(2)披露发行人与上述主体共同设立公司的背景、原因和必要性,合同相对方的基本情况,说明发行人出资是否合法合规、出资价格是否公允。(3)如发行人与共同设立的公司存在业务或资金往来的,披露相关交易的交易内容、交易金额、交易背景以及相关交易与发行人主营业务之间的关系。中介机构应当核查相关交易的真实性、合法性、必要性、合理性及公允性,是否存在损害发行人利益的行为。(4)如公司共同投资方为董事、高级管理人员及近亲属或其控制的企业,说明公司是否符合《公司法》(2018年修正)第148条规定。

**案例分析:**经核查,保荐机构、发行人律师认为:(1)经核查工商档案等相关资料,发行人补充披露了水木华通、张家口海珀尔的基本情况,包括但不限于公司名称、成立时间、注册资本、住所、经营范围、股权结构、最近一年又一期主要财务数据及简要历史沿革等情况。(2)发行人与部分关联方共同设立水木华通、张家口海珀尔具有真实的交易背景,具有合理性、必要性,且经公司董事会、股东大会审议,发行人的出资合法合规、出资价格公允。(3)报告期内,发行人与水木华通、张家口海珀尔存在资金或业务往来,相关交易内容、交易金额、交易背景均已补充披露,且相关交易与发行人主营业务密切相关,为交易各方的真实意思表示,符合真实性;发行人履行了董事会、股东大会等必要的审议程序,符合法律法规的规定,具有合法性;上述交易符合公司当时经营业务的发展需要,具有充分的交易理由及目的,有利于公司的生产经营及长远发展,具有必要性、合理性;上述交易按照市场方式定价，具有公允性，不存在损害发行人利益的行为。(4)发行人存在与公司董事、高级管理人员或其控制的企业参与共同投资的情形。上述交易已经发行人股东大会审议通过，决策程序合法合规，不存在损害发行人利益的情形，符合《公司法》(2018 年修正)第 148 条的规定。

## 第 16 条　社保、公积金缴纳

### 一、规范要求

发行人报告期内存在应缴未缴社会保险和住房公积金情形的，应当在招股说明书中披露应缴未缴的具体情况及形成原因，如补缴对发行人的持续经营可能造成的影响，揭示相关风险，并披露应对方案。保荐机构、发行人律师应对前述事项进行核查，并对是否属于重大违法行为出具明确意见。

### 二、相关解析

拟上市公司应尽早关注并规范员工的社会保险及住房公积金缴纳情况，规范措施包括如下方面：(1)针对报告期初社保和公积金缴纳的基数和比例相对较低的情形，在报告期内逐步规范，提高缴纳人数比例和缴费基础。社保及公积金的缴纳尽量做到全员覆盖，缴费基数应符合所在地社会保险和住房公积金管理部门公布的缴费基数范围。目前，较多地方政府部门要求公司缴纳社保及公积金达到一定标准后，才能出具无违法违规证明。(2)关于第三方代缴社保及公积金的情形，需要尽早采取相应的整改措施，降低第三方代缴的人数和比例，或终止第三方代缴。如果企业在外地存在业务需求，可以考虑在当地设立分公司或子公司，由分公司或子公司为员工缴纳社保及公积金。(3)部分员工特别是制造企业的外来务工人员，由于流动性较大，出于社保及公积金缴纳延续性以及将来领取和使用便利性的考虑，该部分员工缴纳社保及公积金的意愿较低。针对上述情况，经动员后员工仍不愿意缴纳社保及公积金，可以由员工签署自愿放弃的承诺函，明确自愿不缴纳社保或公积金的理由，且不会因此追究公司的责任，不会与公司就该事项产生纠纷。但该做法在实践中仍存在争议，用人单位为员工缴纳社保及公积金属于法定义务，即使员工自愿放弃社保及公积金，用人单位亦不能因此免责。(4)如果员工已在户籍地缴纳城乡居民基本养老保险、城乡基本医疗保险，并以此作为不参保的理由，公司可以考虑为员工报销费用并额外给予本应承担的社保费用的等额补助；对于在工作地无购房需求且不愿缴纳公积金的员工，公司可以考虑向其提供宿舍或发放住房补贴。(5)由社保、公积金主管部门出具无违规证明文件，证明公司不存在违反社保、公积金管理的行为，或即使存在相关处罚但不属于重大违法行为。(6)模拟测算可能补缴的社保及公积金金额及其占公司净利润的比例，评估补缴社保及公积金对公司经营业绩的影响程度。(7)实际控制人出具相应承诺，如果有关部门要求公司为员工补缴社保及公积金或因此遭受行政处罚，由实际控制人承担责任，确保公司不会因此遭受损失。

## 三、典型案例

**案例 16－1** 三一重能（股票代码：688349. SH，2022 年 6 月 22 日科创板上市）

**关注要点：**根据申报文件，报告期内，发行人未为部分员工缴纳社会保险、住房公积金。

**案例分析：**报告期内，发行人未为部分员工缴纳社会保险、住房公积金，不符合《社会保险法》《住房公积金管理条例》的相关规定。根据发行人及其控股子公司所在地社会保险、住房公积金管理部门出具的确认文件，并经查询人力资源和社会保障部官网及地方人力资源和社会保障局官网，发行人及境内子公司在报告期内不存在因违反社会保险和住房公积金有关法律、法规和规范性文件，而受到人力资源和社会保障部门及住房公积金管理部门行政处罚的情形，发行人报告期内因未为部分员工缴纳社会保险和住房公积金而被要求补缴的可能性较小，受到行政处罚的可能性较低，不属于重大违法行为，对发行人生产经营不会造成重大不利影响。

发行人控股股东、实际控制人已出具承诺函，承诺发行人如因未缴纳社会保险、住房公积金事宜，将全额承担相关补缴费用、受到的罚款或因此遭受的损失。

**案例 16－2** 萤石网络（股票代码：688475. SH，2022 年 12 月 28 日科创板上市）

**关注要点**：发行人及其境内分、子公司存在未为部分员工缴纳社会保险、住房公积金的情况，报告期最后一期人数及比例大幅上升；已缴纳的，存在通过第三方机构代缴的情况。

审核问询要求说明上述事项的风险、解决措施，及对本次发行上市的影响。

**案例分析**：发行人报告期内未为部分员工及时缴纳社会保险费和住房公积金的行为，不符合《社会保险法》及《住房公积金管理条例》的相关规定，存在被社会保险主管部门或住房公积金主管部门责令改正或被处以罚款等风险。发行人已进行改进，自 2021 年 8 月起，除员工个人原因未办理相关手续无法缴纳的情况外，发行人已按照《社会保险法》及《住房公积金管理条例》的相关规定为符合条件的员工缴纳了社会保险费和住房公积金。

报告期内，发行人委托第三方机构代缴部分员工社会保险和住房公积金的行为，不符合《社会保险法》及《住房公积金管理条例》的相关规定，但发行人通过第三方机构代缴社会保险和住房公积金的方式实质履行了为其员工实际缴纳社会保险、住房公积金的法律义务，符合法律、法规规定保障员工合法权益的目的。发行人已就代缴情况进行整改规范，自 2020 年起，发行人已根据业务需要，在员工长期出差、办公人数较多的地区陆续设立了萤石网络重庆分公司、萤石网络武汉分公司、萤石网络上海分公司、重庆萤石及萤石网络广州分公司，并由前述分、子公司为员工自行缴纳社会保险和住房公积金。发行人将根据业务发展需要继续在全国各地设立分、子公司，规范员工社会保险和住房公积金的缴纳和管理，以进一步降低第三方机构代缴的比例。

根据发行人及其分子公司所在地社会保险、住房公积金主管部门出具的证明文件及网络公开信息检索以及对公司营业外支出明细等进行核查，报告期内发行人及其分子公司未因社会保险和住房公积金缴纳问题受到过行政处罚；发行人报告期内未为员工缴纳社会保险、住房公积金涉及的金额占发行人归属于母公司所有者的净利润的比例较低，若公司对报告期内未缴纳的社会保险和住房公积金进行补缴，则发行人仍将符合发行条件，不会对发行人的财务状况和盈利能力构成重大不利影响；发行人的间接控股股东已就该等情形可能导致的补缴、罚款等责任出具了书面承诺，承担发行人可能产生的补缴义务及因此遭受的行政处罚风险或损失。

综上，发行人在社会保险和住房公积金缴纳方面的上述事项不构成重大违法违规，不会对发行人的财务状况和盈利能力构成重大不利影响，不会对发行人本次发行上市构成实质性法律障碍。

**案例16-3** 坤恒顺维(股票代码:688283.SH,2022年2月15日科创板上市)

**关注要点：**根据申报材料报告期内，发行人缴纳社会保险、住房公积金人数低于发行人在册员工人数，原因包括员工自主缴纳、试用期员工未缴纳、非全日制用工及其他单位缴纳等。

审核问询要求说明公司未完整缴纳社会保险和住房公积金的情况是否符合法律法规的要求，相关员工是否就前述事项与发行人是否存在纠纷或潜在纠纷，是否存在被相关部门追责处罚的风险，如是，视情况进行风险提示。

**案例分析**：经核查，保荐机构、发行人律师认为：报告期内，公司存在未依法完整缴纳社会保险和住房公积金的情况，相关金额较小，发行人已按照应缴金额予以补偿，发行人不存在因上述情形而受到社会保险或住房公积金相关部门的行政处罚的情况。上述未缴情况原因合理，对发行人无重大不利影响；报告期内，发行人与相关员工之间不存在纠纷或潜在纠纷；发行人控股股东、实际控制人已就上述受到行政处罚的风险及潜在纠纷可能导致的发行人的损失出具承诺，自愿在无须发行人及其子公司承担任何对价的情况下，全额承担补缴或被追偿的费用并承担连带赔偿责任，保证发行人及其子公司不因此遭受任何损失。

**案例 16－4** 东南电子（股票代码：301359.SZ，2022 年 11 月 9 日创业板上市）

**关注要点**：报告期内，发行人存在部分员工未缴纳社会保险及住房公积金的情形。

**案例分析**：发行人部分员工为外来务工人员，流动性较大，出于对工作稳定性、缴纳延续性以及将来领取和使用便利性的考虑，缴纳社会保险的意愿较低；部分年龄偏高的员工考虑到其自身至法定退休年龄时无法满足社会保险费缴纳期限的要求，且预期退休后继续缴纳社会保险和享受社会保险待遇具有较大的不确定性，亦导致其缴纳社会保险的意愿较低。

农村户籍员工在户籍所在地一般拥有宅基地和自建住房，其家庭住房需求得到较好的满足，在城镇购买住房的意愿较低，因此部分农村户籍员工认为缴纳住房公积金对其未来在户籍所在地或其他工作地改变住房条件不能起到实质性作用，自愿放弃缴纳住房公积金；部分外来员工考虑到各地住房公积金贷款优惠政策、异地支取政策的差异性，以及未来变换工作地点时异地转移接续手续的复杂性，异地缴纳住房公积金的意愿较低；发行人已为有需要的员工提供免费宿舍，以满足其住房需求。

报告期内,发行人通过内部宣传、培训、讲解等方式持续向员工普及国家有关社会保险和住房公积金的法律、法规和规范性文件的要求,鼓励员工配合公司为其缴纳社会保险和住房公积金。经过发行人多次与相关人员沟通,报告期内,发行人应缴未缴住房公积金的员工数量下降显著。

**案例16-5** 恒烁股份(股票代码:688416.SH,2022年8月29日科创板上市)

**关注要点:**申报材料显示:(1)报告期内,发行人未在员工派驻地设立分支机构,委托第三方代收代缴该部分员工的社会保险和住房公积金。(2)截至招股说明书签署之日,发行人已设立上海分公司为当地员工缴纳社会保险及住房公积金。

审核问询要求发行人说明:(1)上述由第三方代缴社会保险、住房公积金的员工属于何种岗位类别,是否属于临时性劳务用工,相关员工就第三方代缴事项与发行人之间是否存在纠纷。(2)委托第三方代缴社会保险、住房公积金的劳动合同主体与缴费主体是否一致,代缴相关社会保险、住房公积金的资金是否来源于发行人,是否存在垫付情形。

**案例分析:**发行人部分员工因工作需要长期在上海、深圳、苏州等发行人注册地以外城市工作,从事研发、市场及销售等工作,均为公司正式员工,不属于临时性劳务用工,而发行人未在上述全部地区设立分支机构,无法为部分员工按照当地标准缴纳社会保险及住房公积金。为保障员工权益及待遇,报告期内,发行人委托拓缦尔人才服务(上海)有限公司、智越人力资源(上海)有限公司为相关员工在其经常居住地缴纳社会保险及住房公积金。

报告期内存在代缴情况的员工已出具说明,其工资、奖金及其他福利均由公司直接发放。根据其需要,由公司通过第三方公司代缴其经常居住地社会保险、住房公积金。其就上述事项与公司不存在任何争议、纠纷。

发行人委托第三方代缴员工的劳动合同均与发行人直接签订,通过发行人委托的拓缦尔人才服务(上海)有限公司、智越人力资源(上海)有限公司在其经常居住地参保,相关费用由发行人承担,于每月实际缴费前支付予代缴公司,不存在垫付情况。

本案例中,发行人委托第三方为部分员工缴纳社会保险和住房公积金,存在被相关主管部门予以处罚的风险;发行人已通过设立分公司等方式,逐渐减少委托第三方代缴员工数量,发行人实际控制人已就承担相关可能产生的补缴费用、罚款及赔偿责任出具了承诺函。

**案例 16 -6** 美埃科技(股票代码:688376. SH,2022 年 11 月 18 日科创板上市)

**关注要点:**招股说明书披露,报告期内,境内主体员工住房公积金缴纳比例为 77. 84% 、78. 34% 、71. 01% 、72. 40% ;境内主体员工社会保险缴纳比例为 93. 24% 、94. 93% 、94. 96% 、93. 84% 。

审核问询要求发行人律师就发行人未为部分员工缴纳社会保险和住房公积金的事项是否存在行政处罚风险进行核查并发表明确意见。

**案例分析:**根据 2011 年 10 月 15 日起施行的《在中国境内就业的外国人参加社会保险暂行办法》的规定,在中国境内依法登记设立的企业招用外国人的,应当为其缴纳社会保险。企业未依法为其外国员工缴纳社会保险的,由社会保险行政部门按照《社会保险法》及《劳动保障监察条例》等法律、行政法规和有关规章的规定处理。

针对外籍人员,《住房公积金管理条例》(2019 年修订)未明确强制要求用人单位为其外籍员工缴纳住房公积金,也未规定相应的处罚措施。根据《外国人在中国永久居留享有相关待遇的办法》第 10 条的规定,取得中国永久居留资格的外籍人员可以按照《住房公积金管理条例》的规定在工作地缴存和使用住房公积金。

经核查,发行人律师认为,发行人报告期内未为部分员工缴纳社会保险及住房公积金存在法律方面的瑕疵,但有关政府部门已经为发行人开具了合规证明,且发行人实际控制人已经作出承诺,同意承担因未缴纳社会保险及住房公积金而可能受到的行政处罚及其相应责任，不会对发行人本次发行上市构成重大不利影响，不构成发行人本次发行上市的实质障碍。

**案例16－7** 新点软件（股票代码：688232.SH，2021年11月17日科创板上市）

**关注要点：**2017年至2020年第1季度，发行人委托其他机构缴纳员工社会保险、住房公积金人数分别为1170人、1584人、1755人和986人，占比分别为32.23%、33.70%、33.82%和19.52%。

**案例分析：**发行人因业务特点分布在全国各地多个省市和地区，涉及员工人数多、且区域分布分散，部分员工因为社会保险和住房公积金难以跨省市使用的问题不愿意在本部或者下属子公司缴纳社会保险和住房公积金，因此为便于员工管理、减少员工流失的风险，公司委托了人事代理公司在当地为部分员工缴纳社会保险和住房公积金。

在公司上市准备过程中，为增强社会保险和住房公积金的规范性，公司通过各地方分公司、新设子公司方式为一部分员工缴纳社会保险和住房公积金，代缴社会保险和住房公积金人数有明显减少。发行人已经通过该等方式有效地降低了社会保险和住房公积金代缴比例，未来将继续通过新设分公司、子公司的方式进一步降低社会保险和住房公积金代缴比例。

报告期内，发行人应缴未缴社会保险和住房公积金合计金额占各期净利润的比例很低，对发行人报告期内经营业绩影响极小，如补缴不会对发行人持续经营造成重大不利影响。截至问询函回复出具之日，除退休返聘人员外，发行人已经按照要求为全部员工缴纳社会保险和住房公积金（包含代缴）。

## 附：与社保公积金相关的法规及政策

《社会保险法》第58条规定，用人单位应当自用工之日起30日内为其职工向社会保险经办机构申请办理社会保险登记。第60条规定，用人单位应当自行申报、按时足额缴纳社会保险费，非因不可抗力等法定事由不得缓缴、减免。第86条规定，用人单位未按时足额缴纳社会保险费的，由社会保险费征收机构责令限期缴纳或者补足，并自欠缴之日起，按日加收万分之五的滞纳金；逾期仍不缴纳的，由有关行政部门处欠缴数额一倍以上三倍以下的罚款。

根据前述法律规定，原则上员工的社会保险与住房公积金应当由用人单位负责办理、缴纳，发行人通过人事代理机构为员工缴纳社会保险及住房公积金的情形不符合上述法律法规的要求，但前述法律法规并未明确规定用人单位委托第三方为其员工缴纳社会保险、住房公积金的法律责任。

《住房公积金管理条例》第15条第1款规定，单位录用职工的，应当自录用之日起30日内向住房公积金管理中心办理缴存登记，并办理职工住房公积金账户的设立或者转移手续。第37条规定，违反该条例的规定，单位不办理住房公积金缴存登记或者不为本单位职工办理住房公积金账户设立手续的，由住房公积金管理中心责令限期办理，逾期不办理的，处1万元以上5万元以下的罚款。第38条规定，违反该条例的规定，单位逾期不缴或者少缴住房公积金的，由住房公积金管理中心责令限期缴存，逾期仍不缴存的，可以申请人民法院强制执行。

2018年9月21日，人力资源和社会保障部发布《关于贯彻落实国务院常务会议精神切实做好稳定社保费征收工作的紧急通知》，严禁社会保障部门自行组织对企业历史欠费进行集中清缴。2018年11月16日，国家税务总局发布《关于实施进一步支持和服务民营经济发展若干措施的通知》，要求各级税务机关在社保费征管机制改革过程中，要确保缴费方式稳定，对包括民营企业在内的缴费人以前年度欠费，一律不得自行组织开展集中清缴。2019年4月1日，国务院办公厅发布《关于印发降低社会保险费率综合方案的通知》（国办发〔2019〕13号），明确要妥善处理好企业历史欠费问题，在征收体制改革过程中不得自行对企业历史欠费进行集中清缴，不得采取任何增加小微企业实际缴费负担的做法，避免造成企业生产经营困难。

## 第17条 公众公司、H股公司或境外分拆、退市公司申请IPO的核查要求

### 一、规范要求

发行人曾为或现为新三板挂牌公司、境外上市公司的,应说明并简要披露其在挂牌或上市过程中,以及挂牌或上市期间在信息披露、股权交易、董事会或股东大会决策等方面的合法合规性,披露摘牌或退市程序的合法合规性(如有),是否存在受到处罚的情形。涉及境外退市或境外上市公司资产出售的,发行人还应披露相关外汇流转及使用的合法合规性。保荐机构及发行人律师应对上述事项进行核查并发表意见。

如新三板挂牌公司的股东中包含被认定为不适格股东的,发行人应合并披露相关持股比例,合计持股比例较高的,应披露原因及其对发行人生产经营的影响。

### 二、相关解析

《监管规则适用指引——发行类第4号》删除了《首发业务若干问题解答》(2020年6月修订)规定的“对于新三板挂牌、摘牌公司或H股公司因二级市场交易产生的新增股东,原则上应对持股5%以上的股东进行披露和核查”的内容。另外,《监管规则适用指引——关于申请首发上市企业股东信息披露》第9条规定,“发行人在全国中小企业股份转让系统挂牌、境外证券交易所上市交易期间通过集合竞价、连续竞价交易方式增加的股东,以及因继承、执行法院判决或仲裁裁决、执行国家法规政策要求或由省级及以上人民政府主导取得发行人股份的股东,可以申请豁免本指引的核查和股份锁定要求”,即该等股东可以根据规定申请豁免核查。

## 三、典型案例

**案例 17－1** 亚华电子(股票代码:301337.SZ,2023 年 5 月 26 日创业板上市)

**关注要点:**申报材料及公开信息显示,发行人 2016 年 8 月至 2020 年 8 月在全国中小企业股份转让系统挂牌。

审核问询要求说明招股说明书与新三板挂牌期间公司信息披露是否存在差异及差异的具体情况,是否存在被处罚的情形。

**案例分析:**发行人在全国中小企业股份转让系统挂牌期间及摘牌过程中,在信息披露、股权交易、董事会或股东大会决策等方面均符合《全国中小企业股份转让系统挂牌公司信息披露细则》(已失效)、《非上市公众公司监督管理办法》等相关法律法规的规定,合法合规,未曾受到全国中小企业股份转让系统的处罚。

**案例 17－2** 西山科技(股票代码:688576.SH,2023 年 6 月 6 日科创板上市)

**关注要点:**发行人曾为新三板挂牌公司,于 2018 年 4 月终止挂牌。

审核问询要求说明本次申报和新三板挂牌信息披露的差异情况,本次申报报告期与会计处理相关的事项与挂牌期间是否存在较大调整的情形,是否符合《企业会计准则》的规定。

**案例分析:**发行人于 2015 年 12 月 11 日在全国股转系统挂牌并公开转让。根据全国中小企业股份转让系统有限责任公司出具的《终止股票在全国中小企业股份转让系统挂牌的函》,发行人自 2018 年 4 月 9 日起在全国股转系统终止挂牌,发行人未对 2017 年年报及后续财务数据进行披露。本次申报文件的报告期为 2020 年、2021 年和 2022 年。公司在新三板挂牌期间未披露本次发行上市申报文件中的财务数据,两者在财务信息披露期间不存在重合，新三板挂牌披露的相关信息与本次发行上市申报文件中的财务数据不存在差异。本次申报文件与全国股转系统挂牌申请时及挂牌期间披露的非财务信息在信息披露结构、表述方式、不同披露时点的经营管理情况、详尽程度上略有不同，但不存在实质性差异。

本次申报报告期与会计处理相关的事项与挂牌期间不存在较大调整的情形，且均符合《企业会计准则》的规定；发行人挂牌过程中，以及挂牌期间在信息披露、股权交易、董事会和股东大会决策等方面均合法合规，发行人在披露摘牌和退市程序方面均合法合规，不存在受到处罚的情形；发行人在新三板挂牌期间的股东中不存在被认定为不适格股东的情形。

**案例17-3** 未来电器（股票代码：301386.SZ，2023年3月29日创业板上市）

**关注要点**：申报材料显示，2015年8月4日，发行人股票在股转系统挂牌并公开转让，自2018年8月1日起发行人股票终止挂牌。

审核问询要求说明在新三板挂牌前的申报材料、挂牌期间的所有公开披露信息与本次申请文件存在差异的部分，分析并披露其原因及合理性，如存在会计调整事项，说明是否属于会计差错更正，以及是否符合《企业会计准则》的相关规定。

**案例分析**：保荐机构、发行人律师、申报会计师履行了如下核查程序：(1)访谈发行人董事会秘书，并查阅发行人在股转系统中的公告文件等，了解发行人在新三板挂牌期间的交易方式。(2)查阅发行人挂牌申请文件、定期报告以及临时公告文件等，核查本次申请文件披露的信息与新三板挂牌前的申报文件以及新三板挂牌期间的信息披露是否存在差异等。(3)查阅发行人新三板挂牌及挂牌期间适用的相关法律法规以及发行人本次创业板申请适用的法律法规，分析发行人在新三板挂牌前的申报材料、挂牌期间的所有公开披露信息与本次申请文件存在差异的原因及合理性。

经核查，保荐机构、发行人律师、申报会计师认为：(1)发行人在新三板挂牌前的申报材料、挂牌期间的所有公开披露信息与本次申请文件由于覆盖期间、规则要求不同等存在一定差异,但不存在实质性差异,差异原因具有合理性。(2)在财务信息部分,公司本次申报报告期与在股转系统公开披露的期间不存在重合,本次申报未对挂牌期间的财务报表进行调整。

**案例 17-4** 三元生物(股票代码:301206.SZ,2022 年 2 月 10 日创业板上市)

**关注要点:**审核问询回复显示,发行人曾挂牌齐鲁股权交易中心,并于 2015 年 12 月 18 日在股转系统挂牌并公开转让;2020 年 10 月 21 日,公司终止在股转系统挂牌。

第三轮审核问询要求补充披露发行人在齐鲁股权交易中心、股转系统挂牌及后续上市期间,信息披露、股权交易、董事会或股东大会决策等方面的合法合规性,摘牌或退市程序的合法合规性,是否存在受到处罚的情形。

**案例分析:**保荐机构、发行人律师、申报会计师获取了齐鲁股权交易中心出具的同意挂牌的函以及挂牌期间合法合规性的说明函、发行人三元生物关于齐鲁股权交易中心摘牌的股东大会决议;获取了股转系统出具的同意挂牌及同意摘牌的函、发行人三元生物关于挂牌及摘牌的股东大会决议;查验了发行人挂牌期间的公告文件、三会决议文件及工商登记文件;获取了发行人的说明并查询了齐鲁股权交易中心网站、股转公司网站、证监会网站、证监会证券期货市场失信记录查询平台的公示信息,核查发行人在齐鲁股权交易中心、股转系统挂牌及后续上市期间,信息披露、股权交易、董事会或股东大会决策等方面的合法合规性,摘牌或退市程序的合法合规性,是否存在受到处罚的情形。

经核查,保荐机构、发行人律师、申报会计师认为:发行人在齐鲁股权交易中心、股转系统挂牌及后续上市期间,信息披露、股权交易、董事会或股东大会决策等方面合法合规,摘牌或退市程序合法合规,不存在受到处罚的情形。

# 第18条 募集资金用途

## 一、规范要求

首次公开发行股票的募集资金除可用于固定资产投资项目外,还可用于公司的一般用途,如补充流动资金、偿还银行贷款等。募集资金的数额和投资方向应当与发行人现有生产经营规模、财务状况、技术水平和管理能力、未来资本支出规划等相适应。发行人应谨慎运用募集资金、注重投资者回报,并根据相关监管要求,加强募集资金运用的持续性信息披露。

募集资金用于固定资产投资项目的,发行人应按照招股说明书信息披露准则的要求披露项目的建设情况、市场前景及相关风险等。募集资金用于补充流动资金等一般用途的,发行人应在招股说明书中分析披露募集资金用于上述一般用途的合理性和必要性。其中,用于补充流动资金的,应结合公司行业特点、现有规模及成长性、资金周转速度等合理确定相应规模;用于偿还银行贷款的,应结合银行信贷及债权融资环境、公司偿债风险控制目标等说明偿还银行贷款后公司负债结构合理性等。

募集资金投向科技创新领域的,发行人应当披露其具体安排及与发行人现有主要业务、核心技术之间的关系、发行人为实施募投项目所储备的研发基础。保荐机构应当对募集资金用途是否符合科创领域、是否与发行人现有业务与技术水平相匹配、发行人是否具备实施本次募投项目的科研能力发表核查意见。

已通过上市委员会审议的,发行人原则上不得调整募集资金投资项目,但可根据募投项目实际投资情况、成本变化等因素合理调整募集资金的需求量,并可以将部分募集资金用于公司一般用途,但需在招股说明书中说明调整的原因。已通过上市委员会审议的发行人如提出增加新股发行数量的,属于发行上市审核规则规定的影响发行上市及投资者判断的重大事项,需重新提交上市委员会审议。

## 二、相关解析

发行人上市融资的募集资金需要有对应的投资项目,即募集资金投资项目(以下简称募投项目)。企业上市募投项目的安排既要考虑公司未来发展战略、投资方向规划、资金实际需求等,又要考虑上市审核中对募投项目的关注要点。

根据《首次公开发行股票注册管理办法》第 42 条的规定,“发行人应当披露募集资金的投向和使用管理制度,披露募集资金对发行人主营业务发展的贡献、未来经营战略的影响。首次公开发行股票并在科创板上市的,还应当披露募集资金重点投向科技创新领域的具体安排。首次公开发行股票并在创业板上市的,还应当披露募集资金对发行人业务创新、创造、创意性的支持作用”。此外,《监管规则适用指引——发行类第 4 号》第 18 条对募集资金用途也进行了明确规定。

在实务中,拟上市公司募集资金用途的主要类型为以下几种:

### (一)产能扩充

产能扩充是企业上市募投项目设计的重点内容,包括项目扩充建设、技术改造等。针对产能扩充项目,需要关注募投项目的可行性和合理性,项目是否符合国家相关产业政策,募集资金项目的市场前景;募投项目对发行人产能利用率、产销率的影响,新增产能、产量、经营规模是否具有足够的市场消化能力;各投资项目固定资产投资的具体内容及用途,新增固定资产折旧、费用等对公司经营业绩的影响;募投项目的效益测算;募投项目相关资质是否取得等。

### （二）经营能力提升

与企业经营能力提升相关的募投项目包括研发中心及信息化建设项目、营销中心或营销网络建设项目等。

研发中心及信息化建设项目一般会引入前沿的研发实验设备、检测设备，增加专业的技术研发人员，同时加强外部资源整合，进一步完善公司技术研发中心。营销中心或营销网络建设通过优化公司的营销网络体系，扩大营销网点布局，满足公司业务开拓、品牌建设，客户维系等。研发中心及信息化建设项目、营销中心或营销网络建设项目一般不涉及项目效益测算。

### （三）补充流动资金

影响流动资金需求的关键因素主要包括存货、现金、应收款项和应付款项等。公司补充流动资金规模的测算一般采用销售百分比法。销售百分比法是以估算企业的营业收入为基础，对构成企业日常生产经营所需流动资金的主要经营性流动资产和流动负债分别进行估算，进而预测企业未来期间生产经营对流动资金的需求量。

## 三、典型案例

**案例18－1** 有研硅（股票代码：688432.SH，2022年11月10日科创板上市）

**关注要点：**发行人本次募投建设类项目包括集成电路用8英寸硅片扩产项目、集成电路刻蚀设备用硅材料项目以及补充流动资金。8英寸硅片扩产项目拟新增120万片8英寸硅片产品的生产能力，集成电路刻蚀设备用硅材料项目拟新增204,000.00公斤硅材料产能。

审核问询要求说明：（1）结合报告期内募投产品收入、在手订单、意向性合同等,分析募投建设类项目新增产能的合理性及未来产能的消化情况。(2)在建项目和募投项目是否符合国家相关产业政策,是否需要履行除立项备案之外的其他批准或审核程序。(3)结合未来资金需求及预算情况,分析补流资金金额的合理性及必要性。

**案例分析**:保荐机构履行了以下核查程序:(1)分析发行人报告期主要产品的销售收入情况,审阅发行人在手订单、意向性合同,分析募投产品的市场需求及行业发展趋势。(2)查阅并分析募投项目所属行业的国家及地方产业政策。(3)查阅法律法规对募投项目履行相关程序的规定。(4)查阅募投项目可行性研究报告、相关产业研究报告及学术文献。(5)走访募投项目实施地点并访谈了募投项目实施相关负责人。

经核查,保荐机构认为:(1)发行人拥有消化募投建设类项目新增产能的能力,募投项目新增产能的设计具有合理性。(2)发行人的在建项目和募投项目符合国家相关产业政策及当地政策的有关规定,已履行必要的备案、环评等审核程序,无须履行其他批准或审核程序。(3)根据发行人未来销售收入增长情况,以及未来生产、研发及销售的资金需求,发行人本次募集资金用于补充流动资金具有合理性和必要性。

**案例 18-2** 亨迪药业(股票代码:301211.SZ,2021 年 12 月 22 日创业板上市)

**关注要点**:申报材料显示,本次募投项目达产后,公司将新增 5000 吨布洛芬原料药产能,新增产能规模较大。根据发行人提供的 QYResearch 统计数据,预测全球布洛芬原料药市场未来增长较小。此外,发行人本次拟将本次募集资金中的 15,000 万元用于补充流动资金,各募投项目投资概算中也包括了大额铺底流动资金。

审核问询要求:(1)结合行业预计市场需求、目前产能利用率和在手订单、客户拓展等情况,补充披露发行人本次募投项目达产后的产能消化措施。(2)结合在报告期内盈利情况、现金流状况、公司成长性等进一步披露募集资金中的15,000万元用于补充营运资金的原因及合理性,各募投项目中铺底流动资金的具体用途及合理性。

**案例分析:**经核查,保荐机构、申报会计师认为:(1)发行人本次募投产品中公司原有产品(布洛芬原料药、醋酸阿比特龙)产能利用率较高,发行人拥有较大的现有客户群体,销售渠道稳定且明确,同时发行人未来将进一步拓展新客户,具有有效的新增产能消化措施;对于新投产产品(多库酯钠、萘普生、布洛芬赖氨酸盐、甲磺酸伊马替尼),发行人将依托公司现有销售渠道进行销售,同时还将进一步拓展销售渠道,发行人具有有效的新增产能消化措施。发行人已就新增产能的消化措施在招股说明书中进行了补充披露。(2)报告期内公司盈利情况良好、成长性较强,公司用于计算流动资金缺口的模型与数据准确,募集15,000万元用于补充营运资金有利于降低公司营运资金压力,具备合理性。(3)募集资金投资项目中铺底流动资金主要是募投项目投产初期所需,为保证项目建成后进行试运转所必需的流动资金,用于购买原材料、燃料、支付工资福利和其他经费等,按照项目所需流动资金乘以30%进行估算。发行人募投项目投资中铺底流动资金占比与近期医药制造业IPO发行的公司募投项目铺底流动资金占比接近,具备合理性。

**案例18-3** 霍普股份(股票代码:301024.SZ,2021年7月28日创业板上市)

**关注要点:**发行人是一家轻资产公司。招股说明书披露,发行人的募投项目包括“总部运营管理中心扩建项目”,拟使用17,158万元募集资金购置办公楼。

注册环节反馈意见落实函要求发行人补充披露房产购置的进展情况、所购置土地及房产性质等具体信息,公司将募集资金用于购置房产、土地的合理性和必要性,是否涉及房地产开发或相关经营业务,是否有利于提高发行人的研发能力、产业提升、效率提高和持续经营能力。

**案例分析:**截至反馈意见落实函回复之日,发行人主要办公场所均系租赁取得。在租赁模式下,一方面,若公司业务和人员规模持续增长,只能通过新增租赁或整体搬迁的途径解决新增的办公场所需求,而频繁择地扩租或搬迁并不利于经营的稳定性。另一方面,租赁物业本身存在不稳定的风险,导致公司无法进行长期的场地规划布置,从而影响人员稳定性,且不利于吸引外部人才。近年来,具有一定规模优势的建筑设计企业均倾向于通过购置办公场所提升经营稳定性及人才吸引力。公司亟须通过购置房产,形成符合自身业务和人员规模发展趋势和需求的稳定的办公场所,消除租赁房产存在的潜在经营风险,从而进一步提升自身核心竞争力。

本次募投项目拟购买的房产,系开发商或出让人已建成房屋,不存在通过募投项目单独购买土地使用权后自建房屋并出售的情形,亦不存在对所购置房屋的整体改建、扩建或改扩建后转售的情形。因此,本次募投项目不涉及房地产开发业务。与此同时,公司本次募投项目均围绕主营业务开展,所购置房产均系日常经营自用的办公、设计和研发场所,不涉及对外出租或出售,不存在用于房地产投资或相关经营业务的情形。

经核查,保荐机构认为:发行人将募集资金用于购置房产,具有合理性和必要性,不涉及房地产开发或相关经营业务,有利于提高发行人的研发能力、产业提升、效率提高和持续经营能力。

**案例 18-4** 炬光科技(股票代码:688167.SH,2021 年 12 月 24 日科创板上市)

**关注要点:**招股说明书披露,截至 2020 年 9 月 30 日,发行人净资产 6.26 亿元,本次发行拟募集资金 10.10 亿元,其中补充流动资金项目 4.50 亿元。

审核问询要求补充披露:结合当前货币资金余额、资产负债率、未来具体项目规划及资金需求等方面,充分论证并披露本次募集 4.50 亿元补流的合理性和必要性。

**案例分析:**发行人 2020 年末货币资金主要用于日常生产经营所需。报告期各期末,发行人资产负债率处于同行业上市公司合理区间。发行人基于未来 3 年收入测算,根据 2018 ~2020 年业务规模、资产构成及资金占用情况,使用销售百分比法对未来营运资金的需求进行了测算。

(1)测算假设

①公司基于 2021 年、2022 年、2023 年未来 3 年收入测算。

②假设预测期内,公司的经营性流动资产主要由应收票据、应收账款、预付款项和存货组成,经营性流动负债主要由应付票据、应付账款、预收款项、合同负债和应付职工薪酬组成。

③假设预测期内,公司的经营性流动资产占营业收入比例和经营性流动负债占营业收入比例与 2018 ~2020 年相应比例的平均值保持一致。

(2)主要计算公式

预测期经营性流动资产 = 应收票据 + 应收账款 + 预付款项 + 存货

预测期经营性流动负债 = 应付票据 + 应付账款 + 预收款项 + 合同负债 + 应付职工薪酬

流动资金占用 = 经营性流动资产 - 经营性流动负债

经测算,公司未来业务增长测算至 2023 年底需要增加营运资金 3.88 亿元,同时结合未来规划研发投入情况,论证了本次募集 4.50 亿元补流具有合理性和必要性。

**案例 18-5** 智立方(股票代码:301312.SZ,2022 年 7 月 11 日创业板上市)

**关注要点:**发行人募集资金拟投资项目总金额为 60,044.40 万元。截至 2020 年末,发行人总资产合计 30,093.79 万元,其中货币资金 10,209.58 万元。

审核问询要求补充披露:(1)募集资金金额超过发行人资产总额,募集资金规模是否与发行人的规模相匹配,发行人是否拥有对募集资金的管理能力。(2)结合报告期存在大额分红,且发行人 2020 年期末货币资金余额较高的情况,补充披露利用募集资金补充流动性的必要性。

**案例分析**:经核查,保荐机构认为:报告期内,发行人原有资产规模较小,且业务规模迅速增长,所需投入较大,导致募集资金规模超过发行人资产总额,发行人募投项目及募集资金的使用均与发行人的主营业务发展密切相关,具有针对性及合理性,募集资金规模与发行人规模相匹配;报告期内,发行人净资产收益率较高,资产管理能力较强,已建立并完善募集资金管理相关内部控制制度,同时发行人将与保荐机构、存放募集资金的商业银行签订三方监管协议,发行人拥有对募集资金的管理能力,可以有效保障募集资金规范和有效使用。

报告期内,业务规模的持续增长对发行人流动资金提出了更高要求,根据测算,发行人因营业收入增长,2021 年至 2023 年流动资金需求缺口预计为 21,153.56 万元,高于本次募集资金拟用于补充流动资金的金额,因此发行人本次募集资金拟使用 18,000.00 万元用于补充流动资金具有必要性。

## 附:募投项目涉及境外建设项目

国家发展改革委、商务部、人民银行、外交部《关于进一步引导和规范境外投资方向的指导意见》第 4 条规定:"……限制境内企业开展与国家和平发展外交方针、互利共赢开放战略以及宏观调控政策不符的境外投资,包括:(一)赴与我国未建交、发生战乱或者我国缔结的双多边条约或协议规定需要限制的敏感国家和地区开展境外投资。(二)房地产、酒店、影城、娱乐业、体育俱乐部等境外投资。(三)在境外设立无具体实业项目的股权投资基金或投资平台。(四)使用不符合投资目的国技术标准要求的落后生产设备开展境外投资。(五)不符合投资目的国环保、能耗、安全标准的境外投资。其中,前三类须经境外投资主管部门核准。"

《关于进一步引导和规范境外投资方向的指导意见》鼓励相关募投项目开展境外投资,如支持境内有能力、有条件的企业积极稳妥开展境外投资活动,推进“一带一路”建设,深化国际产能合作,带动国内优势产能、优质装备、适用技术输出,提升我国技术研发和生产制造能力,弥补我国能源资源短缺,推动我国相关产业提质升级。其中,鼓励开展的境外投资包括“加强与境外高新技术和先进制造业企业的投资合作,鼓励在境外设立研发中心”。

境外投资项目需要符合《关于进一步引导和规范境外投资方向的指导意见》的规定,发行人已就境外收购项目办理完毕商务主管部门、发展和改革主管部门备案程序,取得境外许可,在募集资金到位后,严格按照我国外汇管理相关法律、法规及规范性文件的规定履行外汇登记、账户开立及资金汇出等相关程序,并通过交易所审核及取得证监会的注册批复文件。

**(一)商务主管部门**

《境外投资管理办法》(中华人民共和国商务部令2014年第3号)第6条规定,“……企业境外投资涉及敏感国家和地区、敏感行业的,实行核准管理。企业其他情形的境外投资,实行备案管理”。第9条第1款规定,“对属于备案情形的境外投资,中央企业报商务部备案;地方企业报所在地省级商务主管部门备案”。商务部或地方商务主管部门在进行真实性审查并受理后,予以备案或不予以备案。予以备案后,颁发企业境外投资证书和企业境外机构证书。

**(二)发展和改革主管部门**

《企业境外投资管理办法》(中华人民共和国国家发展和改革委员会令第11号)第13条第1款规定,“实行核准管理的范围是投资主体直接或通过其控制的境外企业开展的敏感类项目,核准机关是国家发展改革委”。第14条第1款规定,“实行备案管理的范围是投资主体直接开展的非敏感类项目,也即涉及投资主体直接投入资产、权益或提供融资、担保的非敏感类项目”。在实行备案管理的项目中,投资主体是中央管理企业的,备案机关是国家发展改革委;投资主体是地方企业,且中方投资额在3亿美元及以上的,备案机关是国家发展改革委;投资主体是地方企业,且中方投资额在3亿美元以下的,备案机关是投资主体注册地的省级政府发展改革部门。

**(三)银行外汇登记**

根据国家外汇管理局《关于进一步简化和改进直接投资外汇管理政策的通知》(汇发〔2015〕13号,部分失效)的规定,取消境内直接投资项下外汇登记核准与境外直接投资外汇登记核准两项行政审批事项,改由银行直接审核办理境内直接投资项下外汇登记和境外直接投资项下外汇登记,国家外汇管理局及其分支机构通过银行对直接投资外汇登记实施间接监管。

**(四)境外许可**

境外投资项目需要根据相关国家的政策和法律条例在相关部门办理审核批准,取得相关的境外许可。

**(五)交易所审核/证监会关于本次发行的批复**

募投项目涉及境外项目投资,审核中通常关注以下方面:(1)募投项目是否符合国家产业政策,境外投资是否符合《关于进一步引导和规范境外投资方向的指导意见》(国办发〔2017〕74号)的规定。(2)募投项目是否经有权机关审批或备案,是否履行环评程序,是否取得境内外全部许可,是否在有效期限内,是否落实募投项目用地。(3)募投项目与公司主营业务的关系,是否属于拓展新业务,是否具备实施募投项目的全部资质许可,项目涉及产品是否已通过境内外审批或者注册,公司是否具有相关项目运营经验,风险是否充分披露。

# 第19条 首发相关承诺

## 一、规范要求

### (一)关于减持价格和股票锁定期延长承诺

中国证监会《关于进一步推进新股发行体制改革的意见》规定了解禁后24个月内减持价不低于发行价和特定情形下锁定期限自动延长6个月的最低承诺要求,发行人控股股东、持有股份的董事、高级管理人员也可根据具体情形提出更高、更细的锁定要求。对于已作出承诺的董事、高级管理人员,应明确不因其职务变更、离职等原因,而放弃履行承诺。

### (二)关于上市36个月内公司股价低于每股净资产时承诺稳定公司股价的预案

启动预案的触发条件必须明确,比如公司股票连续20个交易日收盘价均低于每股净资产;发行人、控股股东、董事(独立董事除外)及高级管理人员都必须提出相应的股价稳定措施,具体措施可以是发行人回购公司股票,控股股东增持公司股票,董事、高级管理人员增持公司股票、减薪等,上述措施的启动情形和具体内容应当明确,确定出现相关情形时股价稳定措施何时启动,将履行的法律程序等,以明确市场预期。稳定股价措施可根据公司的具体情况自主决定,但应明确可预期,比如明确增持公司股票的数量或资金金额。对于未来新聘的董事、高级管理人员,也应要求其履行公司发行上市时董事、高级管理人员已作出的相应承诺要求。

### (三)关于股份回购承诺

招股说明书及有关申报文件应明确如招股说明书存在对判断发行人是

否符合法律规定的发行条件构成重大、实质影响的虚假记载、误导性陈述或者重大遗漏需回购股份情形的，发行人、控股股东将如何启动股份回购措施、以什么价格回购等；公司及控股股东、实际控制人、董事、监事、高级管理人员及相关中介机构作出的关于赔偿投资者损失的承诺应当具体、明确，确保投资者合法权益得到有效保护。

（四）关于持股5%及其以上股东持股意向

发行前持股5%及其以上的股东必须至少披露限售期结束后24个月内的减持意向，减持意向应说明减持的价格预期、减持股数，不可以“根据市场情况减持”等语句敷衍。招股说明书及相关申报材料应披露该等股东持有股份的锁定期安排，将在满足何种条件时，以何种方式、价格在什么期限内进行减持；并承诺在减持前3个交易日予以公告，通过证券交易所集中竞价交易首次减持的在减持前15个交易日予以公告。如未履行上述承诺，要明确将承担何种责任和后果。

（五）关于发行人及其控股股东、中介机构各自的职责

发行人及其控股股东等责任主体所作出的承诺及相关约束措施，是招股说明书等申报文件的必备内容，应按要求进行充分披露。除上述承诺外，包括发行人、控股股东等主体作出的其他承诺，如控股股东、实际控制人关于规范关联交易等的承诺等，也应同时提出未能履行承诺时的约束措施。

保荐机构应对相关承诺的内容合法、合理，失信补救措施的及时有效等发表核查意见。发行人律师应对相关承诺及约束措施的合法性发表意见。

## 二、股份锁定承诺相关规定

### (一)适用对象:全体股东

《公司法》(2023年修订)

第160条第1款:"公司公开发行股份前已发行的股份,自公司股票在证券交易所上市交易之日起一年内不得转让。法律、行政法规或者国务院证券监督管理机构对上市公司的股东、实际控制人转让其所持有的本公司股份另有规定的,从其规定。"

### (二)适用对象:控股股东、实际控制人及其亲属、一致行动人;没有或难以认定控股股东、实际控制人;临近申报从控股股东或实际控制人处受让股份

1.《首次公开发行股票注册管理办法》(中国证券监督管理委员会令第205号)

第45条第2款:"发行人控股股东和实际控制人及其亲属应当披露所持股份自发行人股票上市之日起三十六个月不得转让的锁定安排。"

2.《〈首次公开发行股票注册管理办法〉第十二条、第十三条、第三十一条、第四十四条、第四十五条和〈公开发行证券的公司信息披露内容与格式准则第57号——招股说明书〉第七条有关规定的适用意见——证券期货法律适用意见第17号》(中国证券监督管理委员会公告〔2023〕14号)

第2条款第5项:"(五)锁定期安排。

"1.发行人控股股东和实际控制人所持股份自发行人股票上市之日起三十六个月内不得转让,控股股东和实际控制人的亲属(依据《民法典》相关规定认定)、一致行动人所持股份应当比照控股股东和实际控制人所持股份进行锁定。

"2.为确保发行人股权结构稳定、正常生产经营不因发行人控制权发生

变化而受到影响，发行人没有或者难以认定实际控制人的，发行人股东应当按持股比例从高到低依次承诺其所持股份自上市之日起锁定三十六个月，直至锁定股份的总数不低于发行前股份总数的百分之五十一。对于具有一致行动关系的股东，应当合并后计算持股比例再进行排序锁定。

“位列上述应当予以锁定的百分之五十一股份范围的股东，符合下列情形之一的，可不适用上述锁定三十六个月的规定：

“(1)员工持股计划；

“(2)持股百分之五以下的股东；

“(3)非发行人第一大股东且符合一定条件的创业投资基金股东，具体条件参照创投基金的监管规定。

“‘符合一定条件的创业投资基金股东’的认定程序为，由创业投资基金股东向保荐机构提交书面材料，经保荐机构和发行人律师核查后认为符合相关认定标准的，在申报时由保荐机构向交易所提交书面材料，交易所在认定时应当征求相关职能部门的意见。

“3. 发行人申报前六个月内进行增资扩股的，新增股份的持有人应当承诺新增股份自发行人完成增资扩股工商变更登记手续之日起锁定三十六个月。在申报前六个月内从控股股东或者实际控制人处受让的股份，应当比照控股股东或者实际控制人所持股份进行锁定。相关股东刻意规避股份锁定期要求的，应当按照相关规定进行股份锁定。”

3.《上海证券交易所股票上市规则》(2023 年 8 月修订)

第 3. 1. 10 条：发行人向本所申请其首次公开发行股票上市时，其控股股东和实际控制人应当承诺：自发行人股票上市之日起36 个月内，不转让或者委托他人管理其直接和间接持有的发行人首次公开发行股票前已发行的股份，也不由发行人回购该部分股份。发行人应当在上市公告书中披露上述承诺。

自发行人股票上市之日起 1 年后，出现下列情形之一的，经上述承诺主体申请并经本所同意，可以豁免遵守上述承诺：

(1)转让双方存在实际控制关系，或者均受同一实际控制人所控制，且受让方承诺继续遵守上述承诺；

(2)因上市公司陷入危机或者面临严重财务困难，受让人提出挽救公司的方案获得该公司股东大会审议通过和有关部门批准，且受让人承诺继续遵守上述承诺；

(3)本所认定的其他情形。

发行人没有或者难以认定控股股东、实际控制人的，按照相关规定承诺所持首次公开发行前股份自发行人股票上市之日起36个月内不得转让的股东，适用前款第1项规定。

4.《深圳证券交易所股票上市规则》(2023年8月修订)

第3.1.10条：发行人向本所申请其首次公开发行的股票上市时，其控股股东和实际控制人应当承诺：自发行人股票上市之日起36个月内，不转让或者委托他人管理其直接或者间接持有的发行人首发前股份，也不由发行人回购其直接或者间接持有的发行人首发前股份。发行人应当在上市公告书中公告上述承诺。

自发行人股票上市之日起1年后，出现下列情形之一的，经上述承诺主体申请并经本所同意，可以豁免遵守上述承诺：

(1)转让双方存在实际控制关系，或者均受同一控制人所控制，且受让人承诺继续遵守上述承诺；

(2)因上市公司陷入危机或者面临严重财务困难，受让人提出的挽救公司的方案获得该公司股东大会审议通过和有关部门批准，且受让人承诺继续遵守上述承诺；

(3)本所认定的其他情形。

发行人没有或者难以认定控股股东、实际控制人的，按照有关规定承诺所持首发前股份自发行人股票上市之日起36个月内不得转让的股东，适用前款第1项规定。

5.《上海证券交易所科创板股票上市规则》(2023年8月修订)

第2.4.3条：“公司上市时未盈利的，在公司实现盈利前，控股股东、实际控制人自公司股票上市之日起3个完整会计年度内，不得减持首发前股份；自公司股票上市之日起第4个会计年度和第5个会计年度内，每年减持的首发前股份不得超过公司股份总数的2%，并应当符合《减持细则》关于减持股份的相关规定。

"公司上市时未盈利的，在公司实现盈利前，董事、监事、高级管理人员及核心技术人员自公司股票上市之日起3个完整会计年度内，不得减持首发前股份；在前述期间内离职的，应当继续遵守本款规定。

"公司实现盈利后，前两款规定的股东可以自当年年度报告披露后次日起减持首发前股份，但应当遵守本节其他规定。"

第2.4.4条："上市公司控股股东、实际控制人减持本公司首发前股份的，应当遵守下列规定：

"（一）自公司股票上市之日起36个月内，不得转让或者委托他人管理其直接和间接持有的首发前股份，也不得提议由上市公司回购该部分股份；

"（二）法律法规、本规则以及本所业务规则对控股股东、实际控制人股份转让的其他规定。

"发行人向本所申请其股票首次公开发行并上市时，控股股东、实际控制人应当承诺遵守前款规定。

"转让双方存在控制关系或者受同一实际控制人控制的，自发行人股票上市之日起12个月后，可豁免遵守本条第一款规定。"

6.《深圳证券交易所创业板股票上市规则》（2023年8月修订）

第2.3.4条："上市公司控股股东、实际控制人及其一致行动人减持本公司首发前股份的，应当遵守下列规定：

"（一）自公司股票上市之日起三十六个月内，不得转让或者委托他人管理其直接和间接持有的首发前股份，也不得提议由上市公司回购该部分股份；

"（二）法律法规、中国证监会规定、本规则以及本所业务规则对控股股东、实际控制人股份转让的其他规定。

“发行人向本所申请其股票首次公开发行并上市时，控股股东、实际控制人及其一致行动人应当承诺遵守前款规定。

“转让双方存在控制关系或者受同一实际控制人控制的，自发行人股票上市之日起十二个月后，可豁免遵守本条第一款规定。”

第2.3.5条：“公司上市时未盈利的，在实现盈利前，控股股东、实际控制人及其一致行动人自公司股票上市之日起三个完整会计年度内，不得减持首发前股份；自公司股票上市之日起第四个和第五个完整会计年度内，每年减持的首发前股份不得超过公司股份总数的2%，并应当符合《减持细则》关于减持股份的相关规定。

“公司上市时未盈利的，在实现盈利前，董事、监事、高级管理人员自公司股票上市之日起三个完整会计年度内，不得减持首发前股份；在前述期间内离职的，应当继续遵守本款规定。

“公司实现盈利后，前两款规定的股东可以自当年年度报告披露后次日起减持首发前股份，但应当遵守本节其他规定。”

### （三）适用对象：新增股份的持有人，新股东，新增股东

1.《〈首次公开发行股票注册管理办法〉第十二条、第十三条、第三十一条、第四十四条、第四十五条和〈公开发行证券的公司信息披露内容与格式准则第57号——招股说明书〉第七条有关规定的适用意见——证券期货法律适用意见第17号》（中国证券监督管理委员会公告〔2023〕14号）

第2条第5款：发行人申报前6个月内进行增资扩股的，新增股份的持有人应当承诺新增股份自发行人完成增资扩股工商变更登记手续之日起锁定36个月。

第4条：发行人申报后，通过增资或者股权转让产生新股东的，原则上应当终止发行上市审核程序或者发行注册程序，但股权变动未造成实际控制人变更，未对发行人股权结构的稳定性和持续经营能力造成不利影响，且符合下列情形的除外：新股东产生系因继承、离婚、执行法院判决、执行仲裁裁

决、执行国家法规政策要求或者由省级及以上人民政府主导，且新股东承诺其所持股份上市后36个月之内不转让、不上市交易（继承、离婚原因除外）。

2.《监管规则适用指引——关于申请首发上市企业股东信息披露》

第3条："发行人提交申请前12个月内新增股东的，应当在招股说明书中充分披露新增股东的基本情况、入股原因、入股价格及定价依据，新股东与发行人其他股东、董事、监事、高级管理人员是否存在关联关系，新股东与本次发行的中介机构及其负责人、高级管理人员、经办人员是否存在关联关系，新增股东是否存在股份代持情形。

"上述新增股东应当承诺所持新增股份自取得之日起36个月内不得转让。"

第9条："发行人在全国中小企业股份转让系统挂牌、境外证券交易所上市交易期间通过集合竞价、连续竞价交易方式增加的股东，以及因继承、执行法院判决或仲裁裁决、执行国家法规政策要求或由省级及以上人民政府主导取得发行人股份的股东，可以申请豁免本指引的核查和股份锁定要求。"

### （四）适用对象：董事、监事、高级管理人员

1.《公司法》（2023年修订）

第160条第2款："公司董事、监事、高级管理人员应当向公司申报所持有的本公司的股份及其变动情况，在就任时确定的任职期间每年转让的股份不得超过其所持有本公司股份总数的百分之二十五；所持本公司股份自公司股票上市交易之日起一年内不得转让。上述人员离职后半年内，不得转让其所持有的本公司股份。公司章程可以对公司董事、监事、高级管理人员转让其所持有的本公司股份作出其他限制性规定。"

2.《上海证券交易所科创板股票上市规则》（2023年8月修订）

第2.4.3条："公司上市时未盈利的，在公司实现盈利前，控股股东、实际控制人自公司股票上市之日起3个完整会计年度内，不得减持首发前股

份；自公司股票上市之日起第4个会计年度和第5个会计年度内，每年减持的首发前股份不得超过公司股份总数的2%，并应当符合《减持细则》关于减持股份的相关规定。

“公司上市时未盈利的，在公司实现盈利前，董事、监事、高级管理人员及核心技术人员自公司股票上市之日起3个完整会计年度内，不得减持首发前股份；在前述期间内离职的，应当继续遵守本款规定。

“公司实现盈利后，前两款规定的股东可以自当年年度报告披露后次日起减持首发前股份，但应当遵守本节其他规定。”

3.《深圳证券交易所创业板股票上市规则》(2023年8月修订)

第2.3.5条：“公司上市时未盈利的，在实现盈利前，控股股东、实际控制人及其一致行动人自公司股票上市之日起三个完整会计年度内，不得减持首发前股份；自公司股票上市之日起第四个和第五个完整会计年度内，每年减持的首发前股份不得超过公司股份总数的2%，并应当符合《减持细则》关于减持股份的相关规定。

“公司上市时未盈利的，在实现盈利前，董事、监事、高级管理人员自公司股票上市之日起三个完整会计年度内，不得减持首发前股份；在前述期间内离职的，应当继续遵守本款规定。

“公司实现盈利后，前两款规定的股东可以自当年年度报告披露后次日起减持首发前股份，但应当遵守本节其他规定。”

### (五)适用对象：核心技术人员(科创板)

《上海证券交易所科创板股票上市规则》(2023年8月修订)

第2.4.3条：“公司上市时未盈利的，在公司实现盈利前，控股股东、实际控制人自公司股票上市之日起3个完整会计年度内，不得减持首发前股份；自公司股票上市之日起第4个会计年度和第5个会计年度内，每年减持的首发前股份不得超过公司股份总数的2%，并应当符合《减持细则》关于减持股份的相关规定。

“公司上市时未盈利的，在公司实现盈利前，董事、监事、高级管理人员及核心技术人员自公司股票上市之日起3个完整会计年度内，不得减持首发前股份；在前述期间内离职的，应当继续遵守本款规定。

“公司实现盈利后，前两款规定的股东可以自当年年度报告披露后次日起减持首发前股份，但应当遵守本节其他规定。”

第2.4.5条：“上市公司核心技术人员减持本公司首发前股份的，应当遵守下列规定：

“（一）自公司股票上市之日起12个月内和离职后6个月内不得转让本公司首发前股份；

“（二）自所持首发前股份限售期满之日起4年内，每年转让的首发前股份不得超过上市时所持公司首发前股份总数的25%，减持比例可以累积使用；

“（三）法律法规、本规则以及本所业务规则对核心技术人员股份转让的其他规定。”

## 第20条　中小商业银行披露及核查要求

### 一、规范要求

中小商业银行申报发行上市，发行人应重点说明并披露下列问题：

（1）中小商业银行是否符合产权清晰、公司治理健全、风险管控能力强、资产质量好、有一定规模且业务较为全面、竞争力和盈利能力较强的要求。

（2）最近两年银行业监管部门监管评级的综合评级结果。

（3）最近3年年末及最近一期末风险监管核心指标是否符合银行业监管部门的相关规定。

（4）持续经营能力。

（5）最近一年及最近一期末存款或贷款规模在主要经营地中小商业银

行的市场份额排名中是否居于前列。

(6)最近3年内是否进行过重大不良资产处置、剥离,或发生过重大银行案件。

(7)报告期内监管评级、风险监管核心指标的变动情况及变动原因。

(8)内部职工持股是否符合《关于规范金融企业内部职工持股的通知》(财金〔2010〕97号)的规定。

(9)银行设立、历次增资和股权转让是否按规定向银行业监管部门履行了必要的审批或者备案等手续。

(10)是否已结合资本状况、股权结构、业务现状及其发展状况等因素,合理确定资本金补充机制,并在招股说明书中予以披露。

(11)是否参照《公开发行证券的公司信息披露编报规则第26号——商业银行信息披露特别规定》(证监会公告〔2008〕33号)的规定编制招股说明书。

保荐机构、发行人律师应对前述事项进行核查,并对下列事项发表明确核查意见:

(1)贷款风险分类制度的健全性和执行的有效性,所推荐的中小商业银行是否已根据银行业监管部门要求制定贷款分类制度并在报告期内得到有效执行。

(2)公司治理结构、风险管理体系和内部控制制度的健全性和有效性,所推荐的中小商业银行是否已建立健全的公司治理结构、完善的风险管理体系和内部控制制度,其报告期内各项风险管理与内部控制措施是否得到全面有效执行。

(3)重点风险领域相关业务的风险与合法、合规性,所推荐的中小商业银行相关业务是否合法、合规,是否存在重大风险。

(4)贷款集中度和关联贷款,所推荐中小商业银行是否存在重大信用风险。

### 二、相关解析

中小商业银行在主营业务上与其他普通工商企业不同，募集资金不直接投资于固定资产或技术研发等项目，因此监管机构对于中小商业银行公开发行上市具有特别要求，除满足一般企业的上市条件外，在实质审核中还会关注银行的规模、资本充足率、风险监管核心指标、贷款情况等要素。

## 第21条　增资或转让股份形成的股份支付

### 一、规范要求

#### (一)具体适用情形

发行人向职工(含持股平台)、顾问、客户、供应商及其他利益相关方等新增股份，以及主要股东及其关联方向职工(含持股平台)、客户、供应商及其他利益相关方等转让股份，发行人应根据重要性水平，依据实质重于形式原则，对相关协议、交易安排及实际执行情况进行综合判断，并进行相应会计处理。有充分证据支持属于同一次股权激励方案、决策程序、相关协议而实施的股份支付，原则上一并考虑适用。

1. 实际控制人/老股东增资

解决股份代持等规范措施导致股份变动，家族内部财产分割、继承、赠与等非交易行为导致股份变动，资产重组、业务并购、转换持股方式、向老股东同比例配售新股等导致股份变动，有充分证据支持相关股份获取与发行人获得其服务无关的，不适用《企业会计准则第11号——股份支付》。

为发行人提供服务的实际控制人/老股东以低于股份公允价值的价格增资入股，且超过其原持股比例而获得的新增股份，应属于股份支付。如果增资协议约定，所有股东均有权按各自原持股比例获得新增股份，但股东之间转让新增股份受让权且构成集团内股份支付，导致实际控制人/老股东超过其原持股比例获得的新增股份，也属于股份支付。实际控制人/老股东原持股比例，应按照相关股东直接持有与穿透控股平台后间接持有的股份比例合并计算。

2. 顾问或实际控制人/老股东亲友获取股份

发行人的顾问或实际控制人/老股东亲友（以下简称当事人）以低于股份公允价值的价格取得股份，应综合考虑发行人是否获取当事人及其关联方的服务。

发行人获取当事人及其关联方服务的，应构成股份支付。

实际控制人/老股东亲友未向发行人提供服务，但通过增资取得发行人股份的，应考虑是否实际构成发行人或其他股东向实际控制人/老股东亲友让予利益，从而构成对实际控制人/老股东的股权激励。

3. 客户、供应商获取股份

发行人客户、供应商入股的，应综合考虑购销交易公允性、入股价格公允性等因素判断。

购销交易价格与第三方交易价格、同类商品市场价等相比不存在重大差异，且发行人未从此类客户、供应商获取其他利益的，一般不构成股份支付。

购销交易价格显著低于/高于第三方交易价格、同类商品市场价等可比价格的：（1）客户、供应商入股价格未显著低于同期财务投资者入股价格的，一般不构成股份支付。（2）客户、供应商入股价格显著低于同期财务投资者入股价格的，需要考虑此类情形是否构成股份支付；是否显著低于同期财务投资者入股价格，应综合考虑与价格公允性相关的各项因素。

### （二）确定公允价值应考虑因素

确定公允价值，应综合考虑以下因素：（1）入股时期，业绩基础与变动预期,市场环境变化。(2)行业特点,同行业并购重组市盈率、市净率水平。(3)股份支付实施或发生当年市盈率、市净率等指标。(4)熟悉情况并按公平原则自愿交易的各方最近达成的入股价格或股权转让价格,如近期合理的外部投资者入股价,但要避免采用难以证明公允性的外部投资者入股价。(5)采用恰当的估值技术确定公允价值,但要避免采取有争议的、结果显失公平的估值技术或公允价值确定方法,如明显增长预期下按照成本法评估的净资产或账面净资产。判断价格是否公允应考虑与某次交易价格是否一致,是否处于股权公允价值的合理区间范围内。

### (三)确定等待期应考虑因素

股份立即授予或转让完成且没有明确约定等待期等限制条件的,股份支付费用原则上应一次性计入发生当期,并作为偶发事项计入非经常性损益。设定等待期的股份支付,股份支付费用应采用恰当方法在等待期内分摊,并计入经常性损益。

发行人应结合股权激励方案及相关决议、入股协议、服务合同、发行人回购权的期限、回购价格等有关等待期的约定及实际执行情况,综合判断相关约定是否实质上构成隐含的可行权条件,即职工是否必须完成一段时间的服务或完成相关业绩方可真正获得股权激励对应的经济利益。

发行人在股权激励方案中没有明确约定等待期,但约定一旦职工离职或存在其他情形(例如职工考核不达标等非市场业绩条件),发行人、实际控制人或其指定人员有权回购其所持股份或在职工持股平台所持有财产份额的,应考虑此类条款或实际执行情况是否构成实质性的等待期,尤其关注回购价格影响。回购价格公允,回购仅是股权归属安排的,职工在授予日已获得相关利益,原则上不认定存在等待期,股份支付费用无须分摊。回购价格不公允或尚未明确约定的,表明职工在授予日不能确定获得相关利益,只有满足特定条件后才能获得相关利益,应考虑是否构成等待期。

1. 发行人的回购权存在特定期限

发行人对于职工离职时相关股份的回购权存在特定期限，例如固定期限届满前、公司上市前或上市后一定期间等，无证据支持相关回购价格公允的，一般应将回购权存续期间认定为等待期。

2. 发行人的回购权没有特定期限，且回购价格不公允

发行人的回购权没有特定期限或约定职工任意时间离职时发行人均有权回购其权益，且回购价格与公允价值存在较大差异的，如职工仅享有持有期间的分红权、回购价格是原始出资额或原始出资额加定期利息等，发行人应结合回购价格等分析职工实际取得的经济利益，判断该事项应适用职工薪酬准则还是股份支付准则。

3. 发行人的回购权没有特定期限，且回购价格及定价基础均未明确约定

发行人的回购权没有特定期限，且回购价格及定价基础均未明确约定的，应考虑相关安排的商业合理性。发行人应在申报前根据股权激励的目的和商业实质对相关条款予以规范，明确回购权期限及回购价格。

### （四）核查要求

保荐机构及申报会计师应对发行人的股份变动是否适用《企业会计准则第11号——股份支付》进行核查，并对以下问题发表明确意见：股份支付相关安排是否具有商业合理性；股份支付相关权益工具公允价值的计量方法及结果是否合理，与同期可比公司估值是否存在重大差异；与股权所有权或收益权等相关的限制性条件是否真实、可行，相关约定是否实质上构成隐含的可行权条件，等待期的判断是否准确，等待期各年/期确认的职工服务成本或费用是否准确；发行人股份支付相关会计处理是否符合规定。

### （五）信息披露

发行人应根据重要性原则，在招股说明书中披露股份支付的形成原因、

具体对象、权益工具的数量及确定依据、权益工具的公允价值及确认方法、职工持有份额/股份转让的具体安排等。

## 二、相关解析

《企业会计准则第11号——股份支付》第2条规定,股份支付是指企业为获取职工和其他方提供服务而授予权益工具或者承担以权益工具为基础确定的负债的交易。《企业会计准则讲解》将“股份支付”的特征概括为:(1)是企业与职工或其他方之间发生的交易。(2)是以获取职工或其他方服务为目的的交易。(3)交易的对价或其定价与企业自身权益工具未来的价值密切相关。

权益工具可以简单理解为公司股权。股份支付的对象,不仅仅只针对公司员工,公司顾问、客户、供应商入股等,也需考虑股份支付的问题。股份支付的目的是发行人为获取当事人及其关联方的服务。权益工具的定价方式,需按公允价值确定,而公允价值的确定需综合考虑公司当前价值和未来价值。

如果公司有明确的上市计划,需考虑股份支付,因为股份支付可能影响公司报告期的利润情况。股权激励时,股份支付费用是一次性确认还是分多期分摊(是否设置等待期)需要根据公司实际情况确定。如果所涉股份支付费用较小,对公司报告期内净利润数据影响不大,建议不约定等待期等限制条件,进行一次性确认;如果股份支付费用较大,影响公司报告期净利润数据,如一次性确认股份支付将导致当期净利润为负、当期净利润呈明显下滑趋势、扣除股份支付费用后不满足发行上市条件,则建议激励方案对员工获授公司股份,明确约定相应的锁定期或服务期,股份支付费用应采用恰当方法在等待期内分摊。

## 三、典型案例

**案例21－1** 光大同创(股票代码:301387.SZ,2023年4月18日创业板上市)

**关注要点:**结合股权激励协议等说明对受激励员工是否设定工作年限,员工离职时所持股份的处理要求等,并结合上述约定分析并说明是否应当分期确认股份支付并计入经常性损益。

**案例分析:**根据发行人与激励对象签署的《股权激励协议》,发行人未对受激励员工设定工作年限,但要求被激励员工在与发行人及其子公司解除劳动关系后30日内,将其持有的全部份额转让给合伙企业的执行事务合伙人(发行人的实际控制人)或其书面认可的第三人。

由于上述股权激励对应的受让及增资股份,属于立即授予或转让完成且没有明确约定服务期等限制条件,故发行人在确认股份支付费用时一次性计入发生当期,并作为偶发事项计入非经常性损益。

报告期内仅在2020年有4名被激励对象离职,将原受让份额原价转让给同创智选的执行事务合伙人。这些员工的股份支付被定义为授予即可行权的股份支付,原产生的股份支付费用亦未进行转回处理。

**案例21－2** 未来电器(股票代码:301386.SZ,2023年3月29日创业板上市)

**关注要点:**申报材料显示,发行人报告期确认股份支付费用金额分别为641.95万元、333.91万元和985.57万元。

审核问询要求说明报告期各期与股份支付相关的股权转让(包括合伙份额转让)的具体情况、对应的相关人员及任职情况等,进而结合具体情况说明相关转让的性质是否属于股份支付的范围,论证股份支付对象是否准确、恰当。

**案例分析**:2018 年至 2021 年,发行人与股份支付相关的股权转让具体涉及浩宁投资及层叠管理的合伙份额转让,以及股份代持及解除代持相关行为。

(1)对于合伙份额受让方系公司员工(不包括实际控制人)的相关情形

《企业会计准则第 11 号——股份支付》第 5 条第 1 款规定,“授予后立即可行权的换取职工服务的以权益结算的股份支付,应当在授予日按照权益工具的公允价值计入相关成本或费用,相应增加资本公积”。

对于合伙份额受让方系公司员工(不包括实际控制人)的,目的是换取职工服务且转让价格低于公允价格,因此相关合伙份额转让属于股份支付的范围。

(2)对于合伙份额受让方系实际控制人的相关情形

根据《股份支付准则应用案例——实际控制人受让股份是否构成新的股份支付》之规定,普通合伙人未从受让股份中获得收益,仅以代持身份暂时持有受让股份,该交易不符合股份支付的定义,不构成新的股份支付。实务中,判断普通合伙人受让股份属于代持行为通常需要考虑下列证据:①受让前应当明确约定受让股份将再次授予其他激励对象;②对再次授予其他激励对象有明确合理的时间安排;③在再次授予其他激励对象之前的持有期间,受让股份所形成合伙份额相关的利益安排(如股利)与代持未形成明显的冲突。

实际控制人受让合伙份额后,未明确约定受让合伙份额将再次授予其他激励对象,未对再次授予其他激励对象有明确合理的时间安排,且实际控制人享有受让股份对应的投票权和股利分配等受益权。

综上,实际控制人受让合伙份额不属于《股份支付准则应用案例——实际控制人受让股份是否构成新的股份支付》规定的暂时持有受让股份的情形。

参照当时有效的《首发业务若干问题解答》(2020 年 6 月修订)规定,对于为发行人提供服务的实际控制人/老股东以低于股份公允价值的价格增资入股事宜,如果根据增资协议,并非所有股东均有权按各自原持股比例获得新增股份,对于实际控制人/老股东超过其原持股比例而获得的新增股份,应属于股份支付。

为发行人提供服务的实际控制人,且其以低于公允价值的价格受让合伙份额,应当确认为股份支付。

(3)对于合伙份额受让方系非公司员工的情形

根据《首发业务若干问题解答》(2020年6月修订)的规定,对于报告期内发行人向职工(含持股平台)、客户、供应商等新增股份,以及主要股东及其关联方向职工(含持股平台)、客户、供应商等转让股份,均应考虑是否适用《企业会计准则第11号——股份支付》。

对于合伙份额受让方系非公司员工的,上述非公司员工与实际控制人系多年朋友关系,经协商后入股,虽然授予非公司员工股份的目的并不是获取服务,但鉴于上述人员受让的是员工持股平台的合伙份额,且非公司员工入股价格低于股份公允价值,因此需确认相关的股份支付费用。

**案例21-3** 经纬股份(股票代码:301390.SZ,2023年5月8日创业板上市)

**关注要点**:报告期内发行人进行了员工股权激励,其中4名自然人直接持有发行人股份,一晟投资、定晟投资、点力投资及其有限合伙人战晟投资、汇晟投资系公司员工持股平台间接持有发行人股份;发行人对4名自然人以及一晟投资授予股份形成的股份支付费用进行一次性确认,对定晟投资、点力投资及其有限合伙人战晟投资、汇晟投资授予股份形成的股份支付费用以6年作为等待期确认相应费用,原因系对上述不同对象设置不同退出条件作出了约定。

第二轮审核问询要求说明:针对不同激励对象设置不同退出价格、服务期的原因及商业合理性,尤其在2015年同次股权激励,仅针对部分对象设置服务期的合理性,上述条款系在授予日就已经设置还是后续增加,拟上市公司是否存在类似会计处理。

**案例分析**：4名自然人系公司核心高管，2015年以低价受让当时主要股东股权的方式成为公司股东。2015年对4名自然人的股权激励，未设置服务期，亦未严格限定退出价格，主要是因为，一方面，公司2015年业务规模较小，电力业务尚处于起步阶段，4名自然人系当时公司核心高管，对公司以往贡献、未来业务发展、内部管理发挥着较为重要的作用，不设置股权转让限制条款的方式更好激励高管，共同发展业务，将公司进一步发展壮大；另一方面，公司此次股权激励后打算申报新三板股票挂牌，主要股东及各核心高管对新三板挂牌后的公司市值及未来发展预期较高，基于相互之间较好的信任基础和关系，核心高管没有在可预期的时间内对外转让股权的打算和预期。综合上述因素，可以看出主要股东在转让股权时未就服务期、退出价格等事项设置限制性条件等安排与公司所处阶段、后续资本运作及主要股东与4名高管之间较好的信任基础和关系相关，具有合理性。

4名核心高管中，除其中1名于2017年11月因个人原因离职，以经双方协商后的市场价格转让股权外，其余3名高管均未转让公司股权。该3名高管分别分管公司电力咨询设计业务、电力工程建设业务和地理信息技术服务业务，公司业务近年来发展迅速，核心团队稳定。因此，从核心团队后续的稳定性以及后续公司业务快速发展情况来看，此次股权激励安排基本达到了预期效果。

除4名核心高管外，公司其他被激励员工均被设置了服务期和退出价格的限制。员工取得公司股权价格相对较低，该类限制性安排一般系股权激励中的常规操作，具有合理性。

其他员工的退出价格的限制性条件系在授予时以口头方式确定，未签署正式协议；公司确定IPO申报计划及相关中介机构后，从规范的需要出发，为进一步明确相关规则，签署相关协议将退出价格等限制性条件予以明确，并参照财政部2021年5月发布的《股份支付准则应用案例——以首次公开募股成功为可行权条件》对“服务期”进行了界定，即公司股票上市前及相关持股平台限售期满。

类似案例参考：汇成股份（股票代码：688403. SH，2022年8月科创板上市），雷电微力（股票代码：301050. SZ，2021年8月创业板上市），华宝新能（股票代码：301327. SZ，2022年9月创业板上市）。

**案例21－4** 华海诚科（股票代码：688535. SH，2023年4月4日科创板上市）

**关注要点：**相关投资协议是否涉及一揽子交易以及股份支付。

**案例分析：**2021年，发行人启动本次股权融资后，基于对发行人行业地位和未来发展前景的认可，客户相关方希望入股发行人。发行人与客户未就其相关方入股发行人事宜签订除日常购销协议外的其他协议或约定，也未与客户相关投资方签订除增资协议外的任何其他协议或约定，不存在任何除增资协议及日常购销协议以外的任何现时或潜在交易的约定。上述投资行为与发行人业务合作无关，未涉及一揽子交易行为。

考虑到发行人所处行业发展前景、市场地位、技术实力、业绩预期及未来发展前景等因素，发行人经与各增资方及现有股东充分协商确定本次增资价格。本次增资系市场化融资行为，客户相关方入股发行人的价格与第三方财务投资人的价格一致，不存在明显低于公允价值的情况，不涉及股份支付。

**案例21－5** 中润光学（股票代码：688307. SH，2023年2月16日科创板上市）

**关注要点：**发行人员工持股平台包括嘉兴尚通、嘉兴润通、嘉兴瀛通。

审核问询要求说明离职员工股份支付转让情况及处理方式，转给创始股东无须做股份支付的依据。

**案例分析：**根据发行人（协议签订甲方）、创始股东（协议签订乙方）与受激励员工（协议签订丙方）签订的股权激励协议约定，“如丙方未经乙方同意在承诺服务期内从中润光学离职的,需将其获得的激励份额无条件全部转让给乙方或乙方指定的其他方,转让价格 = 员工原投资金额 ×(1 +6% ×t) – 员工在持股期间从持股平台取得的分红收益,其中 t = 员工实际缴纳出资日至回购执行日期间的天数 ÷365。由此产生的税费按照税法归属由双方各自承担”,报告期内,嘉兴尚通持股平台的激励对象离职时,其相应全部股权由创始股东按照股权激励协议约定的转让价格回收;嘉兴润通持股平台、嘉兴瀛通持股平台的激励对象离职时,其相应全部股权由实际控制人按照股权激励协议约定的转让价格回收。

离职员工将受激励股份转给创始股东,是股权激励协议中对离职条款的约定和安排,并非公司对创始股东的一项新的股权激励,不构成股份支付条件,且创始股东受让离职员工的受激励股份后,其直接及间接合计持有的股权比例较持股平台搭建之前仍是被稀释的,创始股东并未因员工持股平台的搭建而受益。因此,公司离职员工受激励股份转给创始股东未做股份支付的做法符合企业会计准则相关规定。

## 第22条　应收款项减值

### 一、规范要求

保荐机构及申报会计师应对发行人应收款项包括但不限于以下事项进行核查并发表明确意见:

(1)根据预期信用损失模型,发行人可依据包括客户类型、商业模式、付款方式、回款周期、历史逾期、违约风险、时间损失、账龄结构等因素形成的显著差异,对应收款项划分不同组合分别进行减值测试。

(2)发行人评估预期信用损失,应考虑所有合理且有依据的信息,包括前瞻性信息,并说明预期信用损失的确定方法和相关参数的确定依据。

(3)如果对某些单项或某些组合应收款项不计提坏账准备,发行人应充分说明并详细论证未计提的依据和原因,是否存在确凿证据,是否存在信用风险,账龄结构是否与收款周期一致,是否考虑前瞻性信息,不应仅以欠款方为关联方客户、优质客户、政府工程客户或历史上未发生实际损失等理由而不计提坏账准备。

(4)发行人重要客户以现金、银行转账以外方式回款的,应清晰披露回款方式。

(5)发行人应清晰说明应收账款账龄的起算时点,分析披露的账龄情况与实际是否相符;应收账款初始确认后又转为商业承兑汇票结算的或应收票据初始确认后又转为应收账款结算的,发行人应连续计算账龄并评估预期信用损失;应收账款保理业务,如为有追索权债权转让,发行人应根据原有账龄评估预期信用损失。

(6)发行人应参考同行业上市公司确定合理的应收账款坏账准备计提政策;计提比例与同行业上市公司存在显著差异的,应在招股说明书中披露具体原因。

## 二、相关解析

根据《企业会计准则第22号——金融工具确认和计量》的相关规定,以“预期信用损失模型”替代原金融工具准则中“已发生损失模型”,金融资产减值的方式发生了较大变化。“已发生损失模型”是指现行的已发生损失模型要求,只有当存在客观证据表明资产已经发生减值时,企业才需要进行减值测试并确认减值损失。“预期信用损失模型”则反映更多的前瞻性信息。

根据《监管规则适用指引——会计类第2号》第9条的规定,当企业采用简便方法以账龄为基础计量应收账款预期信用损失时,企业应充分考虑客户的类型、所处行业、信用风险评级、历史回款情况等信息,判断同一账龄组合中的客户是否具有共同的信用风险特征。若某一客户信用风险特征与组合中其他客户显著不同,或该客户信用风险特征发生显著变化,企业不应继续将应收该客户款项纳入原账龄组合计量预期信用损失。

## 三、典型案例

**案例22-1** 唯万密封(股票代码:301161.SZ,2022年9月14日创业板上市)

**关注要点:**报告期各期末,发行人账龄在1年以内的应收账款占比在96%以上,发行人按逾期天数法和账龄分析法计提坏账准备,2017年度和2018年度发行人1年以内应收账款坏账计提比例为3%。发行人应收账款坏账计提比例低于同行业可比公司。

审核问询要求分析并披露发行人1年以内应收账款坏账计提比例为3%是否合理,坏账准备计提比例低于同行业可比公司的原因及合理性;结合上述情况披露发行人报告期是否足额计提坏账准备及依据。

**案例分析:**2019年执行新金融工具准则后,发行人按照期末应收账款余额的逾期账龄用迁徙率模型计算预期信用损失率,并结合前瞻性调整确定坏账损失率。对于信用记录优质的客户应收账款按照3.33%的预期信用损失率计提坏账准备,对于其他客户逾期一年以内的应收账款按照6.08%和6.58%的预期信用损失率计提坏账准备。

公司将在各自行业内长期保持一定市场份额、偿债能力较强且信用记录良好的客户认定为信用记录优质客户。由于上述信用记录优质的客户均为行业内龙头企业,自身经营稳定、运营资本充足,信用级别较高,报告期内未实际发生坏账的情况,因此公司采用中证工业机械行业的隐含违约率3%作为计提比例,具有合理性。

综上,公司按照客户信用记录情况以及账龄和逾期天数两个维度设立信用风险组合计提应收账款坏账准备,并采用预期信用损失模型或账龄法计提应收账款坏账准备符合《企业会计准则》的规定,准确反映了公司应收账款的预期信用损失。报告期内,公司应收账款坏账准备计提比例与同行业可比公司不存在重大差异,公司坏账准备计提充分。

**案例 22 -2** 山外山(股票代码:688410. SH,2022 年 12 月 26 日科创板上市)

**关注要点:**发行人坏账准备计提比例低于可比公司,发行人账龄较长的客户均为国内公立医院,客户款项无法收回可能性较小。

第三轮审核问询要求结合客户类型、客户资质、历史逾期、违约风险等因素,分析是否需要对应收款项划分不同组合分别进行减值测试,预期信用损失的确定方法和相关参数的确定依据是否充分,坏账准备计提比例低于可比公司的原因及合理性。

**案例分析:**发行人的历史经验表明不同类型的客户群体发生预期信用损失的情况不存在显著差异;公司不同客户类型的应收账款性质均为销售货款,不存在应收政府款项组合、应收押金保证金组合;结合同行业可比公司情况,公司未将应收款项划分不同组合分别进行减值测试。

自 2019 年 1 月 1 日起,公司根据《企业会计准则第 22 号——金融工具确认和计量》的相关规定,对应收款项采用简化模型计提坏账准备,按照整个存续期预期信用损失的金额计量应收账款损失准备。对于存在客观证据表明存在减值,以及其他适用于单项评估的应收账款单独进行减值测试,确认预期信用损失,计提单项减值准备;对于不存在减值客观证据的应收账款或当单项金融资产无法以合理成本评估预期信用损失的信息时,公司依据信用风险特征将应收账款划分为组合,在组合基础上计算预期信用损失。公司参考历史信用损失情况,根据历史账龄迁徙率和最高账龄的预期损失率计算各账龄段的预期损失率,并根据前瞻性信息对预期损失率进行调整,预期信用损失率整体低于原坏账计提比例,基于谨慎性原则,公司仍按原计提比例估计预期信用损失率。

报告期内公司坏账准备计提比例和同行业可比公司相比存在差异,公司应收账款主要客户为各类医院客户及国药集团等个别大型医疗集团企业，公立医院占比较高，而同行业可比公司主要以经销为主，根据行业惯例对经销商的信用期较短、赊销额度较低，因此可比公司2年以上的应收账款坏账计提比例高。虽然2年以上应收账款的坏账计提比例与可比公司相比存在一定差异，但两者差异给公司财务报表带来的影响较小。

## 第23条　客户资源或客户关系及企业合并涉及无形资产的判断

### 一、规范要求

1. 客户资源或客户关系，只有源自合同性权利或其他法定权利且确保能在较长时期内获得稳定收益，才能确认为无形资产。发行人无法控制客户资源或客户关系带来的未来经济利益的，不应确认无形资产。发行人开拓市场过程中支付的营销费用，或仅购买相关客户资料，而客户并未与出售方签订独家或长期买卖合同，有关“客户资源”或“客户关系”支出通常应为发行人获取客户渠道的费用。

发行人已将客户资源或客户关系确认为无形资产的，应详细说明确认的依据，是否符合无形资产的确认条件。发行人应在资产负债表日判断是否存在可能发生减值的迹象，如考虑上述无形资产对应合同的实际履行情况与确认时设定的相关参数是否存在明显差异等。保荐机构及申报会计师应针对上述事项发表明确意见。

2. 非同一控制下企业合并中，购买方在初始确认购入的资产时，应充分识别被购买方拥有但财务报表未确认的无形资产，满足会计准则规定确认条件的，应确认为无形资产。

在企业合并确认无形资产的过程中，发行人应保持专业谨慎，充分论证是否存在确凿证据以及可计量、可确认的条件，评估师应按照公认可靠的评估方法确认其公允价值。保荐机构及申报会计师应保持应有的职业谨慎，详细核查发行人确认的无形资产是否符合会计准则规定的确认条件和计量要求，是否存在虚构无形资产情形，是否存在估值风险和减值风险。

### 二、相关解析

根据《企业会计准则第 6 号——无形资产》的规定，符合无形资产的可辨认性应源自合同性权利或其他法定权利，并且只有在与该无形资产有关的经济利益很可能流入企业，该无形资产的成本能够可靠地计量的情况下，才能确认无形资产；企业在判断无形资产产生的经济利益是否很可能流入时，应当对无形资产在预计使用寿命内可能存在的各种经济因素作出合理估计，并且应当有明确证据支持。

《监管规则适用指引——发行类第 5 号》明确了客户资源或客户关系及企业合并涉及无形资产的判断，需要注意的是如果企业能够控制“客户关系”，符合无形资产的定义，则可能涉及“关联方”交易或者报表合并范围的问题。

## 第 24 条 研发支出资本化

### 一、规范要求

#### （一）会计处理要求

研究阶段的支出，应于发生时计入当期损益；开发阶段的支出，在同时满足会计准则列明的条件时，才能按规定确认为无形资产。

初始确认和计量时，发行人应结合研发支出资本化相关内控制度的健全性和有效性，逐条具体分析进行资本化的开发支出是否同时满足会计准则规定的条件。后续计量时,相关无形资产的预计使用寿命和摊销方法应符合会计准则规定,按规定进行减值测试并足额计提减值准备。

### (二)核查要求

中介机构应从研究开发项目的立项与验收、研究阶段及开发阶段划分、资本化条件确定、费用归集及会计核算和相关信息披露等方面,关注发行人研究开发活动和财务报告流程相关内部控制是否健全有效并一贯执行,对发行人研发支出资本化相关会计处理的合规性、谨慎性和一贯性发表核查意见:

(1)研发支出成本费用归集范围是否恰当,研发支出是否真实、准确,是否与相关研发活动相关。

(2)研究阶段和开发阶段划分是否合理,是否与研发流程相联系,是否遵循正常研发活动的周期及行业惯例并一贯运用,是否完整、准确披露研究阶段与开发阶段划分依据。

(3)研发支出资本化条件是否均已满足,是否具有内外部证据支持。应重点从技术可行性,预期产生经济利益方式,技术、财务资源和其他资源支持等方面进行关注。

(4)是否为申请高新技术企业认定及企业所得税费用加计扣除等目的虚增研发支出。

(5)研发支出资本化的会计处理与同行业可比公司是否存在重大差异及差异的合理性。

### (三)信息披露

发行人应根据重要性原则,在招股说明书中披露:

(1)研发支出资本化相关会计政策,与资本化相关研发项目的研究内容、进度、成果、完成时间(或预计完成时间)、经济利益产生方式(或预计产生方式)、当期和累计资本化金额、主要支出构成,以及资本化的起始时点和确定依据等。

（2）与研发支出资本化相关的无形资产的预计使用寿命、摊销方法、减值等情况，并说明是否符合相关规定，研发支出资本化时点是否与同行业可比公司存在重大差异及合理性。发行人应结合研发项目推进和研究成果运用可能发生的内外部不利变化、与研发支出资本化相关的无形资产规模等因素，充分披露相关无形资产的减值风险及对公司未来业绩可能产生的不利影响。

## 二、相关解析

资本化支出是指可以计入资产并按照受益年限进行摊销的支出，影响企业未来年度的利润；费用化支出是指需计入当期损益的支出，影响企业本年度的利润。因此，研发支出资本化对企业利润有一定的影响，研发支出资本化也是企业发行上市审核的重点内容。

根据《企业会计准则第 6 号——无形资产》第 8 条和第 9 条的规定，企业内部研究开发项目研究阶段的支出，应当于发生时计入当期损益；开发阶段的支出，同时满足相关条件的，才能确认为无形资产。

### （一）完成该无形资产以使其能够使用或出售在技术上具有可行性

判断无形资产的开发在技术上是否具有可行性，应当以目前阶段的成果为基础，并提供相关证据和材料，证明企业进行开发所需的技术条件等已经具备，不存在技术上的障碍或其他不确定性。比如，企业已经完成了全部计划、设计和测试活动，这些活动是使资产能够达到设计规划书中的功能、特征和技术所必需的活动，或经过专家鉴定等。

### （二）具有完成该无形资产并使用或出售的意图

具有完成该无形资产并使用或出售的意图，是指企业能够说明其开发无形资产的目的。

(三)无形资产产生经济利益的方式

无形资产是否能够为企业带来经济利益,应当对运用该无形资产生产产品的市场情况进行可靠预计,以证明所生产的产品存在市场并能够带来经济利益,或能够证明市场上存在对该无形资产的需求。

(四)有足够的技术、财务资源和其他资源支持,以完成该无形资产的开发,并有能力使用或出售该无形资产

企业能够证明可以取得无形资产开发所需的技术、财务和其他资源,以及获得这些资源的相关计划。企业自有资金不足以提供支持的,应能够证明存在外部其他方面的资金支持,如银行等金融机构声明愿意为该无形资产的开发提供所需资金等。

(五)归属于该无形资产开发阶段的支出能够可靠地计量

企业对研究开发的支出应当单独核算,比如直接发生的研发人员工资、材料费,以及相关设备折旧费等。同时从事多项研究开发活动的,所发生的支出应当按照合理的标准在各项研究开发活动之间进行分配,无法合理分配的,应当计入当期损益。

## 三、典型案例

**案例 24-1** 龙芯中科(股票代码:688047.SH,2022 年 6 月 24 日科创板上市)

**关注要点:**公司研发支出资本化项目包括与逻辑模块、全定制模块、指令系统相关的研发项目;LoongArch 指令系统研发项目于 2019 年 5 月开始

研发,2020年4月开始资本化,预计2021年6月转为无形资产;研发支出资本化形成的专有技术在10年内以直线法进行摊销。

第二轮审核问询要求说明:与逻辑模块、全定制模块、指令系统相关的研发技术在发行人产品中的具体应用情况,研发项目开始资本化时点及转为无形资产时点与相关产品推出时点及实现收入时点之间的关系;以10年作为专有技术摊销年限的原因。

**案例分析**:发行人研发项目在符合企业会计准则的条件,实现既定的研发项目目标,满足各项研发技术指标后,即转为无形资产。后续发行人基于该资本化研发项目形成的研发成果和专有技术,完成芯片产品的开发、推出与销售,故发行人研发项目开发资本化时点及转为无形资产时点,一般早于相关产品推出时点及实现收入时点。

根据《企业会计准则第6号——无形资产》应用指南第4条第2项的规定,企业确定无形资产使用寿命通常应当考虑的因素:(1)运用该资产生产的产品通常的寿命周期、可获得的类似资产使用寿命的信息。(2)以该资产生产的产品或提供服务的市场需求情况。(3)技术、工艺等方面的现阶段情况及对未来发展趋势的估计。(4)现在或潜在的竞争者预期采取的行动。(5)为维持该资产带来经济利益能力的预期维护支出,以及企业预计支付有关支出的能力。(6)对该资产控制期限的相关法律规定或类似限制,如特许使用期、租赁期等。(7)与企业持有其他资产使用寿命的关联性等。

发行人根据《企业会计准则》的规定,基于对专有技术使用寿命的判断,预计其在未来至少10年内可以持续为公司产生和贡献经济效益,故选择将无形资产的成本扣除累计减值准备后按直线法在预计使用寿命期内摊销,摊销年限为10年。

**案例24-2** 海创药业(股票代码:688302.SH,2022年4月12日科创板上市)

**关注要点**:根据招股说明书披露,发行人研发费用主要由在研项目权益转让费、委托临床试验服务费、委托非临床试验检测费及人工费用等构成。

审核问询要求发行人在招股说明书中明确披露研究阶段和开发阶段的划分依据，公司关于研发支出资本化的具体执行标准。

**案例分析**：公司将内部研究开发项目的支出，区分为研究阶段支出和开发阶段支出。公司将项目可行性调查、前期研究开发及临床试验的支出作为研究阶段的支出，公司以取得药品注册证书作为研究阶段的终点，取得药品注册证书至研发项目达到上市销售状态发生的支出作为开发阶段的支出。

开发阶段的支出同时满足下列条件（资本化条件）的，予以资本化，不能满足下述条件的开发阶段的支出计入当期损益：

（1）完成该无形资产以使其能够使用或出售在技术上具有可行性。

（2）具有完成该无形资产并使用或出售的意图。

（3）无形资产产生经济利益的方式，包括能够证明运用该无形资产生产的产品存在市场或无形资产自身存在市场，无形资产将在内部使用的，能够证明其有用性。

（4）有足够的技术、财务资源和其他资源支持，以完成该无形资产的开发，并有能力使用或出售该无形资产。

（5）归属于该无形资产开发阶段的支出能够可靠地计量。

无法区分研究阶段支出和开发阶段支出的，公司将发生的研发支出全部计入当期损益。内部开发活动形成的无形资产的成本仅包括满足资本化条件的时点至无形资产达到预定用途前发生的支出总额，对于同一项无形资产在开发过程中达到资本化条件之前已经费用化计入损益的支出不再进行调整。

公司进入开发阶段的项目支出，且同时满足资本化条件的，先在“开发支出”科目分项目进行明细核算，在研发项目达到上市销售状态时转入“无形资产”科目进行核算。

**案例24-3** 海光信息(股票代码:688041.SH,2022年8月12日科创板上市)

**关注要点**:报告期内发行人存在研发项目资本化情形。

审核问询要求说明研发支出的核算流程、成本费用的归集范围,研发支出资本化及无形资产摊销的会计处理是否符合企业会计准则的规定。

**案例分析**:发行人研发支出核算流程包括:(1)项目立项;(2)资本化评审;(3)项目费用归集;(4)项目结项。公司研发成本的归集范围包括人员费用、固定资产折旧及无形资产摊销、外采服务及材料费、租赁费、其他等五项费用及股份支付费用。与项目相关的五项费用按照研发项目进行归集、核算,其中研究类项目和费用化开发类项目支出计入研发费用;资本化开发类项目支出计入开发支出,并于结项时转入无形资产,该无形资产摊销直接计入研发费用。

发行人将资本化项目的研发支出于发生时计入开发支出,项目验收结项时,从开发支出结转至无形资产。公司以资本化评审报告显示项目满足企业会计准则中关于资本化的五个条件,即项目通过资本化评审的时点作为研发支出资本化开始时点。公司研发支出资本化的会计处理符合企业会计准则的相关规定。

**案例24-4** 泰恩康(股票代码:301263.SZ,2022年3月29日创业板上市)

**关注要点**:报告期内发行人存在研发项目资本化情形。

审核问询要求保荐机构、申报会计师核查开发支出的成本费用归集范围是否恰当,开发支出的发生是否真实、是否与相关研发活动切实相关,相关数据及计算是否准确。

**案例分析**:为核查发行人对各项研发支出的归集、发生的真实性、与研发项目的相关性、数据来源及计算准确性情况,保荐机构、申报会计师履行了以下核查程序:(1)了解和评价公司与开发支出核算相关的研发项目管理制度、成本费用核算制度等相关内控制度的设计，测试相关的内部控制运行有效性。(2)访谈发行人财务部门负责人，了解发行人研发支出归集和核算方法，获取并检查研发支出明细账，及各项目研发支出的归集明细项目。询问研发支出于报告期各期的波动原因并分析其合理性，同时关注是否存在将研发不相关的支出计入研发投入的情况。询问相关研发人员，了解项目进展情况，评价是否与研发支出明细账中记录的进度相符。(3)了解研发费用中人员人工费用的归集内容，获取研发人员花名册，核对所属的部门及工作内容，获取研发人员工资表，对研发人员薪酬进行复核，对人数和人均薪酬的合理性进行分析，获取项目人员工时记录表，对研发人员薪酬的分配情况进行复核。(4)了解直接材料投入的归集内容，获取研发物料领用清单，将各期研发物料领用金额与公司研发费用中的材料投入进行核对；抽查研发物料领用单，核查领料单是否履行相应审批程序，领料单上注明领用研发材料对应的项目、金额是否与账面一致；对研发物料与研发项目的相关性进行分析复核。(5)了解折旧和摊销的归集内容，获取固定资产清单，查看资产是否为研发部门使用，对报告期各期的折旧进行重新计算，对固定资产进行抽盘，查看固定资产是否均在使用过程中。(6)了解其他费用的归集内容，检查与测试技术服务费相关的合同、发票、付款凭证等支持性文件，对大额供应商进行函证，核查服务费的真实性、准确性；在抽样的基础上，检查差旅费、水电费和其他归属研发费用项目的付款申请单、发票、付款凭证等支持性文件，核查费用的支付是否经过授权审批以及费用的真实性、准确性。

**案例24－5** 中红医疗(股票代码:300981.SZ,2021年4月27日创业板上市)

**关注要点**：审核问询回复显示，报告期内发行人对可形成销售产品的中试阶段研发投入确认为存货。

第二轮审核问询要求发行人补充披露：研发支出确认为存货是否符合《企业会计准则》及应用指南关于研发支出资本化和费用化的规定。

**案例分析**：发行人已在招股说明书“第八节 财务会计信息与管理层分析”中补充披露如下。

根据《企业会计准则》第8条和第9条规定，企业内部研究开发项目研究阶段的支出，应当于发生时计入当期损益；开发阶段的支出，同时满足下列条件的，才能确认为无形资产：(1)完成该无形资产以使其能够使用或出售在技术上具有可行性；(2)具有完成该无形资产并使用或出售的意图；(3)无形资产产生经济利益的方式，包括能够证明运用该无形资产生产的产品存在市场或无形资产自身存在市场，无形资产将在内部使用的，应当证明其有用性。

首先，发行人确认为存货的研发支出已进入中试阶段，不属于为获取并理解新的科学或技术知识而进行的独创性的有计划调查的研究阶段的支出，均系开发阶段的支出。其次，基于谨慎性原则，发行人均不进行资本化，在发生当期费用化，其中形成可销售存货的部分从研发支出—费用化支出转出，计入存货。最后，根据《企业会计准则第1号——存货》的规定，存货，是指企业在日常活动中持有以备出售的产成品或商品、处在生产过程中的在产品、在生产过程或提供劳务过程中耗用的材料和物料等研发活动形成的存货。研发活动与企业的经营目标密切相关，且难以人为有效分割，属于公司的日常活动，发行人中试过程生产出的产品，与其他正常生产的产品本质上一样，具有相同的目的，即用于销售产生收入，因此中试过程生产出的产品符合存货的定义。

综上，研发支出确认为存货符合《企业会计准则》及应用指南关于研发支出资本化和费用化的规定。

# 第25条　科研项目相关政府补助

## 一、规范要求

### (一)会计处理要求

发行人应结合科研项目获取政府经济资源的主要目的和科研成果所有权归属,判断上述从政府取得的经济资源适用的具体准则。

若发行人充分证明相关科研项目与日常活动相关,从政府取得的经济资源属于提供研发服务或者使用相关科研项目技术所生产商品的对价或者对价组成部分,原则上适用收入准则;若发行人充分证明从该科研项目获得的政府经济资源是无偿的,补助资金主要用途是形成发行人自有知识产权,原则上适用政府补助准则。

发行人应结合补助条件、形式、与公司日常活动的相关性等,说明相关会计处理是否符合会计准则规定。

### (二)非经常性损益列报要求

企业从政府无偿取得的货币性资产或非货币性资产应确认为政府补助。企业应根据《公开发行证券的公司信息披露解释性公告第1号——非经常性损益》判断政府补助是否应列入非经常性损益。通常情况下,政府补助文件中明确补助发放标准,企业可根据其经营活动的产量或者销量等确定可能持续收到的补助金额,属于定额或定量的政府补助,应列入经常性损益。企业因研究或专项课题等获得的政府补助,即使政府通过预算等方式明确各期补助发放金额,但与企业经营活动的产量或者销量等无关,则不属于定额或定量的政府补助,应列入非经常性损益。

### (三)核查要求

保荐机构及申报会计师应核查发行人上述事项,并对发行人政府补助相关会计处理和非经常性损益列报的合规性发表意见。

### (四)信息披露

发行人应根据重要性原则,披露所承担科研项目的名称、类别、实施周期、总预算及其中的财政预算金额、计入当期收益和经常性损益的政府补助金额等内容。

## 二、相关解析

《企业会计准则第16号——政府补助》第4条规定,“政府补助分为与资产相关的政府补助和与收益相关的政府补助。与资产相关的政府补助,是指企业取得的、用于购建或以其他方式形成长期资产的政府补助。与收益相关的政府补助,是指除与资产相关的政府补助之外的政府补助”。

政府文件规定将用于购建或以其他方式形成长期资产的政府补助划分为与资产相关的政府补助。政府文件不明确的,以取得该补助必须具备的基本条件为基础进行判断,以购建或其他方式形成长期资产为基本条件的补助作为与资产相关的政府补助。将除与资产相关的政府补助之外的政府补助划分为与收益相关的政府补助。对于同时包含与资产相关部分和与收益相关部分的政府补助,难以区分与资产相关或与收益相关的,整体归类为与收益相关的政府补助。

政府补助在同时满足下列条件时予以确认:(1)公司能够满足政府补助所附的条件。(2)公司能够收到政府补助。政府补助为货币性资产的,按照收到或应收的金额计量。政府补助为非货币性资产的,按照公允价值计量;公允价值不能可靠取得的,按照名义金额计量。

## 三、典型案例

**案例 25－1** 金宏气体（股票代码：688106.SH，2020 年 6 月 16 日科创板上市）

**关注要点**：审核问询要求说明报告期内是否获得科研项目相关政府补助，如存在，按照《上海证券交易所科创板股票发行上市审核问答》（2019 年 3 月）第 15 条的规定进行相应说明和披露。

**案例分析**：报告期内，发行人存在科研项目相关政府补助。按照《上海证券交易所科创板股票发行上市审核问答》（2019 年 3 月）第 15 条的规定进行相应说明和披露如下：公司自成立以来，始终专注于高纯度特种气体领域的自主研发和工艺优化，持续保持较高强度的研发投入，开发并掌握多项高纯度特种气体方面的核心技术。公司所承担的各项科研项目均与高纯度特种气体的研发及产业化相关，项目技术成果有助于推动国内高纯度特种气体的研发及产业化，助力国家微电子新材料产业发展，符合国家科技创新规划。

公司科研项目相关政府补助均计入当期非经常性损益，不存在计入当期经常性损益的情况，符合《上海证券交易所科创板股票发行上市审核问答》（2019 年 3 月）第 15 条的相关要求。

**案例 25－2** 诺诚健华（股票代码：688428.SH，2022 年 9 月 21 日科创板上市）

**关注要点**：报告期各期，发行人的其他收益主要由与日常活动相关的政府补助构成。

审核问询要求申报会计师核查并发表明确意见：（1）报告期内各项政府补助计入当期损益或递延收益的划分标准、依据和金额。（2）与资产相关的政府补助的原值、摊销方法、期限及其确定依据、摊销开始时点及其摊销的具体情况。(3)政府补助计入经常性或非经常性损益的情况。(4)结合递延收益的具体情况,说明政府补助支持对当年及以后年度财务报告的影响,是否对未来经营产生重大影响。

**案例分析:**申报会计师履行了如下核查程序:(1)了解发行人政府补助相关会计政策,评估其是否符合《企业会计准则》。(2)获取并抽样查看政府补助文件,检查补助金额、补助性质及补助对象等,抽样查看政府补助的收款凭证及银行流水记录等支持性文件,关注政府补助资金来源。(3)关注发行人是否满足政府补助所附的确认条件,评价管理层对政府补助的确认是否适当。(4)取得并查阅发行人编制的非经常性损益明细表,对比复核政府补助和计入非经常性损益中的政府补助情况,以及复核发行人科研项目相关政府补助在非经常性损益表中的列报是否符合《公开发行证券的公司信息披露解释性公告第1号——非经常性损益》的相关规定。

基于申报会计师所执行的核查程序,就对财务报告整体出具的审计意见,申报会计师认为:在报告期内的重大方面,发行人对政府补助的会计处理符合《企业会计准则》的相关规定;发行人相关政府补助在非经常性损益表中的列报符合《公开发行证券的公司信息披露解释性公告第1号——非经常性损益》的相关规定。发行人政府补助对当年及以后年度财务报告的影响的说明与申报会计师审计申报财务报表以及问询回复过程中审核的会计资料及了解的信息一致。

**案例25-3** 赛特新材(股票代码:688398.SH,2020年2月11日科创板上市)

**关注要点:**关于与科研项目相关的政府补助,要求保荐机构及申报会计师对发行人政府补助相关会计处理和非经常性损益列报的合规性发表意见。

**案例分析:**保荐机构、申报会计师履行了如下核查程序:(1)查阅政府补助的支持性文件、记账凭证及银行回单,核查报告期内发行人政府补助的金额及补助性质等。(2)复核发行人政府补助的会计政策,核查会计处理是否符合《企业会计准则》的相关要求。

经核查,保荐机构、申报会计师认为:发行人已补充披露与科研项目相关的政府补助,与政府补助相关的会计处理和非经常性损益的列报符合企业会计准则的规定。

**案例25-4** 天键股份(股票代码:301383.SZ,2023年6月9日创业板上市)

**关注要点**:发行人大额政府补助款包括"于都县财政局、商务局招商引资"相关补贴等。

审核问询要求说明报告期各期"于都县财政局、商务局招商引资"等大额政府补助项目的具体内容、金额变动原因,认定与收益相关的依据及充分性,相关政府补助是否与发行人经营等成果相关、发行人是否符合相关验收条件,结合前述内容说明发行人对政府补助的计量和记录是否准确。

**案例分析**:公司于2015年在于都成立,为于都工业园区贡献了税收,创造了就业岗位,服务了政府扶贫脱困战略。2017年公司与于都县人民政府秉着互惠互利、共同发展的原则,签署了《项目投资合同书》,给予公司一定优惠政策和奖补。

公司收到的上述政府补助均与日常经营活动相关,属于与收益相关的政府补助。除"于都财政局奖励专项用于公司支付证券公司等上市费用"属于事前补助外,其他均为已经达到条件的事后奖补。根据公司会计政策,与收益相关的政府补助,用于补偿以后期间的相关成本费用或损失的,确认为递延收益,在确认相关成本费用或损失的期间,计入当期损益;用于补偿已发生的相关成本费用或损失的,直接计入当期损益。

**案例25-5** 凯格精机(股票代码:301338.SZ,2022年8月16日创业板上市)

**关注要点**:关于政府补助,审核问询要求发行人补充披露将直接计入当期损益的政府补助确认为其他收益或营业外收入的标准，报告期内直接计入当期损益的政府补助是否均与企业日常经营活动有关，其确认与计量是否符合《企业会计准则》的规定。

**案例分析**：报告期内，发行人将直接计入当期损益的政府补助确认为其他收益或营业外收入的标准如下，公司将与日常活动相关的政府补助，按照经济业务实质，计入其他收益；与日常活动无关的政府补助，计入营业外收入。

针对上述事项，保荐机构、申报会计师履行了以下主要核查程序：(1)获取并复核发行人的政府补助明细表、各项政府补助项目相关政策文件、批准文件、收到政府补助的银行单据等，确认发行人所获得的相关政府补助是否满足相关政策文件规定的申请条件，确认补助资金是否已经拨入，资金来源是否与文件相符。(2)复核政府补助的性质、金额、入账时间，根据政府补助的性质判断其是属于与资产相关的政府补助还是与收益相关的政府补助，政府补助是否与发行人日常活动相关，检查发行人相关会计处理是否符合《企业会计准则第16号——政府补助》的规定。

经核查，保荐机构、申报会计师认为：发行人将直接计入当期损益的政府补助确认为其他收益或营业外收入的标准符合《企业会计准则》的规定；报告期内直接计入当期损益的政府补助均与发行人日常经营活动有关，其确认与计量符合《企业会计准则》的规定。

## 第26条 有关涉税事项

### 一、规范要求

1. 发行人依法取得的税收优惠，如高新技术企业、软件企业、文化企业及西部大开发等特定性质或区域性的税收优惠，符合《公开发行证券的公司信息披露解释性公告第1号——非经常性损益》规定的，可以计入经常性损益。

2. 中介机构应对照税收优惠的相关条件和履行程序的相关规定,对发行人税收优惠政策到期后是否能够继续享受优惠发表明确意见:

(1)如果很可能获得相关税收优惠批复,按优惠税率预提预缴经税务部门同意,可暂按优惠税率预提,并说明如果未来被追缴税款,是否有大股东承诺补偿;同时,发行人应在招股说明书中披露税收优惠不确定性风险。

(2)如果获得相关税收优惠批复的可能性较小,需按照谨慎性原则按正常税率预提,未来根据实际的税收优惠批复情况相应调整。

3. 发行人补缴税款,符合会计差错更正要求的,可追溯调整至相应期间;缴纳罚款、滞纳金等,原则上应计入缴纳当期。

## 二、相关解析

为扶持和鼓励高新技术企业发展,企业所得税法规定,国家需要重点扶持的高新技术企业,减按 15% 的税率征收企业所得税。企业经过专项认定并获取高新技术企业资质后,才可以享受上述税收优惠政策,高新技术企业认定的相关规定主要为《高新技术企业认定管理办法》(国科发火〔2016〕32 号)以及《高新技术企业认定管理工作指引》(国科发火〔2016〕195 号)。《高新技术企业认定管理办法》对认定条件与程序进行了明确,其中认定条件分别对企业成立年限、知识产权、主要产品(服务)、企业科技人员占比、企业研究开发费用占比、高新技术产品(服务)收入占比、企业创新能力评价、违法情况等方面进行了规定。

根据国务院《关于印发新时期促进集成电路产业和软件产业高质量发展若干政策的通知》(国发〔2020〕8 号)第 1 条第 3 项的规定,国家鼓励的重点集成电路设计企业和软件企业,自获利年度起,第一年至第五年免征企业所得税,接续年度减按 10% 的税率征收企业所得税。

根据财政部、海关总署、国家税务总局《关于深入实施西部大开发战略有关税收政策问题的通知》(财税〔2011〕58 号)第 2 条的规定,自 2011 年 1

月1日至2020年12月31日，对设在西部地区的鼓励类产业企业减按15%的税率征收企业所得税。其中鼓励类产业企业是指以《西部地区鼓励类产业目录》中规定的产业项目为主营业务，且其主营业务收入占企业收入总额70%以上的企业。根据财政部、国家税务总局、国家发展改革委《关于延续西部大开发企业所得税政策的公告》（财政部、国家税务总局、国家发展改革委公告2020年第23号）第1条的规定，自2021年1月1日至2030年12月31日，对设在西部地区的鼓励类产业企业减按15%的税率征收企业所得税。该条所称鼓励类产业企业是指以《西部地区鼓励类产业目录》中规定的产业项目为主营业务，且其主营业务收入占企业收入总额60%以上的企业。

### 三、典型案例

**案例26－1** 天岳先进（股票代码：688234.SH，2022年1月12日科创板上市）

**关注要点：**报告期内，公司享受高新技术企业所得税优惠等政策。

审核问询要求保荐机构、发行人律师按照《高新技术企业认定管理办法》《高新技术企业认定管理工作指引》规定的条件逐条核查发行人是否符合高新技术企业认定条件，通过高新技术企业复审是否存在障碍。

**案例分析：**保荐机构、发行人律师根据发行人的员工名册、高新技术企业复审的申请材料、2020年度财务报表、专利权及计算机软件著作权证书、出具的书面说明等材料，并经比对现行有效的《高新技术企业认定管理办法》《高新技术企业认定管理工作指引》中关于高新技术企业认定条件的相关规定，截至问询回复出具之日，发行人符合高新技术企业认定的各项条件，发行人已提交高新技术企业复审申请。

综上，发行人已满足高新技术企业认定的相关条件；在发行人继续保持满足各项高新技术企业认定条件，且关于高新技术企业认定条款的相关规定,在不发生重大变更的情况下,其通过高新技术企业复审预计不存在实质性障碍。

**案例 26-2** 华大智造(股票代码:688114.SH,2022 年 9 月 9 日科创板上市)

**关注要点:**报告期内,公司及部分子公司享受的税收优惠政策包括高新技术企业所得税优惠政策、软件和集成电路企业所得税优惠政策及软件产品增值税即征即退优惠政策。

审核问询要求说明公司软件产品增值税即征即退与相关软件产品销售收入的匹配性,若为嵌入式产品,相关产品的销售、定价是否符合财政部、国家税务总局《关于软件产品增值税政策的通知》(财税〔2011〕100 号)的规定。

**案例分析:**报告期内,公司收到的软件产品增值税即征即退金额均是与软件产品销售相关的退税,该收入均来源于子公司深圳软件的软件销售收入。深圳软件于 2018 年经国家税务总局深圳市盐田区税务局办理软件产品增值税即征即退资格备案,自 2018 年 1 月 1 日起享受软件产品增值税即征即退优惠,按 17%、16% 或 13% 的税率对其软件销售收入缴纳增值税,之后再按其增值税实际税负超过 3% 的部分申请即征即退。同时,享受增值税即征即退政策的软件产品均已经取得国家版权局颁发的计算机软件著作权登记证书,符合增值税即征即退的政策要求。

报告期内,发行人的全资子公司深圳软件自行开发并生产可应用于母公司华大智造及子公司武汉智造所生产仪器设备的软件产品,而后将软件产品销售给华大智造及武汉智造,并就该销售收入申请增值税即征即退优惠,上述软件产品均系纯软件产品,不存在嵌入式软件。

综上,报告期内软件产品增值税即征即退金额与软件销售收入具有匹配性,享受增值税即征即退优惠的产品不属于嵌入式产品,符合财税 100 号文的有关规定。

**案例26－3** 易点天下(股票代码:301171.SZ,2022年8月19日创业板上市)

**关注要点:**发行人报告期内享受的税收优惠。

**案例分析:**根据发行人的说明并经律师核查,发行人、西安点告及西安广知主营业务属于《西部地区鼓励类产业目录》中规定的产业项目,可以根据财政部、海关总署、国家税务总局《关于深入实施西部大开发战略有关税收政策问题的通知》(财税〔2011〕58号)及财政部、国家税务总局、国家发展改革委《关于延续西部大开发企业所得税政策的公告》(财政部、国家税务总局、国家发展改革委公告2020年第23号)享受相关税收优惠。

西安点告于2017年取得高新技术企业证书,有效期为3年,于2020年12月1日通过高新技术企业复审,有效期3年,据此,西安点告2018年度、2019年度及2020年度企业所得税税率减按15%税率征收。

星合之星于2019年10月15日取得高新技术企业证书,有效期为3年。星合之星2019年度及2020年度企业所得税税率减按15%税率征收。

根据财政部、国家税务总局《关于全面推开营业税改征增值税试点的通知》(财税〔2016〕36号,部分失效)的相关规定,向境外单位提供的完全在境外消费的研发服务适用增值税零税率。西安点告向境外公司提供的信息技术外包服务适用增值税零税率。

2018年6月15日国家税务总局印发的《关于修改部分税收规范性文件的公告》(国家税务总局公告2018年第31号),明确境内单位向境外单位提供技术咨询服务、信息技术服务的跨境服务,免征增值税。发行人、西安广知及星合之星获得相关政府部门的审核批准,并于2018年度、2019年度及2020年度适用上述跨境免征增值税的优惠政策。

**案例26－4** 南模生物(股票代码:688265.SH,2021年12月28日科创板上市)

**关注要点:**根据招股说明书披露,发行人销售动物模型业务符合农业生产者销售的自产农产品免征增值税事项。

审核问询要求说明发行人销售动物模型业务符合免征增值税事项的具体依据，相关法律法规条文的具体规定情况。

**案例分析：**根据《增值税暂行条例》《增值税暂行条例实施细则》《农业产品征税范围注释》等规定，农业生产者销售的自产农产品免征增值税。发行人从事基因修饰动物模型产品的研发构建业务。相关业务开展过程中涉及模式大小鼠等实验动物的人工饲养及繁殖过程，主要产品以基因修饰模式大小鼠等实验动物为载体交付，与农业生产者自产农产品存在共通之处。

当地税务主管部门向发行人出具税收事项通知书，同意发行人销售动物模型产品符合自产农产品免征增值税的要求。

**案例 26－5** 茂莱光学（股票代码：688502. SH，2023 年 3 月 9 日科创板上市）

**关注要点：**根据申报文件，发行人自 2001 年其开始获利年度起享受了“两免三减半”的税收优惠政策。

第三轮审核问询要求发行人说明：通过代持设立外商投资企业并享受税收优惠是否存在被行政处罚或税收优惠被追缴的风险，是否构成重大违法违规行为，是否构成本次发行上市法律障碍，发行人是否取得主管部门的确认。

**案例分析：**鉴于茂莱有限自 1999 年 8 月设立时至 2011 年 12 月变更为内资企业期间始终登记为外商投资企业并通过了外资企业的联合年检，南京市商务局和南京江宁经济技术开发区管理委员会亦在知悉星海公司代持相关事项的前提下确认了星海公司代持事宜不会影响发行人在前述期间的外商投资企业身份。此外，发行人历史上所享受的外商投资企业税收优惠金额较小，且国家税务总局南京江宁经济技术开发区税务局已出具证明及确认函，知悉相关代持情况并确认发行人作为外商投资企业期间享受的企业所得税优惠政策符合相关法律法规的要求，因此发行人通过代持设立外商投资企业并享受税收优惠不属于重大违法违规行为。

发行人控股股东、实际控制人已出具承诺,如果未来主管税务机关要求发行人补缴税收优惠期间已免征、减征的企业所得税税款及滞纳金的,其承诺承担因此给发行人造成的损失。

综上,上述股权代持情形虽然存在导致发行人被主管税务机关要求补缴税款的风险,但鉴于有权商务部门及税务机关已知悉茂莱有限历史代持情况并确认茂莱有限在当时符合外商投资企业的认定,取得的相关外商投资企业税收优惠符合法律法规的要求。因此,发行人被要求补缴税款的可能性较小,且不属于重大违法违规行为,不会构成本次发行上市的法律障碍。

**案例26-6** 线上线下(股票代码:300959.SZ,2021年3月22日创业板上市)

**关注要点:**根据招股说明书披露,发行人多项税收优惠政策依据《关于新疆喀什、霍尔果斯两个特殊经济开发区企业所得税优惠政策的通知》(财税〔2011〕112号)、《关于进一步扩大小型微利企业所得税优惠政策范围的通知》(财税〔2018〕77号,已失效)、《关于提高研究开发费用税前加计扣除比例的通知》(财税〔2018〕99号)等即将到期。

审核问询要求发行人补充披露上述优惠政策如到期后被取消,对发行人经营业绩的影响以及发行人的应对措施,并补充揭示风险。保荐机构、申报会计师核查并发表明确意见。

**案例分析:**保荐机构和申报会计师履行了以下核查程序:(1)获取公司税收优惠相关文件,检查公司是否符合相关税收优惠政策的条件,关注相关税收优惠政策的期限。(2)复核公司税收优惠金额的计算过程,核实相应税收优惠的准确性。(3)计算税收优惠占各期净利润的比重,评价公司税收优惠对公司经营情况的影响。(4)访谈公司相关人员并了解公司对税收优惠政策到期后如被取消采取的具体应对措施。

经核查,保荐机构、申报会计师认为:公司的经营业绩对税收优惠不构成严重依赖;公司税收优惠政策如到期后被取消,对公司的经营业绩的影响不构成重大不利影响;公司已针对上述税收优惠到期后被取消制定了相应的应对措施;公司已在招股说明书中对税收优惠不确定性风险进行了揭示。

## 第27条　持续经营能力

### 一、规范要求

发行人存在以下情形的,保荐机构及申报会计师应重点关注是否影响发行人持续经营能力:

(1)发行人因宏观环境因素影响存在重大不利变化风险,如法律法规、汇率税收、国际贸易条件、不可抗力事件等。

(2)发行人因行业因素影响存在重大不利变化风险,如:

①发行人所处行业被列为行业监管政策中的限制类、淘汰类范围,或行业监管政策发生重大变化,导致发行人不满足监管要求;

②发行人所处行业出现周期性衰退、产能过剩、市场容量骤减、增长停滞等情况;

③发行人所处行业准入门槛低、竞争激烈,导致市场占有率下滑;

④发行人所处行业上下游供求关系发生重大变化,导致原材料采购价格或产品售价出现重大不利变化。

(3)发行人因自身因素影响存在重大不利变化风险,如:

①发行人重要客户或供应商发生重大不利变化,进而对发行人业务稳定性和持续性产生重大不利影响;

②发行人由于工艺过时、产品落后、技术更迭、研发失败等原因导致市场占有率持续下降,主要资产价值大幅下跌、主要业务大幅萎缩;

③发行人多项业务数据和财务指标呈现恶化趋势，由盈利转为重大亏损，且短期内没有好转迹象；

④发行人营运资金不能覆盖持续经营期间，或营运资金不能够满足日常经营、偿还借款等需要；

⑤对发行人业务经营或收入实现有重大影响的商标、专利、专有技术以及特许经营权等重要资产或技术存在重大纠纷或诉讼，已经或者将对发行人财务状况或经营成果产生重大不利影响。

（4）其他明显影响发行人持续经营能力的情形。

保荐机构及申报会计师应详细分析和评估上述因素的具体情形、影响程度和预期结果，综合判断上述因素是否对发行人持续经营能力构成重大不利影响，审慎发表明确意见，并督促发行人充分披露可能影响持续经营的风险因素。

## 二、相关解析

持续经营能力是指公司基于报告期内的生产经营状况，在可预见的将来，有能力按照既定目标持续性地开展经营。

2023 年 2 月 17 日实施发布的《首次公开发行股票注册管理办法》与 2020 年 3 月 1 日正式生效的《证券法》的修订保持一致，将“持续盈利能力”改为“持续经营能力”。延续科创板和创业板改革的相关规定，引入多套上市标准，“持续盈利”不再是上市的硬性要求。

与“持续盈利能力”相比，“持续经营能力”的表述更为中性，发行审核不再单纯以企业盈利状况为硬指标。但对于发行人是否“具有持续经营能力”，需结合证监会、交易所的具体规则进行界定和理解。

## 三、典型案例

**案例 27－1** 祥明智能(股票代码:301226.SZ,2022 年 3 月 25 日创业板上市)

**关注要点:**申报材料显示,技术要求越高的细分领域,其集中度也越高,竞争强度低,典型的如信息设备微特电机领域。

第二轮审核问询要求结合微特电机行业的发展趋势、竞争格局、技术方向,下游市场的发展现状、下游行业对微特电机自产和外采的主流情况,客观分析并披露微特电机行业的市场空间及其依据,发行人各类微特电机与国内外竞争对手相比,在技术水平、技术迭代速度、产品质量、业务规模、人才储备等方面的优劣势,以及在应用领域、销售区域等方面的差异等,进一步分析并披露发行人的核心竞争力、市场份额及市场地位,发行人未来持续获取订单、保持市场份额及持续经营能力方面是否存在重大不确定性风险,发行人的具体应对措施及其有效性,有针对性地对相关风险进行充分披露。

**案例分析:**发行人就上述问题在招股说明书中进行了补充披露。保荐机构履行了如下核查程序:(1)查询发行人主要客户的工商信息并取得其出具的说明。(2)访谈发行人高管,了解发行人的产品类型、生产模式及发行人市场开拓方式。(3)取得发行人订单明细,核查发行人在手订单情况;查阅发行人与主要客户的历史交易记录,了解发行人与主要客户之间的合作关系。(4)取得发行人销售明细,了解发行人的客户情况和产品种类。(5)访谈发行人核心技术人员,查阅行业研究报告等行业相关资料,了解微特电机行业上下游情况、市场竞争情况及未来发展趋势。(6)查阅国内外竞争对手公开披露的年度(半年度)报告、官网等信息,分析行业竞争形势、发行人与竞争对手在技术水平、技术迭代速度、产品质量、业务规模、人才储备等方面的优劣势,以及在应用领域、销售区域等方面的差异。

经核查，保荐机构认为：发行人未来持续获取订单、保持市场份额及持续经营能力方面不存在重大不确定性风险，相关风险披露充分。

**案例27－2** 德林海（股票代码：688069.SH，2020年7月22日科创板上市）

**关注要点：**根据发行人及保荐机构对问询问题的回复，以建设藻水分离站为主的“打捞上岸、藻水分离”技术路线短时间内出现难以有效解决的难题，导致发行人蓝藻治理技术装备系统集成收入出现明显下滑。一是岸上藻水分离站实施藻水分离后的藻泥处置暂时遇到瓶颈，藻泥填埋压力大，难以继续大规模提升处置能力，影响了老站扩建以及新站建设；二是环太湖沿岸土地稀缺、用地审批周期较长，新站建设规划、审批滞缓。

第三轮审核问询要求保荐机构、发行人律师和申报会计师对发行人的持续经营能力发表明确意见。

**案例分析：**保荐机构、发行人律师及申报会计师对审核问询关注的事项进行逐条核查后认为，上述事项不属于明显影响或导致发行人丧失持续经营能力的情形，发行人未来太湖流域运行维护业务有望继续稳定发展，不存在运行维护收入明显下滑的风险。

**案例27－3** 晶华微（股票代码：688130.SH，2022年7月29日科创板上市）

**关注要点：**申报材料显示：（1）公司主要产品包括医疗健康SoC芯片、工业控制及仪表芯片、智能感知SoC芯片，公司早期主要产品为工业控制及仪表芯片。（2）公司核心技术主要为基于高精度ADC的数模混合SoC技术以及低功耗、低误码率的工控仪表芯片技术。

审核问询要求结合主要产品技术迭代周期对发行人未来持续经营能力的影响，有针对性地量化披露重大事项提示和风险揭示。

**案例分析：**发行人产品主要系模拟类芯片，由于模拟类技术原理和系统框架相对稳定,核心技术迭代周期相对较长,与数字芯片相比,公司产品生命周期长,往往一颗芯片推出后可以在市场上活跃5~10年时间,距今时间较近的产品一般为前代产品的升级版,其技术指标更加优化。有关产品技术迭代周期对发行人未来持续经营能力的影响,发行人已在招股说明书中有针对性地量化披露了相关重大事项提示和风险揭示。

**案例27-4** 上海谊众(股票代码:688091.SH,2021年9月9日科创板上市)

**关注要点:**2021年7月2日,药品审评中心发布《以临床价值为导向的抗肿瘤药物临床研发指导原则(征求意见稿)》(以下简称《指导原则》),对抗肿瘤药物的临床研发提出建议。

注册环节反馈意见要求补充说明《指导原则》等最新政策对发行人研发、注册阶段产品的具体影响,发行人持续经营能力是否存在重大不确定性。

**案例分析:**保荐机构履行了如下核查程序:(1)查阅《指导原则》,了解《指导原则》出台背景、主要内容。(2)查阅发行人紫杉醇胶束临床试验方案、临床试验批件、临床试验报告、新药注册申请材料等;查阅普通紫杉醇、紫杉醇酯质体、白蛋白紫杉醇等说明书;查阅公开论文、文献等,了解普通紫杉醇、紫杉醇酯质体、白蛋白紫杉醇等临床数据;比较分析紫杉醇胶束的临床优势。(3)访谈发行人实际控制人、紫杉醇胶束Ⅲ期临床研究部分研究者,了解紫杉醇各剂型产品的安全性、疗效特点。(4)查阅发行人紫杉醇胶束的沟通会纪要,访谈发行人实际控制人,了解发行人紫杉醇胶束的审评审批情况;查询国家药监局审评中心网站,了解发行人紫杉醇胶束的注册审评审批进展。(5)查询公开信息,了解医药行业、专业机构对《指导原则》的解读以及对药物研发的影响。

经核查,保荐机构认为:《指导原则》进一步明确了抗肿瘤药物的创新以临床价值为导向,更加肯定和支持具有明确临床价值的药物创新,发行人已经完成的紫杉醇胶束临床试验显现明确的临床价值,在研产品多西他赛胶束临床前研发已初步达到研发目标,《指导原则》对发行人的研发、注册具有积极影响,发行人持续经营能力不存在重大不确定性。

**案例27-5** 招标股份(股票代码:301136.SZ,2022年1月11日创业板上市)

**关注要点**:审核问询回复显示,近年来国家的政策导向放开了原先由政府指导价管理的工程勘察设计服务收费,未来建筑设计收费水平的变动会更加明显。

第二轮审核问询要求补充披露政府放开工程勘察设计服务收费涉及发行人的主要业务类别;测算各报告期工程勘察设计服务费占发行人营业收入、营业利润的金额及占比情况,放开工程勘察设计服务收费是否对持续经营能力存在重大不利影响。

**案例分析**:发行人已在招股说明书中补充披露政府放开工程勘察设计服务收费涉及发行人的主要业务类别及其占发行人营业收入、营业利润的金额比例情况,对持续经营能力的影响。

经核查,保荐机构、发行人律师认为:发行人勘察设计业务收入、营业利润占发行人整体营业收入和利润的规模较小,国家放开勘察设计收费开始较早,发行人较早受该政策的影响。报告期内,发行人的勘察设计业务呈现上升趋势,放开收费政策未对发行人持续经营能力造成重大不利影响。

**案例27-6** 智洋创新(股票代码:688191.SH,2021年4月8日科创板上市)

**关注要点**:招股说明书披露,报告期发行人前五大客户主要是国家电网所属区域公司。

审核问询要求保荐机构对发行人客户集中是否对持续经营能力构成重

大不利影响发表明确意见。

**案例分析**:保荐机构履行了以下核查程序:(1)查阅同行业可比公司披露的公开信息,了解客户集中度较高是否符合行业经营特点。(2)访谈发行人管理层,查阅了国家电网2019年度社会责任报告和南方电网2019年度企业社会责任报告,了解我国电网建设的格局、发行人与电网公司及其下属企业的业务合作情况。(3)复核了发行人的收入成本表并访谈发行人的主要客户,了解发行人的主要订单获取方式、发行人与主要客户是否存在关联关系。

经核查,保荐机构认为发行人客户集中度较高不会对持续经营能力构成重大不利影响。

**案例27-7** 利元亨(股票代码:688499.SH,2021年7月1日科创板上市)

**关注要点**:报告期内发行人对其第一大客户新能源科技销售收入占营业收入比重较高。

审核问询要求保荐机构核查说明:(1)客户集中是否具有行业普遍性。(2)客户本身是否存在重大不确定性风险。(3)发行人是否已与其重要客户建立长期稳定的合作关系。(4)发行人在客户稳定性与业务持续性方面是否存在重大风险,并就客户集中是否对持续经营能力构成重大不利影响发表明确意见。

**案例分析**:保荐机构履行了以下核查程序:(1)查询行业研究报告以及同行业公司的公开披露资料,核查客户集中是否具有行业普遍性。(2)查阅锂电行业研究报告、访谈新能源科技、访谈行业专家等,核查客户是否存在重大不确定性风险。(3)访谈发行人及新能源科技相关人员、了解发行人与新能源科技历史合作情况、检查与双方合作相关的框架协议、订单、验收报告等,获取发行人与其他主要客户业务合作的相关文件,核查发行人是否已与其重要客户新能源科技建立长期稳定的合作关系,判断发行人在客户稳定性与业务持续性方面是否存在重大风险。

经核查,保荐机构认为:客户集中度较高具有行业普遍性特征;新能源科技不存在重大不确定性风险;发行人已与新能源科技建立长期稳定的合作关系;发行人在客户稳定性与业务持续性方面不存在重大风险,客户集中对发行人持续经营能力不构成重大不利影响。

## 第28条 财务内控不规范情形

### 一、规范要求

#### (一)适用情形

发行人申请上市成为公众公司,需要建立、完善并严格实施相关财务内部控制制度,保护中小投资者合法权益,在财务内控方面存在不规范情形的,应通过中介机构上市辅导完成整改(如收回资金、结束不当行为等措施)和建立健全相关内控制度,从内控制度上禁止相关不规范情形的持续发生。

部分发行人在提交申报材料的审计截止日前存在财务内控不规范情形,如(1)无真实业务支持情况下,通过供应商等取得银行贷款或为客户提供银行贷款资金走账通道(以下简称“转贷”行为);(2)向关联方或供应商开具无真实交易背景的商业票据,通过票据贴现获取银行融资;(3)与关联方或第三方直接进行资金拆借;(4)频繁通过关联方或第三方收付款项,金额较大且缺乏商业合理性;(5)利用个人账户对外收付款项;(6)出借公司账户为他人收付款项;(7)违反内部资金管理规定对外支付大额款项、大额现金收支、挪用资金;(8)被关联方以借款、代偿债务、代垫款项或者其他方式占用资金;(9)存在账外账;(10)在销售、采购、研发、存货管理等重要业务循环中存在内控重大缺陷。发行人存在上述情形的,中介机构应考虑是否影响财务内控健全有效。

发行人确有特殊客观原因,认为不属于财务内控不规范情形的,需提供充分合理性证据,如外销业务因外汇管制等原因确有必要通过关联方或第三方代收货款,且不存在审计范围受到限制的情形;连续12个月内银行贷款受托支付累计金额与相关采购或销售(同一交易对手或同一业务)累计金额基本一致或匹配等;与参股公司(非受实际控制人控制)的其他股东同比例提供资金。

首次申报审计截止日后,发行人原则上不能存在上述内控不规范和不能有效执行的情形。

### (二)核查要求

1. 中介机构应根据有关情形发生的原因及性质、时间及频率、金额及比例等因素,综合判断是否对内控制度有效性构成重大不利影响。

2. 中介机构应对发行人有关行为违反法律法规、规章制度情况进行认定,判断是否属于舞弊行为,是否构成重大违法违规,是否存在被处罚情形或风险,是否满足相关发行条件。

3. 中介机构应对发行人有关行为进行完整核查,验证相关资金来源或去向,充分关注相关会计核算是否真实、准确,与相关方资金往来的实际流向和使用情况,判断是否通过体外资金循环粉饰业绩或虚构业绩。

4. 中介机构应关注发行人是否已通过收回资金、纠正不当行为、改进制度、加强内控等方式积极整改,是否已针对性建立内控制度并有效执行,且未发生新的不合规行为;有关行为是否存在后续影响,是否存在重大风险隐患。发行人已完成整改的,中介机构应结合对此前不规范情形的轻重或影响程度的判断,全面核查、测试,说明测试样本量是否足够支撑其意见,并确认发行人整改后的内控制度是否已合理、正常运行并持续有效,不存在影响发行条件的情形。

5. 中介机构应关注发行人的财务内控是否持续符合规范要求,能够合理保证公司运行效率、合法合规和财务报告的可靠性,不影响发行条件及信息披露质量。

### (三)信息披露

发行人应根据重要性原则,充分披露报告期内的财务内控不规范行为,如相关交易形成原因、资金流向和用途、违反有关法律法规具体情况及后果、后续可能影响的承担机制,并结合财务内控重大缺陷的认定标准披露有关行为是否构成重大缺陷、整改措施、相关内控建立及运行情况等。

审计截止日为经审计的最近一期资产负债表日。

## 二、相关解析

财务内控即财务内部控制,是与财务和资金活动相关的内部控制活动,全面注册制下企业上市的财务门槛有所降低,但财务内控要求却在加强。拟上市公司对照《监管规则适用指引——发行类第5号》相关规定,如存在财务内控不规范的情形,需要及时进行整改,同时关注以下方面:(1)公司相关行为是否违反《票据法》《外汇管理条例》《贷款通则》《支付结算办法》等法律法规和规章的规定,是否属于主观故意或恶意行为并构成重大违法违规,是否存在被处罚情形或风险。(2)公司财务核算是否真实、准确,相关交易的形成原因,与相关方资金往来的实际流向和使用情况,是否存在体外资金循环的情形。(3)针对财务内控不规范行为的整改措施,相关内控建立及运行情况等。

## 三、典型案例

**案例28-1** 华大智造(股票代码:688114.SH,2022年9月9日科创板上市)

**关注要点:**发行人从成立至今主要经历了红筹架构搭建、红筹架构拆除及整体变更为股份有限公司等历史沿革。在成立之初至红筹架构拆除前，公司处于成长期，财务内控制度尚未完善，在逐步搭建过程中，相关财务内控制度相对简单。

发行注册环节反馈意见要求说明发行人的财务内控制度是否直接采用实际控制人的相关制度，偶发性关联交易等财务不规范情形在首次申报审计截止日后是否仍有发生。

**案例分析：**在红筹架构拆除后，随着业务的发展，财务团队亦随之壮大，公司的财务内控逐步得到完善。公司根据所处行业、经营方式并结合公司自身的业务特点，逐步制定了如《生产成本管理制度》《固定资产管理制度》《应收账款管理制度》《全面预算管理制度》《财务负责人管理办法》《关联交易管理制度》《财务报告管理制度》等财务内控制度，并确保在报告期内有效执行。公司在实际工作中持续对财务内控进行补充、修改，使公司的内部控制制度不断趋于完善，并在实际工作中严格遵守。公司在控制环境、风险识别与评估、控制活动、信息与沟通和监督等要素方面保证了公司内部控制制度设计的健全性和合理性。公司已按照《企业内部控制基本规范》（财会〔2008〕7 号）建立了健全必要的内部控制系统并保持了执行的有效性。

报告期内，公司保持独立性，确保公司在各方面与实际控制人不存在混同，公司建立了一套独立于实际控制人的财务内控制度，不存在财务内控制度直接采用实际控制人相关制度的情况。公司在资产、人员、财务、机构及业务方面均独立于实际控制人及关联方。

报告期内，发行人存在通过个人卡向部分员工发放薪酬、开具无真实交易背景的融资性票据，以及与关联方之间的资金拆借、关联担保和关联方代垫款等情况。发行人已进行了全面整改，在首次申报审计截止日后没有发生财务不规范的情形。同时，建立了如《华大智造薪酬管理制度》《公司承兑汇票管理制度》《关联交易管理制度》等内控制度，公司、实际控制人出具承诺函等，以杜绝类似事件的再次发生。

**案例28-2** 禾迈股份(股票代码:688032.SH,2021年12月20日科创板上市)

**关注要点:**根据申报材料,发行人报告期存在使用个人卡结算企业相关资金的情形。

审核问询要求发行人在“公司治理与独立性”部分披露报告期内上述个人卡使用及其整改情况。

**案例分析:**公司报告期内通过个人卡结算情形已经清理并整改完成,具体如下:(1)报告期内公司个人卡支出金额逐年下降,截至2020年4月公司已经不存在通过个人卡结算的情形。(2)通过个人卡结算的相关收入、成本、费用等已经按照会计核算要求在财务报表中完整反映。(3)报告期内采用个人卡结算所导致的增值税,企业所得税,未及时代扣代缴的董事、监事、高级管理人员个人所得税均已经缴纳完毕。(4)为了进一步规范公司资金的使用,公司制定了《财务管理制度》等相关内控制度,同时,公司也对管理层、相关财务人员进行培训,后续坚决杜绝使用个人卡进行结算的情形。(5)截至招股说明书出具之日,公司已经按照《企业内部控制基本规范》、《公司法》、《证券法》、《上市公司治理准则》和证券监管部门的相关规定,结合自身实际情况和管理需要,建立了比较完整的内部控制制度体系,不断完善法人治理结构,努力建立健全有效的内部控制制度,不断规范公司运行。会计师已就公司内控情况出具了内部控制的鉴证报告,确认公司按照《企业内部控制基本规范》及相关规定于2020年12月31日在所有重大方面保持了有效的内部控制。

**案例28-3** 三孚新科(股票代码:688359.SH,2021年5月21日科创板上市)

**关注要点:**招股说明书披露,发行人报告期存在“转贷”行为、不规范使用商业汇票等财务内控不规范的情形。

审核问询要求说明公司对上述事项的整改情况。

**案例分析**:针对上述情况发行人整改情况如下。

1.对“转贷”行为的整改

公司已依照相关法律、法规,建立健全了法人治理结构,完善了《资金管理制度》,以进一步加强公司在资金管理、融资管理等方面的内部控制力度与规范运作程度。公司严格按照相关制度要求履行相关内部控制制度,有效保证了公司资金管理的有效性与规范性。公司建立上述内部控制制度后,相关内部控制制度执行良好,公司自2019年起未再发生“转贷”行为。

2.对“不规范使用商业汇票”的整改

公司已针对上述不规范使用商业汇票行为进行了积极整改,完善了相关内控制度,并制定了《票据管理制度》,对票据的申领、保管、签发、背书、贴现、注销和到期收款等事项进行了规范,完善了审批程序。自2020年以来,公司未再发生以上类似情形。

**案例28-4** 龙腾光电(股票代码:688055.SH,2020年8月17日科创板上市)

**关注要点**:招股说明书披露,报告期内发行人与控股股东及其关联方之间存在财务内控不规范情形。

审核问询要求在“风险因素”“重大事项提示”部分补充披露财务内控不规范情形,发行人已经或将要进行哪些整改、整改效果如何,未来是否有持续发生的风险及对发行人和投资者的影响。

**案例分析**:发行人已在招股说明书中进行了相应披露。针对以上情形发行人采取了如下整改措施:(1)规范相关内控问题。截至报告期末,发行人与控股股东及其子公司之间资金拆借已结清,未损害公司及股东利益;相关不具有真实交易背景的票据、信用证已及时按照协议解付,不存在逾期还款或其他违约情形;通过或协助关联方取得的银行转贷均已按照借款合同约定及时偿还银行本息,未对融资机构或第三方造成不利影响。(2)完善财务内控制度。发行人针对相关内控不规范情形建立了《防范大股东及其关联方资金占用制度》《关联交易管理制度》《融资与对外担保管理制度》《独立董事工作制度》等内控制度,通过事前审核、审议、强化落实及事后追责等一系列流程来约束、规范各类融资行为。(3)加强关键管理人员独立性。公司董事长、总经理卸任在控股股东处的任职,通过强化人员独立性,确保公司在日常经营管理中的独立性,保障公司内控制度正常运行。(4)相关各方出具承诺,强化追责。发行人全体股东及董监高出具了关于规范关联交易的承诺函,发行人全体股东出具了避免资金占用承诺函,发行人控股股东出具了关于公司上市后独立运作的承诺函,通过向投资者公开承诺方式保障上市公司内控规范与独立性。

上述财务内控不规范情形已于2019年3月31日前完成整改,完成整改后未发生类似财务内控不规范情形。公司将严格执行各项财务内控制度,控股股东及董监高将切实履行相关承诺,杜绝上述财务不规范情形发生。

**案例28-5** 美利信(股票代码:301307.SZ,2023年4月24日创业板上市)

**关注要点:**发行人报告期内存在利用个人卡收付款项的情形。

审核问询要求说明利用个人卡收付款项的原因、整改措施及运行情况。

**案例分析:**发行人在问询回复中进行了如下说明。

1. 利用个人卡收付款项的原因

报告期内,发行人存在通过个人卡代为收取及支付公司经营相关收入和支出的情况,包括收取废品销售货款、支付工资薪酬、营业费用等事项。发行人利用个人收款主要是出于废品销售现场结算的便利性考量,利用个人卡代付营业费用主要是存在报销凭证缺失,相关情形均不属于主观故意或恶意并构成重大违法违规的行为。公司利用个人卡收付款项事项均已按照会计核算要求于公司财务报表中反映,资金流向和使用用途与账务核算一致。公司已停止使用个人卡代收代付经营相关业务收支,个人卡代收代付的净额退回公司账户,个人卡涉及的银行账户已办理结清及注销手续,之后未再发生此类情形。

2. 整改措施及运行情况

公司针对报告期存在的上述情形已经采取整改措施：

(1)个人卡相关收入、费用已按照会计核算要求于公司财务报表中反映，涉及税收部分已补缴税金及滞纳金。

(2)注销相关个人卡，同时发行人、实际控制人及个人卡账户持有人出具承诺函，保证未来不会发生通过个人卡收付款的情形。

(3)严格规范废料销售活动，要求交易对方将废料销售款直接转账至公司账户，杜绝个人卡收款。

(4)财务中心在日常工作中严格把控各项收款、费用支出行为，杜绝员工使用个人银行账户办理与公司业务相关的事宜。

(5)严格执行薪酬发放与费用报销政策，员工薪酬均由公司统一发放，生产经营活动中的相关费用均依据费用管理政策予以报销。

(6)国家税务总局重庆市巴南区税务局已出具证明，报告期内，发行人遵守国家及地方有关税收方面法律、法规、规章及规范性文件的规定，依法及时进行各项税务申报并足额缴纳各项税款，未发现其有应税未税及其他违反税收法律法规的情况，无重大违法行为，亦不存在被税务机关处罚的情形。

(7)进一步完善相关的内部控制制度，杜绝关联方资金占用。为防止关联方资金占用，公司制定了各项制度，具体如下。

①公司进一步修订并健全《货币资金管理制度》《费用报销管理办法》等相关内控制度，对公司资金管理和结算等进行明确规定。

②公司制定了《公司章程》《股东大会议事规则》《董事会议事规则》《关联交易管理制度》《独立董事制度》《防止控股股东及其关联方资金占用制度》等规章制度，对关联交易的决策权限、决策程序及关联董事、关联股东的回避表决制度、严格监控资金流向，强化资金使用审批责任制。

(8)通过引入机构投资者、建立独立董事制度等措施，提高公司治理水平,防范该类问题再度发生。

综上,上述规范措施实施以后,公司未再发生利用个人卡代收代付款项的情形,上述不规范行为对公司内部控制有效性的影响已消除,相关内控制度运行有效。根据会计师出具的内部控制的鉴证报告,报告认为:发行人按照《企业内部控制基本规范》及相关规定于2021年6月30日在所有重大方面保持了有效的内部控制。

## 第29条 会计政策、会计估计变更和差错更正

### 一、规范要求

#### (一)申报前会计政策、会计估计变更和差错更正

发行人在申报前进行审计调整的,申报会计师应按要求对发行人编制的申报财务报表与原始财务报表的差异比较表出具鉴证报告并说明审计调整原因,保荐机构应核查审计调整的合理性与合规性。

报告期内发行人会计政策和会计估计应保持一致,不得随意变更,如变更应符合会计准则的规定,并履行必要的审批程序。保荐机构及申报会计师应关注发行人变更会计政策或会计估计是否有充分、合理的理由及依据。无充分、合埋的证据证明会计政策或会计估计变更的合理性,或者未经批准擅自变更会计政策或会计估计的,或者连续、反复自行变更会计政策或会计估计的,视为滥用会计政策或会计估计。

#### (二)申报后会计政策、会计估计变更

发行人申报后存在会计政策、会计估计变更事项的,相关变更事项应符合专业审慎原则,与同行业上市公司不存在重大差异,不存在影响发行人会计基础工作规范性及内控有效性情形。在此基础上,发行人应提交更新后

的财务报告。保荐机构及申报会计师应重点核查以下方面并发表明确意见：

(1)变更事项的时间、内容和范围，对发行人的影响。

(2)变更事项的性质、内容、原因及依据，是否合规，是否符合审慎原则，变更后发行人会计政策、会计估计与同行业上市公司是否存在重大差异。

(3)发行人是否滥用会计政策或者会计估计。

(4)变更事项是否反映发行人会计基础工作薄弱或内控缺失。

(5)变更事项是否已准确、充分披露。

### (三)申报后差错更正

发行人申报后出现会计差错更正事项的，保荐机构及申报会计师应重点核查以下方面并发表明确意见：

(1)差错更正事项的时间、内容和范围，对发行人的影响。

(2)差错更正事项的性质、原因及依据，是否合规，是否符合审慎原则。

(3)差错更正事项是否因会计基础薄弱、内控重大缺陷、盈余操纵、未及时进行审计调整的重大会计核算疏漏、滥用会计政策或者会计估计以及恶意隐瞒或舞弊行为，是否反映发行人会计基础工作薄弱或内控缺失。

(4)差错更正事项是否已准确、充分披露。

## 二、相关解析

会计政策指企业在会计确认、计量和报告中所采用的原则、基础和会计处理方法。会计政策一般不得随意变更，但当法律、行政法规或者国家统一的会计制度等要求变更会计政策，或当会计政策变更能够提供更可靠、更相关的会计信息时，会计政策可以作变更。会计估计指企业对其结果不确定的交易或事项以最近可利用的信息为基础所作的判断。会计估计变更，是由于资产和负债的当前状况及预期经济利益和义务发生了变化，从而对资产或负债的账面价值或者资产的定期消耗金额进行调整。会计差错更正指对企业在会计核算中，由于计量、确认、记录等方面出现的错误进行的纠正。

对于拟上市公司而言，报告期内发生会计政策、会计估计变更或会计差错更正需要谨慎对待，相关处理需要符合《企业会计准则》和相关审计准则的规定，会计估计变更和会计差错更正要有充分、合理的证据证明其合理性，并且能够公允地反映发行人的财务状况、经营成果和现金流量。

发行人应在招股说明书中披露重要会计政策、会计估计变更或会计差错更正情形及其原因。符合如下条件的会计政策、会计估计变更和会计差错更正通常是被允许的：(1)相关账务处理符合《企业会计准则》和相关审计准则的规定。(2)不存在“会计基础薄弱、内控重大缺陷”，如会计机构不健全、核算随意，发生经常性核算错误、会计差错更正，以及因内控重大缺陷导致不得不进行差错更正的情形。(3)会计政策、会计估计变更和会计差错更正基于真实的业务，不存在滥用政策或估计及欺骗、隐瞒或舞弊等行为。(4)涉及的调整及时且真实完整地进行披露。(5)具体的会计政策、会计估计变更和会计差错更正不会产生重大影响，累积的变更/更正影响程度不重大。

## 三、典型案例

**案例29－1** 杰创智能(股票代码:301248.SZ,2022年4月20日创业板上市)

**关注要点:**2017年8月，发行人将系统集成业务收入由终验法修改为完工百分比法，自2017年1月1日起执行。根据审核问询回复，发行人系统集成业务的最终使用客户主要为政府部门、事业单位及大中型企业，受客户项目立项、审批、实施进度安排及资金预算管理的影响，一般而言上半年收入少、下半年收入多。根据行业惯例，总包方往往在工程整体验收后才会与各专业分包方进行验收移交，工程总体验收时间与实际系统集成服务完工时间存在一定时间跨度，客观上会导致公司收入确认滞后。随着公司经营规模的增长，单一合同规模明显上升，采用终验法确认收入可能造成公司业绩异常波动，不能客观真实地反映公司当期的经营成果。

针对上述情况，第二轮审核问询要求保荐机构、申报会计师发表明确意见。

**案例分析**：保荐机构和申报会计师履行了以下核查程序：(1)获取发行人近年来的合同台账，对公司合同规模变化情况进行量化分析，同时结合报告期内发行人不同规模项目的执行周期等相关统计信息，综合分析发行人2017年8月进行会计政策变更的理由是否适当。(2)检查发行人系统集成业务主要项目合同结算条款，分析发行人作为专业分包方款项结算时是否需要以总包方的整体验收作为前提，相关情形与发行人依据完工进度确认收入的会计政策是否存在矛盾。(3)访谈发行人总经理等业务经办人员，了解在“总包方—专业分包方”模式中发行人承接的系统集成业务的结算、验收与总包方整体工程验收的相关性。(4)查阅《企业会计准则第28号——会计政策、会计估计变更和差错更正》相关规定，了解会计政策变更、前期差错更正的具体定义并对发行人2017年8月对收入确认方法的变更事项进行分析。

经核查，保荐机构、申报会计师认为：(1)自2017年起，公司在智慧城市和智慧安全领域迅速发展，承接合同金额较大的项目数量逐步增加，项目规模、执行周期等符合《企业会计准则第15号—建造合同》应用指南关于建造合同的相关特征，发行人进行会计政策变更的理由合理。(2)在“总包方—专业分包方”模式中，发行人收入确认、款项结算不以总包方的整体验收作为前提，与发行人按完工进度确认收入的会计政策不存在矛盾；发行人不存在项目已确认收入但总包方整体验收仍存在较大不确定性的情形。(3)发行人2017年8月对收入确认方式的变更是基于系统集成业务项目特征的变化，收入确认方式变更后能够提供更可靠、更相关的会计信息，也更具谨慎性,不属于《企业会计准则第 28 号——会计政策、会计估计变更和差错更正》所规定的会计差错情形。

**案例 29－2** 德石股份(股票代码:301158.SZ,2022 年 1 月 17 日创业板上市)

**关注要点:**申报材料显示,自 2019 年 7 月 1 日起,发行人对钻具的额定使用时间区分新钻具和旧钻具,新增旧钻具的摊销时间,旧钻具的摊销时间为对应型号新钻具摊销时间的一半。上述事项构成会计估计变更,发行人于 2021 年 5 月 20 日召开董事会对该会计估计变更事项进行了追认。

审核中心意见落实函要求发行人说明上述会计估计变更事项是否符合《企业会计准则》和《深圳证券交易所创业板股票首次公开发行上市审核问答》(2020 年 6 月)的规定。保荐机构、申报会计师根据《深圳证券交易所创业板股票首次公开发行上市审核问答》(2020 年 6 月)的相关规定说明发行人是否存在会计基础工作薄弱和内控缺失的情形。

**案例分析:**上述变更发生之前,公司对新、旧钻具执行相同的额定摊销时间,随着钻具租赁业务的不断开展,公司持续取得的相关经验、数据表明,旧钻具由于为已使用过的拆解件二次组装的钻具,其使用时间总体上与新钻具存在差异,更接近于新钻具使用时间的一半,即在公司积累了近年来的经验以及分析利用相关信息的基础上,公司对新、旧钻具的额定摊销时间估计进行了区分,确定旧钻具的额定摊销时间为对应型号新钻具摊销时间的一半,以更加客观地反映各类钻具的租赁效益。因此,公司该事项属于会计估计变更,变更的依据真实、可靠,变更之后旧钻具的租赁摊销成本核算更加可靠,符合《企业会计准则》的规定。

经核查,保荐机构、申报会计师认为:报告期内,公司财务相关内控制度完善且执行有效,财务人员具备相应的专业胜任能力,能够按照《企业会计准则》的要求,编制和对外提供真实、准确、完整的财务会计报告。对于自 2019 年 7 月 1 日起新增旧钻具摊销时间的事项,由于理解上的偏差,公司存在未及时履行董事会的审批程序,但公司不存在主观故意行为,且自 2019 年 7 月 1 日起,公司按照变更后的会计估计进行财务核算,能够提供更加可靠、更加相关的财务信息。为此,公司已补充董事会的追认程序,独立董事发表了同意意见。综上,发行人上述会计估计变更有充分、合理的证据,能够提供更为可靠、相关的会计信息,且已补充履行必要的审批程序,发行人不存在会计基础工作薄弱和内控缺失的情形。

**案例 29 -3** 纳睿雷达(股票代码:688522. SH,2023 年 3 月 1 日科创板上市)

**关注要点:**发行人进行会计差错更正对前期财务报表追溯调整后,2019 年 6 月 30 日可供分配利润减少,导致出现利润超额分配的情况。

审核问询要求保荐机构、发行人律师、申报会计师对上述事项核查并发表明确意见。

**案例分析:**根据发行人的回复,出现利润超额分配的原因主要是发行人对收入确认时点的会计政策进行了调整,对前期财务报表进行追溯调整造成 2019 年 6 月 30 日的未分配利润减少。公司会计差错更正的主要原因是根据 IPO 审核要求和惯例,对相关交易和事项采用了更谨慎的处理方法,会计差错更正的程序符合企业会计准则以及公司内控制度的规定。

公司召开创立大会审议并通过关于弥补前期因会计差错更正和追溯调整而超额分配的利润的议案,全体发起人一致同意以 2020 年 1 ~ 10 月份实现的利润弥补前期因会计差错更正和追溯调整超额分配的利润,因此导致 2020 年可供分配利润相应减少的后果由全体股东承担。

申报会计师认为:公司已根据会计差错更正的具体情况,追溯调整了各期财务报表数据。因会计差错更正对前期财务报表追溯调整后导致超额分配的利润已由公司期后实现的利润补足。

保荐机构、发行人律师认为:发行人 2019 年 7 月分红系根据当时的公司账面未分配利润情况作出的决定,公司可供分配利润充足,符合《公司法》的要求,对发行人本次发行上市不会造成重大不利影响。

**案例29-4** 纳睿雷达(股票代码:688522.SH,2023年3月1日科创板上市)

**关注要点:**关于合并道一动力,发行人发生会计差错更正的原因及审批程序。

**案例分析:**道一动力由发行人和江淮汽车分别出资50%设立,道一动力董事会成员7名,发行人委派4名,江淮汽车委派3名。道一动力除财务负责人外主要管理人员由公司委派,日常经营管理主要由公司负责。道一动力公司章程中存在“制定年度财务预算及决算方案”等事项需经全体董事2/3以上通过的特殊条款。江淮汽车对道一动力按照合营企业采用权益法进行核算。

发行人在合并财务报表编制时,依据拥有道一动力过半数董事会席位、委派总经理等管理人员及日常经营管理主要由公司负责等事实,将道一动力纳入合并报表范围。因未能充分考虑江淮汽车对道一动力按照合营企业核算及道一动力章程中需2/3以上董事通过特殊条款、江淮汽车委派财务总监等相关事实,发行人对财务报表合并范围的认定不符合《企业会计准则第33号——合并财务报表》的规定,因此发行人对财务报表进行了追溯调整。

2021年8月30日,发行人召开第一届董事会第八次会议,审议同意不将道一动力纳入财务报表合并范围,并相应对公司财务报表进行追溯调整。对此事项,独立董事发表了独立意见,保荐机构、申报会计师发表了专项核查意见。

**案例29-5** 均普智能(股票代码:688306.SH,2022年3月22日科创板上市)

**关注要点:**根据申报材料,2019年股份制改革时,发行人会计政策变更,由完工百分比调整为终验法。

审核问询要求发行人说明前述事项是否反映发行人内部控制存在不规范,相关内部控制不规范情况的整改情况。

**案例分析:**根据发行人的回复,在本次申报前的上市辅导和规范阶段,公司已对上述事项进行了调整;除因执行《企业会计准则》外,公司会计政策和会计估计均保持一致,未发生变更;上述调整事项符合企业会计准则的规定,调整后能够提供更可靠、更相关的会计信息,且已履行了必要的审批程序。此外,对于智能制造装备收入确认时点的调整,系公司成立以来的首次调整,不存在连续、反复地自行变更会计政策或会计估计的情形,不存在滥用会计政策或会计估计的情况。

综上,公司按照收入成本核算相关内部控制制度进行账务处理,智能制造装备收入确认等相关会计基础工作规范,公司财务相关内部控制健全有效。

## 第30条　现金交易核查

### 一、规范要求

发行人报告期存在现金交易或以大额现金支付薪酬、报销费用、垫付各类款项的,保荐机构及申报会计师通常应关注并核查以下方面:

(1)现金交易或大额现金支付的必要性与合理性,是否符合发行人业务情况或行业惯例,现金交易比例及其变动情况是否处于合理范围。

(2)现金交易的客户或供应商情况,是否涉及发行人关联方。

(3)相关收入确认及成本核算的原则与依据,是否涉及体外循环或虚构业务。

(4)现金管理制度是否与业务模式、内部管理制度匹配,与现金交易、现金支付相关的内部控制制度是否完备、合理并执行有效。

(5)现金交易流水的发生与相关业务发生是否真实一致,是否存在异常分布。

(6)实际控制人及发行人董事、监事、高管等关联方以及大额现金支付对象是否与客户或供应商及其关联方存在资金往来。

(7)发行人为减少现金交易采取的改进措施及进展情况。

(8)现金交易占比达到重要性水平的,相关风险是否充分披露。

保荐机构及申报会计师应详细说明对发行人现金交易、大额现金支付的核查方法、过程与证据,对发行人报告期现金交易、大额现金支付的真实性、合理性和必要性及相关内控有效性发表明确意见。

## 二、相关解析

部分企业由于上下游的行业特性或具有面向个人的零售业务,存在现金收款或现金支付的结算方式,常见的如线下商业零售、向农户采购、日常零散产品销售或采购支出等。现金结算易于调节、难以求证,而采购支付和销售回款涉及企业的收入确认及成本核算,如果现金结算比例过高,会加大对财务真实性的核查难度。

如果发行人现金收款占销售收入比例较低、现金支付占成本费用比例较低,且已采取有效的替代措施降低现金结算比例,则一般情形下不会构成发行人发行上市障碍;如果发行人现金收款占销售收入比例较高或现金支付占成本费用比例较高,且未能采取有效的替代措施降低现金结算比例,则可能构成发行人发行上市障碍。

因此,发行人在筹备上市的过程中,应尽可能通过银行转账等方式替代现金结算,从而最大化地降低现金支付比例;对于确实无法替代的现金结算,应该建立完善的内部控制制度,以确保现金流转的安全性,并留存相应的核查证据。

## 三、典型案例

**案例 30－1** 腾远钴业(股票代码:301219.SZ,2022 年 3 月 17 日创业板上市)

**关注要点:**申报文件及首轮问询回复显示,刚果中央银行于 2020 年 5 月 20 日出台关于 1 万美元现金支付或取现上限禁令的指令,规定在新规颁布前指令覆盖网点设立区域的所有自然人或法人的全部现金交易行为,自第三季度开始当地自然人供应商银行取现额度受到限制,而刚果腾远提取现金额度未受限制,因此自然人供应商要求刚果腾远铜钴矿采购款主要以现金形式支付。

第二轮审核问询要求保荐机构、申报会计师发表明确意见,并说明关于发行人现金交易行为的核查方法、核查范围及核查结论。

**案例分析:**关于现金交易行为的核查方法、核查范围及核查结论。

1. 现金交易的必要性与合理性,是否与发行人业务情况或行业惯例相符,与同行业或类似公司的比较情况

核查方法:对报告期内的现金交易占比进行统计分析;了解刚果当地的经营环境及与刚果腾远相关的金融政策,结合同行业可比公司对外披露的信息评估现金交易的合理性;了解刚果(金)央行出台的相关指令,评估其对刚果腾远的影响。

核查范围:对报告期内的现金交易进行统计分析,获取报告期内刚果(金)央行重大的金融政策的变动对应的指令。

核查结论:报告期内发行人现金交易具有合理性及必要性,与同行业一致。

2. 现金交易的供应商的情况,是否为发行人的关联方

核查方法:对主要自然人供应商进行实地走访及视频访谈,对关联关系

进行询问核查。

核查范围：报告期内自然人供应商走访比例61.40%～82.64%。

核查结论：除两名自然人为发行人实际控制人亲属外，其他自然人供应商均不是发行人的关联方。

3. 期末现金的存在及完整性

核查方法：执行期末现金监盘程序。

核查范围：报告期内各期末全部现金。

核查结论：报告期内期末的现金存在及完整性可以确认。

4. 与现金交易相关的内部控制制度的完备性、合理性与执行有效性

核查方法及范围：对现金收支流程内控制度进行了解评估，在评估内控制度合理有效基础上，执行内控测试。

核查结论：测试结果表明，发行人严格按照内控制度的规定，对现金收支进行合理审批，发行人现金收支内控制度得到有效执行。

5. 现金交易流水的发生与相关业务发生是否真实一致，是否存在异常分布

（1）核对现金交易供应商明细账与采购台账、入库台账以及现金日记账、银行日记账

核查方法：获取现金日记账，按供应商汇总付款金额，抽样确定需检查的现金交易供应商。检查比对样本供应商对应采购业务相关资料，包括供应商明细账、采购台账（来矿台账）、铜钴矿入库台账等。

核查范围：各期分别抽取现金付款前10名供应商，对于其余供应商再随机抽取5个样本；3年累计抽取45个样本。检查比对样本供应商的明细账、采购台账、入库台账以及现金日记账、银行日记账。

核查结论：现金交易供应商明细账与采购台账、入库台账以及现金日记账、银行日记账记录勾稽一致。

（2）检查采购业务对应的原始凭证及其附件

核查方法：获取企业的现金日记账，结合选取大额样本及随机抽取的方

式,核查抽选现金交易记录对应的原始单据,采购合同、收据、过磅单、化验单、出入库单及采购结算单等。

核查范围:报告期内各期采购业务核查比例56.75% ~81.78%。

核查结论:报告期内发行人的现金交易的相关单据齐全,相关交易业务真实完整,不存在异常的大额资金流入流出,不存在体外循环或虚构业务的情形。

(3)对现金交易涉及的自然人供应商进行函证及走访,核实采购金额的真实性及完整性

核查方法:选取大额供应商进行函证,函证内容包括期末余额及各期采购内容、采购数量及采购金额。

核查结论:报告期内自然人供应商回函情况良好,其采购的真实性及完整性可以确认。

6.实际控制人及发行人董监高、现金交易相关的采购人员及销售人员及其关联方是否与供应商、客户存在资金往来

核查方法:获取报告期内实际控制人及发行人董监高、现金交易相关的采购人员及销售人员及其关联方的资金流水,对资金流水进行核查;向主要的自然人供应商发出调查问卷,要求自然人供应商对是否与发行人的实际控制人及发行人董监高、现金交易相关的采购人员存在资金往来等信息进行明确回复。

核查范围:各期前述人员资金流水的核查比例为100%,供应商问卷发出及回复比例80.92% ~94.98%。

核查结论:依据资金流水核查情况及自然人供应商问卷的回复情况,实际控制人及发行人董监高、与现金交易相关的采购人员、销售人员及其关联方与供应商、客户不存在资金往来。

**案例30-2** 争光股份(股票代码:301092.SZ,2021年11月2日创业板上市)

**关注要点:**审核问询要求在招股说明书中披露存在现金交易的原因、必

要性与合理性，是否符合行业经营特点，相关方是否为关联方，相关收入确认及成本核算的原则与依据等内容，并列表披露报告期各期现金交易金额、占当期销售金额(如为现金销售)或采购总额的(如为现金采购)比例，并披露保荐机构对发行人现金交易真实性、合理性和必要性的核查结论。

**案例分析**：报告期内公司存在现金销售和现金采购，主要系：(1)部分客户年采购量不大，偶尔单次采购金额较低时使用现金进行结算。(2)公司销售废料时，因单次交易金额较低，采用现场现金结算模式。(3)公司采购零星低值易耗品时，使用现金支付货款。该等交易场景通常交易金额较小，使用现金交易相对便捷，符合交易习惯及行业经营特点，具有必要性和合理性。

报告期各期，公司现金交易金额及比例较小，且整体呈下降趋势。公司现金交易对方与公司不存在关联关系，与发行人实际控制人及董事、监事、高级管理人员等关联方不存在其他资金往来。在现金销售情况下，公司依据销售出库单及收款凭证确认收入，并依据销售出库单记录的存货金额结转成本。

经核查，保荐机构、申报会计师认为：发行人报告期现金交易金额及占比极小，符合行业经营特点，具有必要性和合理性。交易对方与发行人不存在关联关系，与发行人实际控制人及董事、监事、高级管理人员等关联方不存在其他资金往来，发行人不存在通过现金交易形成体外循环或虚构业务的情形；发行人与现金交易相关的内部控制制度完备、合理且得到有效执行，报告期内发行人有效控制现金交易规模，现金交易金额及比例保持下降趋势；现金交易流水的发生与相关业务的发生真实一致，不存在异常分布，发行人现金交易可验证，具有真实性。

**案例30-3** 玉马遮阳(股票代码：300993.SZ，2021年5月24日创业板上市)

**关注要点**：关于现金交易，审核问询要求发行人披露申报期内现金交易情形(如有),包括但不限于:(1)现金交易金额及比例。(2)现金交易的必要性与合理性,是否与发行人业务情况或行业惯例相符,与同行业或类似公司的比较情况。(3)现金交易的客户或供应商的情况,是否为发行人的关联方。(4)相关收入确认及成本核算的原则与依据,是否存在体外循环或虚构业务情形。(5)现金交易流水的发生与相关业务发生是否真实一致,是否存在异常分布。(6)实际控制人及发行人董监高等关联方是否与客户或供应商存在资金往来。

**案例分析**:保荐机构及申报会计师按照《首发业务若干问题解答》(2020年6月修订)问题42的要求核查并发表明确意见如下:(1)公司现金交易金额较小,相关交易采用现金交易具有必要性及合理性,符合公司的实际业务情况。(2)报告期内,现金交易的客户或供应商均不是发行人关联方。(3)发行人相关收入确认及成本核算的原则与依据符合会计准则和公司内控制度的要求,现金交易具有真实的交易背景,不存在体外循环和虚构业务的情形。(4)与发行人现金交易相关的内部控制制度具有完备性、合理性与执行有效性。(5)发行人现金交易流水的发生与相关业务发生真实一致,不存在异常分布的情形。(6)报告期内,实际控制人及发行人董监高与客户或供应商不存在资金往来。(7)发行人采用积极措施减少现金交易,效果良好。公司在业务开展过程中严格控制现金交易,与交易对方协商尽量采用银行转账的方式进行结算。(8)已在招股说明书中充分披露了现金交易的相关情况。因发行人报告期内现金交易金额较小,且发行人不属于面对个人交易的零售业务企业、农业企业等因行业特点或经营模式等原因造成销售或采购环节存在一定比例的现金交易的情形,因此未单独进行风险提示。

**案例30-4** 汇隆新材(股票代码:301057.SZ,2021年9月9日创业板上市)

**关注要点**:关于现金交易审核问询要求保荐机构、申报会计师按照要求逐项说明核查过程并发表明确意见。

**案例分析**：公司产品广泛用于家纺面料，公司所在的湖州市家用纺织品行业发达，纺织生产厂家数量众多，且多为中小民营企业，部分是家庭作坊、个体工商户，该类客户存在交易频次较多，单次交易金额较小的特点。由于客户付款习惯及出于交易的便利性，存在使用现金付款的情形。

针对上述事项，保荐机构、会计师履行了以下核查程序：(1)通过对客户实地走访、取得现金收款确认单及电话访谈等程序查验发行人现金收款情况。(2)针对报告期各期现金收款进行了凭证测试，查看了现金日记账、记账凭证、销售发票、收款收据、出库单据的一致性；查看了增值税申报表、所得税申报表，确认报税收入的真实性。(3)调取并核对了发行人实际控制人及其相关直系亲属、董事(不含独立董事)、监事、高级管理人员、财务负责人、出纳、销售负责人与销售经理等个人银行卡流水，确认不存在大额现金支付，确认与客户及供应商不存在资金往来。(4)访谈了发行人相关负责人，查看了发行人关于现金收款的内部控制制度。(5)获取了发行人现金交易的明细，并对现金交易明细进行了分析，发行人不存在年末或某一期间集中发生等异常分布的情形。(6)查阅了同行业可比公司的公开披露信息，对比了同行业可比上市公司的业务情况、结算方式等信息。

**案例30-5** 建工修复(股票代码：300958.SZ，2021年3月29日创业板上市)

**关注要点**：关于现金交易，审核问询要求发行人补充说明：(1)与现金交易相关的内部控制制度的完备性、合理性与执行有效性。(2)发行人为减少现金交易所采取的改进措施和进展情况。保荐机构、申报会计师对上述问题核查并发表明确意见。

**案例分析**：针对现金交易情形，公司制定了《现金管理办法》、《报销单据审核办法》、《收款业务办理规定》、《费用报销管理规定》、《货币资金管理暂定办法》和《内部账务稽核制度》等规章，明确了公司现金的使用范围应符合国家《现金管理暂行条例》的规定，严格控制现金结算，超出结算起点的付款应通过银行结算。审批人应当根据货币资金授权批准制度的规定,在授予权范围内进行审批,不得超越审批权限。经办人应当在职责范围内,按照审批人的批准意见办理货币资金业务。与现金交易相关的内部控制制度完备、合理并得以有效执行。

公司采取了以下措施杜绝现金收款:(1)日常业务中,公司坚决杜绝将现金交由销售人员代为收取。(2)对财务人员、销售人员进行培训,告知客户通过银行汇款或转账到公司对公银行账户缴纳货款。通过上述内控规范措施,最近一年及一期,公司已杜绝了现金收款。

针对上述情况保荐机构、申报会计师履行了如下核查程序:(1)在了解发行人货币资金管理制度的基础上进行穿行测试,对发行人现金交易记录的原始凭证进行检查。(2)取得发行人现金日记账,检查是否发生现金交易及其背景、合理性。(3)查阅《现金管理办法》、《报销单据审核办法》、《收款业务办理规定》、《费用报销管理规定》、《货币资金管理暂定办法》和《内部账务稽核制度》等规章制度,了解与现金交易相关的内部控制流程。

经核查,保荐机构、申报会计师认为:发行人与现金交易相关的内部控制制度完备、合理,且执行有效;最近一年及一期,公司已杜绝了现金收款。

## 第31条　第三方回款核查

### 一、规范要求

#### (一)适用范围

第三方回款通常指发行人销售回款的支付方(如银行汇款的汇款方、银行承兑汇票或商业承兑汇票的出票方或背书转让方)与签订经济合同的往来客户(或实际交易对手)不一致。

（二）核查要求

发行人报告期存在第三方回款的，保荐机构及申报会计师通常应重点核查以下方面：

（1）第三方回款的真实性，是否虚构交易或调节账龄。中介机构需核查的内容包括但不限于：抽样选取不一致业务的明细样本和银行对账单回款记录，追查至相关业务合同、业务执行记录及资金流水凭证，获取相关客户代付款确认依据，以核实委托付款的真实性、代付金额的准确性及付款方和委托方之间的关系，说明合同签约方和付款方不一致的合理原因及第三方回款统计明细记录的完整性，并对第三方回款所对应营业收入的真实性发表明确意见。

（2）第三方回款有关收入占营业收入的比例，相关金额及比例是否处于合理范围。

（3）第三方回款的原因、必要性及商业合理性，是否与经营模式相关、符合行业经营特点，是否能够区分不同类别的第三方回款。与经营模式相关、符合行业经营特点的第三方回款情况包括但不限于：①客户为个体工商户或自然人，通过家庭约定由直系亲属代为支付货款。②客户为自然人控制的企业，该企业的法定代表人、实际控制人代为支付货款。③客户所属集团通过集团财务公司或指定相关公司代客户统一对外付款。④政府采购项目指定财政部门或专门部门统一付款。⑤通过应收账款保理、供应链物流等合规方式或渠道完成付款。⑥境外客户指定付款。

（4）发行人及其实际控制人、董事、监事、高管或其他关联方与第三方回款的支付方是否存在关联关系或其他利益安排。

（5）境外销售涉及境外第三方回款的，第三方代付的商业合理性或合规性。

（6）是否因第三方回款导致货款归属纠纷。

（7）合同明确约定第三方付款的，该交易安排是否合理。

(8)资金流、实物流与合同约定及商业实质是否一致,第三方回款是否具有可验证性,是否影响销售循环内部控制有效性的认定。

## 二、相关解析

一般情况下销售回款的支付方与签订经济合同的往来客户是一致的。在一些特殊商业模式下可能会存在第三方回款问题,如客户为个体工商户或自然人,一般较为分散且银行对公付款操作不具有便利性,通过第三方代付;在总部—分支机构架构下,总部统一负责货物的订货和收货,然后根据分支机构的实际需要对货物进行调配,分机构对调配到本机构的货物进行支付;境外销售中,境外客户受所在地外汇储备不足、汇款出境手续烦琐、时间长、手续费高等因素制约,通常委托香港等地的外汇公司等金融机构或第三方等代为支付货款。

第三方回款在上市审核中并非禁止,《监管规则适用指引——发行类第5号》对于第三方回款没有严格的比例限制,但核查要求上并没有实质性变化。从监管角度关注的是发行人销售的真实性,中介机构在尽职调查过程中主要围绕销售真实性进行核查,同时关注第三方回款发生的原因与背景、占营业收入的比例、第三方是否为发行人关联方、发行人内部控制执行有效性等方面。

## 三、典型案例

**案例31-1** 道通科技(股票代码:688208.SH,2020年2月13日科创板上市)

**关注要点:**根据问询回复,发行人销售模式以经销为主,经销商分为大型连锁零售商、一般经销商及电商三类。报告期内,发行人存在第三方回款的情况。

第二轮审核问询关于第三方回款要求保荐机构及申报会计师按照《上海证券交易所科创板股票发行上市审核问答(二)》(2019年3月)第15条的要求进行核查并发表意见。

**案例分析**:保荐机构和申报会计师按照《上海证券交易所科创板股票发行上市审核问答(二)》(2019年3月)第15条的要求,对发行人第三方回款履行了以下核查程序:

(1)对公司管理层、销售及财务主管人员进行访谈,了解公司自身的经营模式、行业经营特点、销售模式、第三方回款总体情况及第三方回款的原因、背景及商业合理性等。

(2)对公司主要经销商客户进行实地走访,走访过程中了解客户委托第三方代付款情况及原因。

(3)了解与销售及收款相关以及第三方回款相关的内部管理制度,评价其设计是否有效,并测试相关内部控制的运行有效性。

(4)获取公司第三方回款记录明细表及银行账户对账单,抽查核对第三方回款明细和对应银行对账单回款记录;检查银行流水及明细表是否存在收款后又退回以调节账龄的情况,查阅第三方回款对应相关业务凭证、应收账款明细表,检查分析应收账款账龄及期后回款情况。经核查,存在为减少第三方回款而将款项退回情况,款项退回后客户直接回款,不影响账龄,不存在虚构交易或调节账龄的情况。

(5)公司存在少量第三方回款情形,但占比较低且呈逐年下降趋势。报告期内第三方回款占营业收入的比例均低于《上海证券交易所科创板股票发行上市审核问答(二)》(2019年3月)第15条中“最近一期通常不高于当期收入的15%”的要求。

(6)将客户及代付款第三方名称与公司及其关联方名单进行比对分析,核实代付款第三方与公司之间无关联关系。

(7)结合预计负债、诉讼费等的核查情况,检查报告期内是否存在因第三方回款导致的货款归属纠纷。

(8)检查合同的具体约定,并结合出库单、签收单、银行流水,核查资金流、实物流与合同约定及商业实质是否一致。

(9)抽样选取第三方回款的明细和银行对账单回款记录,追查至销售订单、出库凭证、运输凭证、收款凭证等相关业务合同、业务执行记录及资金流水凭证进行测试,同时获取客户与第三方之间签订的代付款协议,核实和确认委托付款的真实性、代付金额的准确性及付款方和委托方之间的关系。

(10)向涉及第三方回款的主要客户及其代付方发函,核实销售收入、代付金额的准确性。

经核查,保荐机构、申报会计师认为:(1)报告期内,公司第三方回款真实,不存在虚构交易或调节账龄情形。(2)公司第三方回款统计明细记录完整,相关金额及比例处于合理可控范围。(3)报告期内,公司存在少量第三方回款情形,第三方付款的原因主要包括:①集团内统一付款;②经销商下游客户直接回款;③南美、中东等国家或地区的客户回款不便利等因素。第三方回款符合公司所在的行业特点和经营模式,具有必要性及商业合理性。(4)第三方回款的付款方不是公司的关联方,公司及其实际控制人、董监高或其他关联方与第三方回款的支付方不存在关联关系或其他利益安排。(5)公司境外销售涉及境外第三方的,其代付行为具有商业合理性、代付行为合法合规。(6)报告期内,公司货款不存在因第三方回款导致的归属纠纷。(7)公司第三方回款均基于真实的交易背景,资金流、实物流与合同约定及商业实质一致,第三方回款所对应的收入真实、准确、完整,并已督促公司在招股说明书中充分披露第三方回款相关情况。(8)公司针对客户第三方回款制定了严格的内部控制制度,客户通过第三方付款需要与第三方签订代付协议,并将第三方付款银行账号提前告知公司备案,公司收到代付款项后检查相关订单、付款凭证等资料,并与第三方代付款协议、备案银行账户信息等进行核对,核对无误后方可确认入账。公司第三方回款与相关销售收入勾稽一致,具有可验证性,不影响销售循环内部控制有效性的认定,

第三方回款及销售确认相关内部控制有效。

**案例31-2** 格科微(股票代码:688728.SH,2021年8月18日科创板上市)

**关注要点:**发行人报告期内存在第三方回款情形。

审核问询要求发行人按照《上海证券交易所科创板股票发行上市审核问答(二)》(2019年3月)第15条的要求,说明第三方回款的原因,是否符合相关条件。保荐机构和申报会计师发表核查意见。

**案例分析:**公司部分客户存在通过第三方付款的原因为:(1)部分客户出于交易结算便捷性或美元头寸管理等原因,指定无关联第三方向发行人支付货款。(2)部分客户由于所属集团资金安排等,存在通过处于同一控制下其他主体向发行人支付货款的情况。

经核查,保荐机构、申报会计师认为:(1)第三方回款及对应的销售收入真实,不存在虚构交易或调节账龄情形。(2)公司发生的第三方回款占各期营业收入的比例较低,最近一期不高于当期收入的15%。(3)公司第三方回款主要系根据客户自身的交易安排,均由真实交易活动产生,具有必要性及商业合理性,并且符合公司所在的行业特点和经营模式。(4)发行人及其实际控制人、董事、高级管理人员或其他关联方与第三方回款的付款方不存在关联关系或其他利益安排。(5)报告期内,公司境外销售涉及第三方回款,具有商业合理性。(6)报告期内,不存在因第三方回款导致的货款归属纠纷。(7)报告期内,不存在签订合同时已明确约定由其他第三方代购买方付款的情形。(8)报告期内,第三方回款涉及的资金流、实物流与合同约定及商业实质一致。

**案例31-3** 光庭信息(股票代码:301221.SZ,2021年12月22日创业板上市)

**关注要点:**关于第三方回款的核查。

**案例分析**：公司发生第三方回款情形的主要原因为公司政府采购项目指定财政部门或专门部门统一付款，以及客户所属集团通过集团财务公司或指定相关公司代客户统一对外付款。报告期内，发行人第三方回款金额占营业收入比例较低且持续下降，主要系政府采购项目指定财政部门或专门部门统一付款及客户所属集团指定相关公司代客户统一对外付款，与自身经营模式相关，符合行业经营特点，具有必要性和合理性。

针对第三方回款事项，保荐机构、申报会计师履行了以下核查程序：（1）了解和测试与发行人销售回款相关的内控制度，对发行人相关内部控制运行的有效性进行测试。（2）访谈发行人相关业务部门负责人、财务总监，了解第三方回款的情况及原因。（3）核查报告期内发行人银行账户的客户回款，通过比对应收科目客户名称与银行对账单实际回款方的名称差异，获取公司存在的第三方回款明细，并对不符的情况逐项落实原因，查阅相关的委托付款协议。（4）选取所有金额超过10万元的第三方回款样本，检查相关业务合同/订单、收入确认依据、发票、资金流水凭证等，判断销售收入的真实性。（5）选取部分存在第三方回款的客户，对其进行走访，确认发行人与其交易的内容、合同签署的方式、回款方、客户与回款方的关系、发生第三方回款的原因等情况。

**案例31-4** 康力源（股票代码：301287.SZ，2023年6月14日创业板上市）

**关注要点**：关于第三方回款的整改及控制措施。

**案例分析**：根据审核问询回复，发行人针对第三方回款情况的整改措施包括：（1）完善销售相关制度，原则上不允许第三方代回款。（2）加强销售回款的控制和管理，在与客户商务谈判阶段即明确规范的结算方式。若出现第三方回款的情形，由客户出具委托付款函或确认函、付款方在转账附言上注明合同签订方名称等方式，表明第三方回款所涉及的委托付款行为系该客户的真实意思表示。（3）销售收款严格核实第三方回款公司或人员身份。

一般情况下,由客户回款前通知业务人员具体的回款时间、回款金额以及回款方名称。(4)发生第三方回款时,由业务人员及时通知财务人员记录以备查。财务人员在收款时,如发现有未以客户名义开立的银行账号回款,财务人员与业务人员需核实回款对象与客户的关系,并取得客户的确认,在明确第三方回款对象与客户的关系之后进行会计处理。(5)与客户建立定期对账机制,将当期销售及欠款的记录与客户进行确认。

**案例31-5** 怡和嘉业(股票代码:301367.SZ,2022年11月1日创业板上市)

**关注要点:**报告期内发行人的境内销售及境外销售出于支付便捷性、外汇管制等原因均存在一定规模的第三方回款。

审核问询要求发行人根据《深圳证券交易所创业板股票首次公开发行上市审核问答》(2020年6月)的要求,将报告期内的第三方回款情况补充在招股书中进行披露,并说明审计截止日后的第三方回款情况。

**案例分析:**报告期内,公司因内外部多方面因素存在一定规模及比例的第三方回款,在一定程度上产生了财务内控风险,为进一步加强公司财务内控管理,公司已在《怡和嘉业内部控制手册》中对第三方回款进行了更加严格的规定:

“国内客户不允许第三方回款,国际客户原则上不允许第三方回款,如是由于外汇管制,或者集团统一规定涉及第三方回款的,对此类客户进行清单管理。

“存在第三方进行回款情况的,需由销售人员发起申请,经直接主管、事业部总经理、财务部及首席营销官审批同意后,财务部根据审批结果建立并更新客户管理清单,客户管理清单原则上需每三个月进行一次重新复核审批。

“实际发生由第三方回款的,需提前签订三方框架协议,三方框架协议模板由知识产权法务部进行起草,原则上每年根据实际需求反馈进行修订。

签订三方框架协议的,须按公司《合同管理办法》中规定进行审批。”

2021 年度公司各部门严格遵守前述规定,公司境内销售不存在第三方回款的情况,境外存在少量第三方回款,主要系同一控制下企业代付款或外汇管制等情形。2021 年度公司第三方回款占比相比于 2020 年度进一步下降。

## 第32条 经销模式

### 一、规范要求

#### (一)适用情形

中介机构应按风险导向和重要性原则,对于报告期任意一期经销收入或毛利占比超过 30% 的发行人,原则上应按照本规定做好相关工作并出具专项说明,未达到上述标准的,可参照执行。

#### (二)核查内容

1. 关于经销商模式商业合理性

结合发行人行业特点、产品特性、发展历程、下游客户分布、同行业可比公司情况,分析发行人经销商模式的分类和定义,不同类别、不同层级经销商划分标准,以及采用经销商模式的必要性和商业合理性。

2. 关于经销商模式内控制度合理性及运行有效性

经销商模式内控制度包括但不限于:经销商选取标准和批准程序,对不同类别经销商、多层级经销商管理制度,终端销售管理、新增及退出管理方法,定价考核机制(包括营销、运输费用承担和补贴、折扣和返利等),退换货机制,物流管理模式(是否直接发货给终端客户),信用及收款管理,结算机制,库存管理机制,对账制度,信息管理系统设计与执行情况,说明相关内控制度设计的合理性及运行的有效性。

3. 关于经销收入确认、计量原则

经销收入确认、计量原则,对销售补贴或返利、费用承担、经销商保证金的会计处理,对附有退货条件、给予购销信用、前期铺货借货、经销商作为居间人参与销售等特别方式下经销收入确认、计量原则,是否符合《企业会计准则》规定,是否与同行业可比公司存在显著差异。

4. 关于经销商构成及稳定性

(1)不同类别、不同层级经销商数量、销售收入及毛利占比变动原因及合理性。

(2)新增、退出经销商数量,销售收入及毛利占比,新增、退出经销商销售收入及毛利占比合理性,新设即成为发行人主要经销商的原因及合理性。

(3)主要经销商销售收入及毛利占比,变动原因及合理性,经销商向发行人采购规模是否与其自身业务规模不匹配。

(4)经销商是否存在个人等非法人实体,该类经销商数量、销售收入及毛利占比,与同行业可比公司是否存在显著差异。

5. 关于经销商与发行人关联关系及其他业务合作

(1)主要经销商基本情况,包括但不限于:注册资本、注册地址、成立时间、经营范围、股东、核心管理人员、员工人数、与发行人合作历史等。

(2)发行人及其控股股东、实际控制人、董事、监事、高管、关键岗位人员及其他关联方与经销商、经销商的终端客户是否存在关联关系或其他利益安排,是否存在其他特殊关系或业务合作(如是否存在前员工、近亲属设立的经销商,是否存在经销商使用发行人名称或商标),是否存在非经营性资金往来,包括对经销商或客户提供的借款、担保等资金支持等。

(3)经销商持股的原因,入股价格是否公允,资金来源,发行人及其关联方是否提供资助。

(4)经销商是否专门销售发行人产品。

(5)关联经销商销售收入、毛利及占比,销售价格和毛利率与非关联经销商是否存在显著差异。

6. 关于经销商模式经营情况分析

(1)经销商模式销售收入及占比、毛利率,与同行业可比公司是否存在显著差异。

(2)不同销售模式(直销、经销等)、不同区域(境内、境外等)和不同类别经销商销售的产品数量、销售价格、销售收入及占比、毛利及占比、毛利率情况;不同模式、不同区域、不同类别经销商销售价格、毛利率存在显著差异的原因及合理性。

(3)经销商返利政策及其变化情况,返利占经销收入比例,返利计提是否充分,是否通过调整返利政策调节经营业绩。

(4)经销商采购频率及单次采购量分布是否合理,与期后销售周期是否匹配。

(5)经销商一般备货周期,经销商进销存、退换货情况,备货周期是否与经销商进销存情况匹配,是否存在经销商压货,退换货率是否合理。

(6)经销商信用政策及变化,给予经销商的信用政策是否显著宽松于其他销售模式或对部分经销商信用政策显著宽松于其他经销商,是否通过放宽信用政策调节收入。

(7)经销商回款方式、应收账款规模合理性,是否存在大量现金回款或第三方回款情况。

(8)终端客户构成情况,各层级经销商定价政策,期末库存及期后销售情况,各层级经销商是否压货以及大额异常退换货,各层级经销商回款情况;直销客户与经销商终端客户重合的,同时对终端客户采用两种销售模式的原因及合理性。

### (三)核查要求

中介机构应实施充分适当的核查程序,获取经销商收入相关的可靠证据,以验证经销商收入的真实性。

1. 制定核查计划

中介机构应制定核查计划，详细记录核查计划制定的过程（过程如有调整，详细记录调整过程、原因及审批流程）。制定核查计划应考虑因素包括但不限于：行业属性、行业特点，可比公司情况，发行人商业模式，经销商分层级管理方式，财务核算基础，信息管理系统，发行人产品结构、经销商结构、终端销售结构及其特点；样本选取标准、选取方法及选取过程，不同类别的核查数量、金额及占比等。

2. 选取核查样本

中介机构可参考《中国注册会计师审计准则第1314号——审计抽样和其他选取测试项目的方法》，采用统计抽样、非统计抽样等方法选取样本，详细记录样本选取标准和选取过程，严禁人为随意调整样本选取。样本选取应考虑因素包括但不限于：经销商类别、层级、数量、规模、区域分布、典型特征、异常变动（如新增或变化较大）等具体特点。核查的样本量应能为得出核查结论提供合理基础。

3. 实施有效核查

中介机构应按核查计划，综合采用多种核查方法，对选取样本实施有效核查，如实记录核查情况，形成工作底稿。具体核查方法包括但不限于：

（1）内部控制测试：了解、测试并评价与经销商相关内控制度的合理性和执行有效性。

（2）实地走访：实地走访所选取经销商及其终端客户，察看其主要经营场所，发行人产品在经营场所的库存状态，了解进销存情况。了解经销商实际控制人和关键经办人相关信息、向发行人采购的商业理由，了解经销商经营情况、财务核算基础、信息管理系统等。核查经销商财务报表了解经销商资金实力。

（3）分析性复核：核查发行人、经销商相关合同、台账、销售发票、发货单、验收单/报关单/代销清单、回款记录等，核查发行人经销收入与经销商采购成本的匹配性，销货量与物流成本的匹配性，相互印证销售实现过程及结果真实性;核查发行人与经销商相关的信息管理系统可靠性,经销商信息管理系统进销存情况,与发行人其他业务管理系统、财务系统、资金流水等数据是否匹配。

(4)函证:函证发行人主要经销商,函证内容包括各期销售给经销商的产品数量、金额、期末库存和对应应收款等。

(5)抽查监盘:对经销商的期末库存进行抽查监盘,核实经销商期末库存真实性。

(6)资金流水核查:核查发行人及其控股股东、实际控制人、董事、监事、高管、关键岗位人员及其他关联方与经销商之间的资金往来。发现异常情况应扩大资金流水核查范围。

由于行业特征、经销商结构和数量等原因导致部分核查程序无法有效实施的,中介机构应充分说明原因,并使用恰当的替代程序,确保能合理地对经销商最终销售的真实性发表明确意见。

4. 发表核查意见

中介机构应按照以上要求进行逐一核查,说明核查程序、核查方法、核查比例、核查证据并得出核查结论,对经销商模式下收入真实性发表明确意见。

## 二、相关解析

经销是指企业将其产品销售给经销商,由经销商实现最终对外销售的经济行为。发行人与经销商的合作模式主要有两种:(1)买断式销售。买断式销售在产品权属及风险转移至经销商时企业即可确认收入并结转成本,经销商的产品能否最终实现对外销售不会影响企业的收入。(2)代理式销售。企业通常应当在受托方出售商品时确认销售商品收入,受托方应当在商品销售后,按合同或协议约定的方法计算手续费确认收入。

委托代销安排的情形包括但不限于:(1)在特定事件发生之前(例如

向最终客户出售商品或指定期间到期之前),企业拥有对商品的控制权。(2)企业能够要求将委托代销的商品退回或者将其销售给其他方(如其他经销商)。(3)尽管受托方可能被要求向企业支付一定金额的押金,但是其并没有承担对这些商品无条件付款的义务。实务中,如相关经销协议有附其他影响风险报酬的安排,如可无条件终止经销协议、可无条件退货、为经销商货款回款提供担保或兜底承诺等,则需要考虑是否为代理式经销。

由于经销模式下经销商产品的最终销售去向影响到企业销售的真实性和业绩的持续性,为防止拟上市公司通过经销模式虚增利润,审核中通常会关注:(1)经销商的层级、发行人对经销商的管理方法、管理制度及控制能力。(2)主要经销商最终销售的客户情况,最终客户对发行人产品的实际使用情况。(3)经销商的产品是否实现对外销售,是否存在大额囤货或报告期末大额进货的情况。(4)发行人是否建立跟踪核实经销商库存数量的制度以及对经销商对外销售价格的掌控情况。(5)经销收入的比例,与同行业公司经销收入比例差异较大的原因等。

## 三、典型案例

**案例32-1** 通力科技(股票代码:301255.SZ,2022年12月27日创业板上市)

**关注要点:**申请文件显示,报告期各期,发行人经销模式收入占比分别为8.94%、9.87%、11.08%,金额及占比持续上升。

审核问询要求保荐机构、申报会计师发表明确意见,并说明对发行人经销收入真实性、完整性的核查方法、比例及结论,以及对报告期内是否存在发行人控股股东、实际控制人、董监高、员工或前员工及与上述人员关系密切人员参与设立或作为发行人经销商运营的情形,是否存在经销商为发行人承担成本费用等情形的核查过程及结论。

**案例分析**：针对上述事项，保荐机构、申报会计师履行了以下核查程序：(1)访谈销售总监、财务总监，了解公司经销模式下客户选择、管理及退出情况，了解公司各类经销商是否存在代理级别划分或地理区域划分等情形，是否存在仅销售发行人产品的独家经销商。(2)查阅同行业可比公司相关信息，核实发行人业务存在经销模式的合理性，将发行人相关业务数据与同行业上市公司进行对比。(3)获取查阅公司《经销商管理制度》，了解内部控制并对经销商客户准入、日常管理、产品定价机制、退换货机制、存货管理等相关流程执行控制测试。(4)通过国家企业信用信息公示系统、中国信保资信平台、企查查等对经销商客户及其终端客户进行背景调查，了解经销商客户及其终端客户的成立时间、注册资本、股权结构、实际控制人或主要股东、主营业务、销售规模、注册地址等。(5)获取公司与经销商签订的经销协议，查阅公司与经销商合作的主要销售政策及合同条款、各方主要权利及义务、相关信用政策、费用承担原则、销售返利等信息，评价发行人收入确认政策的合理性，是否与合同约定、销售过程一致，是否符合企业会计准则的规定。(6)获取并查阅经销商协议关于运输义务的约定，对于发货到终端的经销商获取终端发货地址信息，对于终端地址进行匹配，抽查发货物流单据、终端销售合同等，分析经销商终端客户销售情况，了解终端客户归属行业情况。(7)获取经销商对于按行业划分的终端客户销售情况确认函。(8)对主要经销商和部分终端客户实地走访或视频访谈，了解库存备货情况、定价机制、运输义务、售后维修服务以及终端客户情况，获取终端客户发货地址信息、签收单、银行支付凭证、经销商与终端客户合同等终端销售资料，了解其期末库存及最终销售实现情况；通过与上述终端客户的访谈，确认其向上述经销商采购发行人减速机的业务真实性，并确认已收到发行人代发的货物。(9)对主要经销商执行函证程序，对经销收入销售金额进行核实。(10)获取报告期内销售明细表，分析报告期内发行人直销模式、经销模式下各类产品销售价格、销售种类的差异情况及原因。(11)获取发行人报告期内的花名册，重点关注控股股东、实际控制人、董监高、销售业务人员、离职人员的情况,将其与经销商的股东、主要经营人员进行双向对比,查验是否存在发行人控股股东、实际控制人、董监高、员工或前员工及与上述人员关系密切人员参与设立或作为发行人经销商运营的情形。(12)获取实际控制人、主要股东、董监高等相关人员流水进行查验。

经核查,保荐机构、申报会计师认为:(1)发行人经销商数量、金额分布合理,经销模式收入占比较低,对于经销的选择、管理及退出等内控设计合理并有效执行。发行人经销商主要按照地理区域划分,针对减速机产品,有两家公司为发行人独家经销商,仅销售通力品牌减速机。(2)发行人对经销收入的确认依据合理,收入确认符合《企业会计准则》的规定。(3)报告期内发行人内销经销商主要约定发货至终端,可追溯至最终用户,产品实现了最终销售,最终客户行业广泛分散,主要集中在冶金、化工、环保、能源、制药、起重、输送、建材、粮油、矿山、物流、纺织、航空航天、海洋装备、工程机械等行业。发行人外销经销商的最终用户所处行业主要分布于棕榈油、环保、化工、输送、起重行业等。(4)报告期内发行人直销模式、经销模式下各类产品销售种类、销售价格有所差异,具有商业合理性。(5)发行人报告期内有两家经销商存在销售返利情形,发行人未与经销商约定代理售后维修服务,不存在其他未披露的重要合作约定。(6)报告期内发行人对于经销商的收入真实、完整。(7)报告期内不存在发行人控股股东、实际控制人、董监高、员工或前员工及与上述人员关系密切人员参与设立或作为发行人经销商运营的情形,不存在经销商为发行人承担成本费用等情形。

**案例32-2** 亨迪药业(股票代码:301211.SZ,2021年12月22日创业板上市)

**关注要点:**申报材料显示,发行人经销模式收入保持逐年增长趋势,且经销模式的毛利率较直销模式高,发行人解释主要是由于布洛芬原料药大客户采购量大、议价能力较强,以及发行人制剂产品、抗肿瘤类原料药等高毛利产品主要以经销模式进行销售导致。

审核问询要求保荐机构、申报会计师就相关事项发表明确意见。

**案例分析**:经核查,保荐人、申报会计师认为:(1)发行人补充披露了报告期内布洛芬原料药收入经销与直销模式下的销售金额、销量、价格、毛利率对比情况。(2)发行人销售的药品中销往公立医疗机构需要全面遵循两票制规定,销往非公立医疗机构、药店等,则不需要遵循两票制规定。发行人已分产品说明发行人产品在不同经销模式(配送经销、代理经销)下的终端客户类型、销售金额、占同类药品销售比例、毛利率情况。(3)经销模式为医药行业常见的销售模式。发行人已补充披露采用经销模式的必要性。经销模式下的产品已销往终端客户,报告期内经销商不存在压货的情形。(4)发行人补充披露了各期新增和减少的经销商数量,经销商各分层的平均销售规模,报告期内的变化情况,报告期各期新增经销商的销售数量、单位价格、销售金额。新增经销商的同类产品售价与旧经销商之间不存在明显差异、新增经销商的结算政策和信用期限与老经销商不存在明显差异。(5)报告期内,主要经销商与发行人及其实际控制人、董监高等不存在关联关系。主要经销商与发行人除正常购销资金往来外,不存在其他资金往来,与实际控制人、董监高等不存在资金往来。

**案例 32-3** 恒而达(股票代码:300946.SZ,2021 年 2 月 8 日创业板上市)

**关注要点**:根据申报材料,发行人的销售模式以经销为主、直销为辅。

审核问询要求说明经销商的最终销售实现情况(经销商下游的核查情况)。

**案例分析**:为核查发行人经销商的最终销售实现情况,保荐机构、申报会计师在对发行人对经销商销售收入真实性核查的基础上,主要履行了以下核查程序。

针对经销商的核查:(1)在国家企业信用信息公示系统查询主要经销商的登记信息。(2)实地走访发行人主要经销商,现场察看主要经销商的经营场所。(3)现场访谈经销商,了解其主要业务、经营情况、销售模式,核实其经营规模、采购与库存周期,核实其与发行人是否存在关联关系或其他特殊利益安排等情况。(4)取得并查阅经销商进销存表,核实经销商采购、销售和库存情况。(5)现场对经销商进行存货盘点,分析库存的合理性。(6)查阅经销商的销售台账,了解经销商对外销售及下游客户的类型、分布。(7)抽查经销商对其下游客户的发货单、销售合同、销售发票、出口报关单等单据,核查经销商对外销售的真实性。

针对经销商下游客户的核查:(1)实地穿透走访经销商的下游客户,现场察看经销商下游客户的经营场所和使用发行人产品的场景,核查经销商对外销售的真实性。(2)现场访谈经销商下游客户,了解其主要业务、经营情况,核实其向经销商采购发行人产品金额及与发行人是否存在关联关系或其他特殊利益安排。

经核查,保荐机构、申报会计师认为:报告期内发行人经销商主要根据终端客户需求向发行人采购产品,并实现最终销售,其销售周期较短、各期末库存总体规模较小,一般保持3~6周的库存规模;经销商库存与其实际销售情况相匹配,经销商的最终销售实现情况良好,不存在经销商期末压货、突击进货的情况。

**案例32-4** 青木股份(股票代码:301110.SZ,2022年3月11日创业板上市)

**关注要点:**根据招股说明书披露,发行人(青木股份)渠道分销业务可分为非买断式和买断式分销。

**案例分析:**分销模式下,公司将产品销售给非买断式平台客户(主要为唯品会、京东)和其他客户(主要为天猫、淘宝、京东等平台的中小卖家和线下分销商客户),由上述分销商向终端消费者进行销售。

针对分销模式产品最终销售情况,保荐机构和会计师的核查情况如下:

对于下游分销商为非买断式平台客户的,由公司提供营销推广、店铺运营、客服支持等运营支持服务，公司于期末根据经双方确认的当期对外销售清单确认收入。因此，该模式下公司确认的分销收入对应的存货均已实现终端销售。报告期各期，公司该业务模式下的分销收入占分销总收入的比例较高。保荐机构、申报会计师主要检查了与非买断式平台客户签订的销售合同、各期对外销售清单、回款记录、销售发票等相关资料。

对于下游分销商为其他客户（主要为天猫、淘宝、京东等平台的中小卖家和线下分销商客户）的，公司在按客户要求发货并经客户或客户下游的终端消费者确认收货后，根据客户签收记录、物流签收记录等确认收入。由于其采购公司商品采用买断模式，公司不掌握其终端销售情况。

**案例 32－5** 英诺特（股票代码：688253. SH，2022 年 7 月 28 日科创板上市）

**关注要点**：关于经销模式，审核问询要求保荐机构、申报会计师核查发行人独家经销收入的真实性。说明具体核查方法，并发表核查意见。

**案例分析**：针对发行人独家经销收入的真实性，保荐机构及申报会计师履行了以下核查程序：(1)访谈管理层和销售人员，了解发行人的业务模式，通过公开渠道查询同行业可比公司的业务模式，了解发行人采用独家经销模式的必要性。(2)结合对公司业务的了解，检查代表性合同的关键合同条款，通过公开渠道查询同行业可比公司的经销收入确认原则，评价发行人经销收入确认政策是否符合企业会计准则的规定。(3)了解发行人与经销收入确认相关的关键内部控制，包括经销商选取标准、日常管理、定价机制、物流、退换货机制、信用政策等方面的内控流程，评价该类控制的设计是否合理，并测试其运行有效性。(4)获取报告期内发行人产品销售明细表，对独家经销商营业收入及毛利率按月度、产品、客户等实施实质性分析程序，识别是否存在重大或异常波动，并查明波动原因。(5)获取独家经销商清单及销售明细表，统计独家经销商新增、退出及存续情况，分析发行人与独家经销商之间的合作是否稳定，分析统计独家经销商各层的平均销售规模及其变动情况,分析统计各期新增独家经销商的销售金额、销售单价、信用政策等是否存在重大变化。(6)通过对独家经销商实地走访、视频访谈、检查工商信息等程序,核查发行人及其实际控制人、董监高与主要客户是否存在关联关系,同时,调查发行人与该等独家经销商的合作历史、交易背景、合作模式、终端销售去向及库存情况等重要信息,检查相关产品收入确认的真实性和完整性。(7)通过对终端客户实地走访、视频访谈,了解终端客户与其独家经销商的业务合作情况,是否存在压货情形,与发行人及其实际控制人、董监高是否存在关联关系等。(8)获取报告期内独家经销商终端销售流向数据,以核查最终销售实现情况。(9)对全部独家经销商进行函证,核对报告期内交易金额和往来余额。(10)抽样检查与经销收入确认相关的支持性文件,包括合同、订单、销售发票、银行水单、客户签收单等。(11)获取并查阅发行人及其实际控制人、董监高的资金流水,核实独家经销商与发行人及其实际控制人、董监高是否存在其他非经营性资金往来。

经核查,保荐机构、申报会计师认为:发行人独家经销收入具有真实性。

## 第33条 通过互联网开展业务相关信息系统核查

### 一、规范要求

部分发行人,如电商、互联网信息服务、互联网营销企业等,其业务主要通过互联网开展。此类企业,报告期任意一期通过互联网取得的营业收入占比或毛利占比超过30%,原则上,保荐机构及申报会计师应对该类企业通过互联网开展业务的信息系统可靠性分别进行专项核查并发表明确核查意见。

发行人应向保荐机构及申报会计师完整提供报告期应用的信息系统情况,包括系统名称、开发人、基本架构、主要功能、应用方式、各层级数据浏览或修改权限等;应向保荐机构及申报会计师核查信息系统数据开放足够权限,为其核查信息系统提供充分条件。

1. 对于直接向用户收取费用的此类企业,如互联网线上销售、互联网信息服务、互联网游戏等,保荐机构及申报会计师的核查应包括但不限于以下方面:(1)经营数据的完整性和准确性,是否存在被篡改的风险,与财务数据是否一致。(2)用户真实性与变动合理性,包括新增用户的地域分布与数量、留存用户的数量、活跃用户数量、月活用户数量、单次访问时长与访问时间段等,系统数据与第三方统计平台数据是否一致。(3)用户行为核查,包括但不限于登录 IP 或 MAC 地址信息、充值与消费的情况、重点产品消费或销售情况、僵尸用户情况等,用户充值、消耗或消费的时间分布是否合理,重点用户充值或消费是否合理。(4)系统收款或交易金额与第三方支付渠道交易金额是否一致,是否存在自充值或刷单情况。(5)平均用户收入、平均付费用户收入等数值的变动趋势是否合理。(6)业务系统记录与计算虚拟钱包(如有)的充值、消费数据是否准确。(7)互联网数据中心(IDC)或带宽费用的核查情况,与访问量是否匹配。(8)获客成本、获客渠道是否合理,变动是否存在异常。

2. 对用户消费占整体收入比较低,主要通过展示或用户点击转化收入的此类企业,如用户点击广告后向广告主或广告代理商收取费用的企业,保荐机构及申报会计师的核查应包括但不限于以下方面:(1)经营数据的完整性和准确性,是否存在被篡改的风险,与财务数据是否一致。(2)不同平台用户占比是否符合商业逻辑与产品定位。(3)推广投入效果情况,获客成本是否合理。(4)用户行为真实性核查,应用软件的下载或激活的用户数量、新增和活跃的用户是否真实,是否存在购买虚假用户流量或虚构流量情况。(5)广告投放的真实性,是否存在与广告商串通进行虚假交易。(6)用户的广告浏览行为是否存在明显异常。

如因核查范围受限、历史数据丢失、信息系统缺陷、涉及商业秘密等原因,导致无法获取全部或部分运营数据,无法进行充分核查的,保荐机构及申报会计师应考虑该等情况是否存在异常并就信息系统可靠性审慎发表核查意见,同时,对该等事项是否构成本次发行上市的实质性障碍发表核查意见。

此外,发行人主要经营活动并非直接通过互联网开展,但其客户主要通过互联网销售发行人产品或服务,如发行人该类业务营业收入占比或毛利占比超过30%,保荐机构及申报会计师应核查该类客户向发行人传输交易信息、相关数据的方式、内容,并以可靠方式从发行人获取该等数据,核查该等数据与发行人销售、物流等数据是否存在差异,互联网终端客户情况(如消费者数量、集中度、地域分布、消费频率、单次消费金额分布等)是否存在异常。对无法取得客户相关交易数据的,保荐机构及申报会计师应充分核查原因并谨慎评估该情况对发表核查意见的影响。

## 二、相关解析

当前我国大部分企业正处于数字化转型的成长阶段,随着企业数字化程度提高,信息系统将成为数据全生命周期的载体,承担了对数据安全保护的职责。信息系统核查也将成为拟上市公司管理层以及监管部门检验和监督公司数据资产的重要手段。

针对互联网线上销售数据的核查,需要了解销售模式及业务特点,测试相关内部控制运行的有效性;对网上的销售订单执行穿行测试;导出后台交易记录进行数据核对;抽样检查发行人发货的出库单、装箱单、报关单等,并检查货运发行人送货单,确定物流运输的真实性;分析销售回款、退换货等情况;量化分析各类销售费用(推广费用、平台服务费)等支出和营业收入的匹配性等。

互联网线上销售通常是在天猫、京东、抖音等线上渠道开设店铺,单个订单金额较小,但存在大量较为分散的个人客户,核查难度大。互联网线上销售占比较高的企业,可能会通过刷单来维护平台营销工具的点击率及商品成交率,提升商品质量得分,以此来获得更多的流量和曝光。刷单一般是指卖家向刷单人员提供专门的刷单资金，通过发虚拟邮包或空邮包来实现销售收入。其中，在发虚拟邮包的方式下，卖家还需寻求快递公司配合赋予物流快递单号、签收信息等。在该模式下，卖家均需要承担一定的刷单成本，包括平台费用、购买虚拟邮包的快递单号费用、空邮包的快递费用等。在应对刷单问题的核查时，通常会了解企业的业务特点，分析动机，验证商业逻辑，运用大数据分析，评估及利用IT审计专家工作，并结合常规检查及其他核查手段确保核查逻辑完整、过程严密、结果可验证。

## 三、典型案例

**案例33－1** 贝泰妮（股票代码：300957.SZ，2021年3月25日创业板上市）

**关注要点：**招股说明书披露，2019年度发行人线上渠道销售收入占比达到75%以上，线上渠道是公司实现销售收入最主要的销售渠道。

审核问询要求保荐机构、申报会计师对照证监会《首发业务若干问题解答》（2020年6月修订）问题53的要求，对发行人通过互联网开展业务的信息系统可靠性进行专项核查并发表明确意见。

**案例分析：**保荐机构、申报会计师履行了如下核查程序。

（1）了解及评价发行人与线上销售业务的收入确认有关的内部控制，了解发行人各信息系统的运行状况及系统间的数据传输过程，并对线上自营业务流程的关键控制执行穿行测试，检查系统间数据信息传递的有效性，评估数据被篡改的风险；获取报告期各期线上自营销售模式下的销售收入台账，并与业务系统、电商平台后台数据进行对比，确认业务数据的完整、准确性以及与财务数据的一致性。

经核查，发行人业务数据能够及时导入相应的信息系统，主要电商平台的数据传输过程无人工干预，经营数据完整、准确，与财务数据一致。

（2）结合各B2C电商平台的合作协议、对发行人线上自营业务负责人进行访谈，了解电商行业惯例、各平台自营店铺的业务及定位情况、不同店铺的促销策略及消费群体、客户留存及活跃度等情况；对报告期各期前五大线上自营店铺的新增客户进行分析，获取报告期内主要线上自营店铺的业务数据，并对新客户的购买行为进行分析，结合各店铺的促销政策，分析新增客户与销售数据、促销政策及活动的匹配性；获取发行人前五大线上自营店铺的后台营运数据，统计各店铺的购买金额区间分布占比、地区分布、页面停留时间、日活跃账户数量等，结合各店铺报告期内的促销活动时间、促销及推广政策变化、各地区的购买力及发行人的品牌影响力等，分析各线上自营店铺上述数据变动的合理性。

经核查，发行人用户数量真实，变动合理，上述运营数据不存在异常；报告期内，发行人的交易量分时分布数据与其促销政策及促销活动的时间分布基本一致。

（3）获取报告期内发行人自主搭建的薇诺娜专柜服务平台和薇诺娜网上商城系统数据库中的会员数据；获取上述店铺系统数据库中的登录IP信息，并将IP地址信息与全球IP地址库进行匹配，确认所属地区，并与销售区域分布结构进行对比；按店铺、年份统计上述店铺的新注册用户数、新客户数量，按IP地址库进行省份或直辖市匹配，并按照区域进行统计；分析终端客户账号注册时间分布、客户IP地址地区分布的合理性及与店铺销售区域分布的匹配性以及僵尸用户的情况。

经核查，报告期内，发行人用户行为不存在异常。

（4）登录各线上自营店铺，了解用户支付货款的方式；将交易金额与第三方支付流水的交易金额进行对比，分析是否存在异常；对天猫、京东等的运营负责人进行访谈，了解报告期内发行人是否存在刷单、虚构交易、违规提升信誉等违规行为。

经核查，报告期内，发行人交易金额与第三方支付渠道交易金额基本一致；业务系统不存在收款或充值功能；不存在刷单、虚构交易、提升信誉等行为。

(5)对发行人线上自营平台店铺客户进行用户画像分析,包括按照店铺、期间统计并计算各店铺的客单价区间的人数分布与金额分布、客户购买频次分布等,并结合各线上自营店铺的定位及推广策略、用户的消费习惯等,分析不同店铺客单价分层差异的原因以及报告期内客单价区间分布变动的合理性。

经核查,发行人(客单价)区间分布合理及其变动符合其实际业务情况,变动趋势合理。

(6)查看各线上自营店铺后台,确认各平台不存在预充值、虚拟钱包等功能。

(7)获取发行人互联网数据中心(IDC)费用明细,并结合发行人薇诺娜网上商城、薇诺娜专柜服务平台访问量,分析上述费用与访问量变化趋势是否一致。

经核查,上述费用与访问量变化趋势具有匹配性。

(8)获取发行人各线上自营平台店铺的宣传推广费用台账并计算获客成本及推广费用率等指标,结合对应店铺的销售数据、客户数量、店铺访问流量指标情况,分析获客渠道与获客成本变动的合理性,确认推广效果与销售数据、客户数据以及店铺访问数据波动是否异常。

经核查,报告期内,发行人各主要线上自营店铺的获客成本、获客渠道合理,变动不存在异常。

综上,保荐机构、申报会计师认为:发行人相关信息系统在所有重大方面保持了有效的财务报告内部控制,内部控制设计健全,并得以有效执行,信息系统具有可靠性。

**案例33-2** 趣睡科技(股票代码:301336.SZ,2022年8月12日创业板上市)

**关注要点:**审核问询回复显示,报告期内存在同一收件联系方式对应10~30个及30个以上收件人姓名、收件地址情形;存在同一收件地址且同一收件联系方式客户各年度下单10～30笔及30笔以上的订单情形。

审核中心意见落实函要求保荐机构、申报会计师结合IT审计中物流信息与收入匹配性等因素，进一步说明针对发行人“刷单”的具体核查方式，已披露的“刷单”金额是否真实、准确、完整，是否对发行人销售收入产生影响，是否存在其他异常情形。

**案例分析**：保荐机构、申报会计师履行了如下核查程序：(1)协同IT审计团队对发行人信息系统进行审计，了解发行人计算机系统相关控制环节的设置、执行情况、获取终端客户最终信息方式以及保证交易信息真实、准确、完整的措施。(2)统计发行人报告期内同一收件联系方式对应10～30个及30个以上收件人姓名个数和收件地址个数。(3)统计分析报告期内发行人存在同一收件地址且同一收件联系方式客户各年度下单10～30笔及30笔以上订单的原因及合理性，并与行业惯例进行对比分析。(4)通过物流费用对账单核查出库单中物流单号的真实性，验证订单是否真实发货。(5)对订单重量进行核查，分析订单对应的包裹重量是否存在异常，是否存在空包裹刷单情形。(6)对报告期内发行人线上零售模式下主要电商平台的交易订单数与快递单数进行匹配分析。(7)对报告期内销售收入、销售订单金额和物流费用对账单的物流费用、物流重量进行趋势分析。

经核查，保荐机构、申报会计师认为：报告期内存在同一收件地址且同一收件联系方式客户各年度下单10～30笔及30笔以上订单的情形，主要系购买用于二次销售、公司礼品或酒店公寓购买自用、个人全屋装修使用等，具备合理性，上述核查维度符合行业惯例，符合发行人产品消费特征，不存在异常情形。IT审计中物流信息与收入匹配，已披露的“刷单”金额真实、准确、完整，对发行人销售收入未产生影响，不存在其他异常情形。

**案例33－3** 致欧科技（股票代码：301376.SZ，2023年6月21日创业板上市）

**关注要点**：关于线上销售，审核问询要求发行人补充说明：(1)线上销售各模式下从主要电商平台可获取的客户、订单信息的具体类型、内容与获取方式,报告期内可获取的包括消费者姓名、地址等在内的信息内容与获取方式是否发生变化;相关信息是否经过加密/脱敏处理,真实性是否可验证。(2)线上销售收货地址重复的整体情况,包括但不限于相关订单数量、订单金额等具体情况,分析说明将线上销售重复投递地址客户/订单的分析标准设定为"超过10人""超过10件"的合理性,并结合线上销售的产品类型、客户类别等结构分布,进一步分析收货地址重复的原因及合理性。

**案例分析**:针对上述问题,保荐机构履行了以下核查程序:(1)访谈发行人业务负责人、财务负责人、IT负责人,了解各主要线上销售平台获取的订单信息、客户信息具体内容和获取方式、报告期内的变化情况、是否存在信息加密/脱敏等情况。(2)获取并审阅发行人信息系统专项核查报告。(3)获取发行人线上销售订单明细以及信息系统核查中相关重复地址客户超过10人或订单超10单的相关订单明细,通过网络查询、了解部分地址位置情况,分析其合理性。(4)访谈发行人业务部门负责人,了解家具家居行业线上销售的消费者行为特征,了解将重复地址客户数量和订单数量确定为"10人/10单"的原因及其合理性,按照不同区间统计重复投递地址相关客户/订单数据,并分析其成因及合理性。

经核查,保荐机构认为:(1)报告期内,线上销售B2C模式下,发行人可以从平台数据接口,平台订单报表、列表或进账单,或是订单详情界面获取包含订单编号、订单内容、数量、金额、税费、配送方式等订单信息以及包含客户姓名、详细地址(包含国家、城市、街道、建筑、邮编等明细信息)、联系电话、邮箱等客户信息;除2021年后亚马逊平台调整政策,FBA发货订单不再显示客户姓名、详细地址和联系电话外,无其他重大变化;主要销售平台向卖家提供的客户邮箱信息经脱敏处理,主要平台所提供经脱敏的别名邮箱信息的真实性可验证。(2)发行人将销售重复投递地址客户/订单的分析标准设置为"10人/10单"具有合理性;报告期内,发行人同一地址对应多个客户或多个订单的比例总体较低,符合线上消费的一般用户行为以及发行人经营的实际状况,不存在明显异常情形,具备合理性。

# 第34条 信息系统专项核查

## 一、规范要求

### (一)适用情形

发行人日常经营活动高度依赖信息系统的,如业务运营、终端销售环节通过信息系统线上管理,相关业务运营数据由信息系统记录并存储,且发行人相关业务营业收入或成本占比、毛利占比或相关费用占期间费用的比例超过30%的,原则上,保荐机构及申报会计师应对开展相关业务的信息系统可靠性进行专项核查并发表明确核查意见。保荐机构及申报会计师应结合发行人的业务运营特点、信息系统支撑业务开展程度、用户数量及交易量级等进行判断。

如保荐机构及申报会计师结合对发行人业务运营、信息系统以及数据体量的了解,认为存在覆盖范围等方面局限的,应考虑引入信息系统专项核查工作。

### (二)核查总体要求

1. 总体原则。发行人应向中介机构完整提供报告期应用的信息系统情况,包括系统名称、开发人、基本架构、主要功能、应用方式、各层级数据浏览或修改权限等;应为中介机构核查信息系统开放足够权限,提供充分条件。

中介机构应对发行人存储于信息系统中的业务运营和财务数据的完整性、准确性、一致性、真实性和合理性等进行专项核查并发表明确意见。

2. 胜任能力。中介机构应选派或聘请具备相应专业能力的团队和机构执行信息系统核查工作。

3. 责任划分。聘请其他机构开展信息系统专项核查工作或参考其核查结论的，中介机构应考虑其他机构的独立性、可靠性及其核查工作的充分性，并就借助他人开展信息系统专项核查工作的必要性与有效性谨慎发表意见。

4. 核查方案。执行信息系统专项核查，核查团队应以风险防控为导向，结合发行人业务模式、盈利模式、系统架构、数据流转等情况，充分考虑舞弊行为出现的可能性，识别业务流程中可能存在的数据造假风险点，合理设计核查方案，运用大数据分析和内部控制测试等手段逐一排查风险点，全面验证发行人信息系统中业务和财务数据的完整性、准确性、一致性、真实性和合理性。

### （三）核查工作要求

1. IT 系统控制：包括但不限于系统开发、访问逻辑、权限管理、系统运维、数据安全、数据备份等流程控制情况；重点关注是否存在过度授权，是否存在录入信息系统应用层数据或篡改信息系统后台数据库等数据造假舞弊的风险，是否发生过导致数据异常的重大事件；结合发现的缺陷，判断是否对信息系统存储数据的真实性、准确性及完整性产生影响，是否存在补偿性控制，并明确其性质是否属于重大缺陷以及对内部控制有效性的影响程度。

2. 基础数据质量探查：包括但不限于基础运营数据及财务数据在系统中记录和保存的准确性、完整性；基础数据直接生成或加工生成的主要披露数据的真实性、准确性及完整性；重点关注是否存在数据缺失、指标口径错误导致披露数据失实等事项。

3. 业务财务数据一致性核查：包括但不限于经营数据与核算数据、资金流水等财务数据的一致性或匹配性，测试范围应覆盖整个核查期间；重点关注财务核算数据与经营数据不一致、资金流水与订单金额不匹配等事项。

4. 多指标分析性复核：深入分析关键业务指标和财务指标的变化趋势及匹配性，通过多指标分析性复核找出“异常”趋势和交易，分析贯穿整个业务链条的关键业务及财务指标数据趋势，指标数据应至少以“月”为时间维度进行统计和分析,对个别关键指标数据应按“天”分析;重点关注关键业务指标和财务指标的变化趋势及匹配性,排查是否存在背离发行人业务发展、行业惯例或违反商业逻辑的异常情形,相关核查包括但不限于用户变动合理性、用户行为分布合理性、获客渠道等。

5. 反舞弊场景分析:应针对行业情况设计舞弊场景进行验证测试;基于业务流程可能出现舞弊造假环节的场景进行验证测试,分析核查期间用户行为及订单表现,形成异常数据临界值,识别脱离临界值的异常用户或异常订单并进行深入排查,包括但不限于用户真实性、收入分布合理性、获客成本变动合理性等。

6. 疑似异常数据跟进:包括但不限于排查有聚集性表现的疑似异常数据,除业务逻辑相互印证外,还应执行明细数据分析或实质性走访验证;对确实无法合理解释的异常情况,应分析对收入真实性的影响并发表明确意见。

(四)核查报告要求

1. 核查报告内容。信息系统专项核查报告应清晰描述核查工作的整个过程,准确描述和定义核查范围、比例,清晰描述发行人业务模式、经营活动,充分揭示所有风险点,准确叙述每一个风险点涉及的核查方法、核查经过、核查结果、异常情况和跟进测试情况。信息系统专项核查报告应做到内容翔实、结论清晰、不留疑问。

2. 核查报告结论。中介机构应结合信息系统专项核查结果,分别就发行人的信息系统是否真实、准确、完整地记录发行人的经营活动,业务数据与财务数据是否一致发表明确意见。存在明显异常事项的,应明确披露该等事项及问题性质,并就该事项的实质性影响发表明确意见。因核查范围受限、历史数据丢失、信息系统缺陷、涉及商业秘密等原因,无法获取全部运营数据,无法进行充分核查的,中介机构应就信息系统可靠性审慎发表核查意见,并对该等事项是否构成本次发行上市的实质性障碍发表核查意见。

## 二、相关解析

2023年2月17日发布的《监管规则适用指引——发行类第5号》第14条在《首发业务若干问题解答》(2020年6月修订)适用情形的基础上,进一步明确了适用信息系统专项核查的情形,即"发行人日常经营活动高度依赖信息系统的,如业务运营、终端销售环节通过信息系统线上管理,相关业务运营数据由信息系统记录并存储,且发行人相关业务营业收入或成本占比、毛利占比或相关费用占期间费用的比例超过30%的"。意味更多发行人在申报工作前期需要将信息系统专项核查纳入重点关注的范围。

《监管规则适用指引——发行类第5号》第14条不仅要求发行人为执行团队提供充分的条件,也对执行的胜任能力、职责划分提出了要求,提出了信息系统核查的六项内容。此外,明确了信息系统专项核查报告的内容及结论,需要清晰描述核查工作的整个过程,并且要内容翔实、结论清晰、不留疑问。报告中应对信息系统可靠性、业务数据与财务数据的一致性、明显异常事项的实质性影响、是否构成本次发行上市的实质性障碍发表核查意见。

可见,上述指引对申报工作中信息系统专项核查内容的深度、精度提出了更高的要求,意味着发行人在数字化转型或系统不断升级迭代的过程中,需要同时考虑监管的适用性。

## 三、典型案例

**案例34-1** 世纪恒通(股票代码:301428.SZ,2023年5月19日创业板上市)

**关注要点:**根据审核问询回复,在发行人可获得的信息基础上,在IT审计师的协助下,保荐机构对消费者数量、集中度、地域分布、消费频率、单次消费金额分布等进行了分析,结果显示不存在异常。此外,发行人委托中汇咨询(北京)有限公司对信息系统进行了审计,出具了信息系统审计报告。

第二轮审核问询要求保荐机构、申报会计师说明对中汇咨询出具的信息系统专项核查报告的复核情况,中汇咨询对相关异常标准选定的合理性及准确性,对存在异常的情形是否履行了必要的关注,相关结论的准确性,对上述报告中发行人提供的说明或者解释是否进行复核及分析。

**案例分析**:保荐机构和申报会计师对中汇咨询出具的信息系统专项核查报告进行了复核:(1)对IT审计师的审计背景及目标进行了解,对照发行人业务实际情况、信息系统归属权、发行人权限,对财务核算和财务报告的影响程度进行分析。(2)对IT审计师选定的审计范围和审计内容进行检查,对其完整性、准确性进行分析。(3)结合发行人的业务特点、在业务中扮演的角色和权限,对IT审计师选择的审计方法进行合理性分析。(4)对IT审计师取得的业务数据的归属权、覆盖的范围进行检查,对未覆盖部分是否影响发行人财务核算和报表准确性进行分析。(5)对IT审计师对相关异常标准的选定进行分析,结合发行人业务的实际情况、行业情况及生活常识判断其合理性及准确性。(6)对IT审计师提出的异常事项、发行人对该等事项进行的说明、对应的支撑性资料进行了检查,核实说明是否真实合理、支撑依据是否充分、相关核查是否充分。

经复核,保荐机构认为:中汇咨询对相关异常选定的标准具有合理性及准确性,对存在异常的情形履行了必要的关注,相关结论准确,保荐机构对上述报告中发行人提供的说明或者解释进行了复核及分析。

**案例34-2** 卓创资讯(股票代码:301299.SZ,2022年10月19日创业板上市)

**关注要点**:关于IT审计,根据审核问询回复,发行人用户订阅产品后使用情况良好,僵尸用户占比较低。

第二轮审核问询要求在招股说明书中补充披露中介机构执行信息系统专项核查的基本情况，并结合客户特征、交易特征等要素披露信息系统专项核查的主要核查过程及结论。

**案例分析**：会计师事务所的信息系统审计团队（以下简称 IT 审计团队），组成了专项核查工作小组，对发行人报告期信息系统及其中数据执行审计程序，对其信息系统内部控制设计和执行的有效性及系统中数据的真实性、完整性和可用性进行核查，并出具了信息系统控制风险为低的信息系统审计报告。具体核查情况如下。

（1）IT 系统的一般控制核查

①针对发行人控制层面的核查情况：发行人控制层面主要包括控制环境、信息沟通、风险评估、监控四个部分。IT 审计团队通过访谈发行人管理层以及核查相关管理制度等方式，核查发行人内部环境的安全性，认为发行人拥有完备的组织架构，各部门人员岗位职责明确。

②针对业务系统一般控制层面的核查：业务系统一般控制评估主要包括变更管理、访问管理和运维三部分。IT 审计团队通过对信息系统开发与变更控制、逻辑访问及权限管理、数据备份、系统安全等关键控制点的执行情况进行核查，认为发行人业务系统一般控制运行情况良好，整体风险较低。

（2）IT 系统的应用控制核查

经核查，发行人业务系统以及后台数据库能够真实、准确、完整记录客户的注册、下单、收入分摊、登录、浏览等信息，且信息系统在财务审核、权限开通流程、短信渠道试用期、收入分摊、银行流水自动匹配订单上控制有效，进一步保证了信息系统数据的完整性。

（3）IT 系统数据分析核查

包括以下核查程序：①分析网上信息、手机客户端、手机短信、时段报告、大宗商品数据客户端的订单真实性、完整性以及僵尸用户情况。②用户充值、消耗或消费的时间分布合理性核查，重点用户的充值情况核查。③分析用户的真实性和变动合理性。④分析用户的用户行为。⑤系统收款与交易金额核查。⑥平均用户收入和平均付费用户收入核查。⑦互联网数据中心(IDC)或者带宽费用的核查。⑧获客成本与获客渠道核查。

**案例34-3** 三博脑科(股票代码:301293.SZ,2023年5月5日创业板上市)

**关注要点:**申报材料显示,发行人医疗服务业务主要面向个人消费者,具有单笔收入较小、收费频次较高等特点。

审核问询要求保荐机构、申报会计师按照证监会《首发业务若干问题解答》(2020年6月修订)相关要求说明对发行人信息系统核查的情况及主要结论。

**案例分析:**根据《首发业务若干问题解答》(2020年6月修订)关于信息系统核查的要求,发行人聘请了立信会计师事务所的信息系统审计团队执行了信息系统审计,并出具了信息IT系统专项核查报告。信息系统审计团队充分了解了发行人信息系统与业务模式和业务流程的关系后,以发行人业务流程为基础,以风险为导向,识别发行人信息系统方面可能存在的所有风险点,并进行逐一核查。信息系统审计团队从信息系统一般控制测试、应用控制测试、数据验证和数据分析的维度,对发行人信息系统控制设计和执行的有效性进行评估、对业务数据的完整性和准确性进行验证、对业务数据的真实性进行分析,以应对发行人可能存在的信息系统风险。

保荐机构及申报会计师利用并复核了信息系统审计专家工作,充分评估了专家执业胜任能力,充分了解了信息系统审计执行的过程和结果,以及充分了解了信息系统审计结果对发行人财务报表的影响后,认可信息系统审计专家的核查方法和结果。

基于前述审计程序,IT审计报告结论为:(1)发行人已建立起比较完善的IT系统控制管理体系,设计和实施了重要的系统控制措施。不存在影响财务报表的相关核心业务IT系统的控制缺陷,IT系统整体控制能为财务报表数据支持提供合理保证。(2)在系统可靠性核查方面，通过穿行测试核查了患者的挂号信息、门诊信息和住院信息，上述信息均能完整、准确地记录在医院管理和医疗活动中进行信息管理和联机操作的计算机应用系统(HIS系统)中，可以确认所核查的下属医院提供的HIS系统数据库的真实性；通过核查外围系统中的手术麻醉系统和PACS系统(医学影像存档与通信系统)与HIS系统数据的一致性，确认了HIS系统数据来源的真实性；通过核查下属医院HIS系统数据与财务数据、医保系统数据的一致性，确认了系统数据的完整性；对HIS管理系统的挂号数据、门诊数据和住院数据进行各维度分析，整体上不存在影响财务报表的异常情况。

**案例34－4** 极米科技(股票代码：688696.SH，2021年3月3日科创板上市)

**关注要点**：关于IT审计，审核问询要求保荐机构、申报会计师说明对IT审计相关核查情况，并结合IT审计的内容，对发行人销售相关业务系统的有效性发表明确核查意见。

**案例分析**：IT审计机构按照《中国注册会计师审计准则》、《企业内部控制基本规范》、《企业内部控制应用指引》及国际信息系统审计协会审计指南对公司报告期内的与线上销售B2C业务收入相关的信息系统进行了审计，确定被审计实体的计算机运作环境和相关控制是否能够充分支持以控制信赖策略来获取合理保证，并出具信息系统审计报告。IT审计的结论为：(1)极米科技在信息技术治理，系统开发与变更，运维与安全等内部控制关键控制点设计和运行有效。(2)信息系统的收入成本的算法、接口控制、参数配置、不相容岗位权限控制、报表输入输出等应用控制有效。(3)通过对极米科技订单数据进行分析，包含对主要经营指标的趋势和集中度进行分析，未发现通过技术手段舞弊的行为。

针对发行人销售业务系统的有效性，结合IT审计报告情况，保荐机构和申报会计师履行了以下核查程序：(1)取得与信息系统、销售相关的内控管理制度。(2)查阅了公司主要业务流程,并就业务流程与发行人业务人员、财务人员等进行沟通访谈,了解信息系统的功能模块、权限设置、业务流程等。(3)查阅了 IT 审计师出具的 IT 审计报告,并就 IT 审计内容进行沟通。(4)现场观察系统使用情况和检查业务操作记录,查看信息系统中关键环节的授权是否规范合理。(5)根据 IT 审计筛选的异常订单,筛选了 750 余条 C 端客户样本进行电话访谈,其中有效访谈样本数量比例在 30% 左右,经访谈确认,相关 C 端用户购买行为均真实准确,不存在为发行人刷单情形。(6)对线上 C 端客户抽样进行测试,共选取 125 个样本,查验采购订单、出库单、物流单、发票等信息是否相符,未发现有重大异常。(7)对线下门店实现的 C 端客户进行电话访谈,选取样本数量 250 余个,有效访谈数量占比约 23%,确认其购买背景真实、购买行为系真实自愿等信息。

经核查,保荐机构、申报会计师认为:IT 审计报告的结论可靠、真实,公司信息系统及其关键控制环节的设置合理,且得到有效执行。

## 第 35 条 资金流水核查

### 一、规范要求

#### (一)适用情形

保荐机构及申报会计师应当充分评估发行人所处经营环境、行业类型、业务流程、规范运作水平、主要财务数据水平及变动趋势等因素,确定发行人相关资金流水核查的具体程序和异常标准,以合理保证发行人财务报表不存在重大错报风险。发行人及其控股股东、实际控制人、董事、监事、高管等相关人员应按照诚实信用原则,向中介机构提供完整的银行账户信息,配合中介机构核查资金流水。中介机构应勤勉尽责,采用可靠手段获取核查资料,在确定核查范围、实施核查程序方面保持应有的职业谨慎。在符合银行账户查询相关法律法规的前提下，资金流水核查范围除发行人银行账户资金流水以外，结合发行人实际情况，还可能包括控股股东、实际控制人、发行人主要关联方、董事、监事、高管、关键岗位人员等开立或控制的银行账户资金流水，以及与上述银行账户发生异常往来的发行人关联方及员工开立或控制的银行账户资金流水。

（二）核查要求

保荐机构及申报会计师在资金流水核查中，应结合重要性原则和支持核查结论需要，重点核查报告期内发生的以下事项。

1. 发行人资金管理相关内部控制制度是否存在较大缺陷。

2. 是否存在银行账户不受发行人控制或未在发行人财务核算中全面反映的情况，是否存在发行人银行开户数量等与业务需要不符的情况。

3. 发行人大额资金往来是否存在重大异常，是否与公司经营活动、资产购置、对外投资等不相匹配。

4. 发行人与控股股东、实际控制人、董事、监事、高管、关键岗位人员等是否存在异常大额资金往来。

5. 发行人是否存在大额或频繁取现的情形，是否无合理解释；发行人同一账户或不同账户之间，是否存在金额、日期相近的异常大额资金进出的情形，是否无合理解释。

6. 发行人是否存在大额购买无实物形态资产或服务（如商标、专利技术、咨询服务等）的情形，如存在，相关交易的商业合理性是否存在疑问。

7. 发行人实际控制人个人账户是否存在大额资金往来较多且无合理解释，或者频繁出现大额存现、取现情形。

8. 控股股东、实际控制人、董事、监事、高管、关键岗位人员是否从发行人获得大额现金分红款、薪酬或资产转让款，转让发行人股权获得大额股权转让款，主要资金流向或用途存在重大异常。

9. 控股股东、实际控制人、董事、监事、高管、关键岗位人员与发行人关联方、客户、供应商是否存在异常大额资金往来。

10. 是否存在关联方代发行人收取客户款项或支付供应商款项的情形。

发行人在报告期内存在以下情形的，保荐机构及申报会计师应考虑是否需要扩大资金流水核查范围。

1. 发行人备用金、对外付款等资金管理存在重大不规范情形。

2. 发行人毛利率、期间费用率、销售净利率等指标各期存在较大异常变化，或者与同行业公司存在重大不一致。

3. 发行人经销模式占比较高或大幅高于同行业公司，且经销毛利率存在较大异常。

4. 发行人将部分生产环节委托其他方进行加工的，且委托加工费用大幅变动，或者单位成本、毛利率大幅异于同行业。

5. 发行人采购总额中进口占比较高或者销售总额中出口占比较高，且对应的采购单价、销售单价、境外供应商或客户资质存在较大异常。

6. 发行人重大购销交易、对外投资或大额收付款，在商业合理性方面存在疑问。

7. 董事、监事、高管、关键岗位人员薪酬水平发生重大变化。

8. 其他异常情况。

保荐机构及申报会计师应将上述资金流水的核查范围、资金流水核查重要性水平确定方法和依据，异常标准及确定依据、核查程序、核查证据编制形成工作底稿，在核查中受到的限制及所采取的替代措施应一并书面记录。保荐机构及申报会计师还应结合上述资金流水核查情况，就发行人内部控制是否健全有效、是否存在体外资金循环形成销售回款、承担成本费用的情形发表明确核查意见。

## 二、相关解析

资金流水反映了企业收支管理制度的完善性和有效性，以及收支交易的真实性和货币资金余额的准确性，在一定程度上体现了企业的内控情况。

根据《监管规则适用指引——发行类第 5 号》第 15 条的规定，资金流水核查范围除发行人银行账户资金流水以外，结合发行人实际情况，还可能包括控股股东、实际控制人、发行人主要关联方、董事、监事、高级管理人员、关键岗位人员等开立或控制的银行账户资金流水，以及与上述银行账户发生异常往来的发行人关联方及员工开立或控制的银行账户资金流水。实践中，往往扩展到实际控制人的直系亲属，所有关联企业（包括已转让或注销的关联企业），董事和监事的核查范围可以不包括独立董事、外部董事与外部监事，关键岗位人员包括财务人员、核心骨干以及相关离职人员等。

核查需要覆盖报告期内相关主体所有存在过的银行账户，包括已经注销的账户、新开立无发生额的账户、境外账户。部分银行对于已经销户或新开立无发生额的账户无法打印资金流水，可以采用核查导出的银行流水、纸质对账单和回单原件等替代程序进行核查。

资金流水核查需要全面完整，否则很可能构成上市障碍。

## 三、典型案例

**案例 35－1** 趣睡科技（股票代码：301336. SZ，2022 年 8 月 12 日创业板上市）

**关注要点：**关于流水核查，审核问询要求保荐机构、申报会计师说明具体的核查方法、程序、范围并发表明确意见。

**案例分析：**保荐机构、申报会计师主要核查方法、程序、范围如下：（1）取得了发行人基本户行出具的银行账户明细表和相关银行账户资料，通过比对银行账户明细表，往来交叉核对等方式，确认银行账户的完整性。（2）陪同公司财务人员前往对应的银行打印纸质对账单，并结合账户开立或注销时间确认纸质银行流水的完备性。对于报告期无流水的账户，亦获取了银行无法打印的截图等底稿资料。(3)结合金额和性质两个重要维度,从已经获取的发行人各主体报告期银行日记账内,独立核查并按照金额和性质两个维度抽取资金流水样本。同时,从发行人各银行账户报告期内的纸质版银行对账单对上述流水进行双向核对,并要求发行人根据反馈的抽查汇总表提供相应业务及财务凭证,保荐机构、申报会计师对所抽查流水凭证做了进一步核查。(4)从金额重要性、交易性质等角度出发,按照发行人不同主体及银行账户,针对 150 万元以上(根据银行账户流水核查覆盖比例,部分银行账户 20 万元、50 万元或 100 万元以上)及随机抽取部分 150 万元以下的银行存款科目交易流水重点核查并执行抽凭程序,报告期合计 1649 笔;针对 100 万元以上(根据第三方账户流水核查覆盖比例,部分账户 50 万元以上)及随机抽取部分 100 万元以下的京东钱包、支付宝等第三方支付账户的交易流水重点核查并执行抽凭程序,报告期合计 344 笔。将发行人流水与实际控制人及其配偶、内部董监高、主要财务人员等关键人员的流水进行双向匹配。(5)获取了发行人实际控制人、董监高、主要财务人员的个人征信报告,核查上述人员历史信用信息情况。(6)获取了发行人实际控制人及其配偶、内部董监高、主要财务人员出具的关于所提供银行账户信息真实、准确、完整之确认函,确认个人名下的银行账户已提供完整。(7)获取了外部董事、外部监事、独立董事出具的承诺函,承诺不存在将私人银行账户借给发行人使用的情况,也不存在代发行人收取货款、支付费用或其他开支的情况。(8)抽取了发行人实际控制人及其配偶、内部董监高、主要财务人员等关键人员单笔金额 5 万元以上的资金流水,并随机抽取部分 5 万元以下流水。其中重点核查与发行人、发行人董监高、员工及外部自然人之间的资金往来,并由相应人员提供流水背景说明。此外,针对上述自然人与发行人客户、供应商及关联方间是否存在资金往来进行核查,确认是否有体外资金循环、代垫费用等情形。(9)访谈发行人实际控制人、董监高、主要财务人员,确认除因个人需求零星购买公司产品,向小米、京东等平台零星采购小额商品外,上述人员与发行人客户、供应商、关联方之间不存在资金往来或异常情形。(10)走访发行人主要客户、供应商、关联方,确认与发行人实际控制人、董监高、主要财务人员不存在资金往来或异常情形。(11)获取发行人及主要客户、供应商、关联方出具的承诺函,确认与发行人实际控制人、董监高、主要财务人员不存在资金往来或异常情形。

**案例35-2** 阿莱德(股票代码:301419.SZ,2023年2月9日创业板上市)

**关注要点:**关于流水核查,第三轮审核问询要求保荐机构说明对相关大额资金流水的核查方式、核查情况。

**案例分析:**在申报尽职调查和反馈回复过程中,保荐机构对发行人实际控制人及其一致行动人以及其直系亲属和控制公司、全体董事(不含独立董事)、监事、高级管理人员的报告期内流水进行了核查,共计获得20位核查对象的64个银行账户流水。

核查程序包括:(1)对单笔交易金额超过5万元的交易内容进行关注和合理性分析,对大额资金和频繁往来资金进行特别关注,将交易对手方名单与发行人报告期内前三十大供应商和各期模具前五大供应商、各期外协加工前三大供应商、各期快速成型样件主要供应商(主要供应商的选取标准为按照采购额从高到低排序,选取采购额占比达到当期采购总额90%以上的)及根据公开信息能够查询到的上述供应商的主要人员名单进行匹配以判断是否存在重合情况,从而进一步判断是否可能存在体外资金循环和体外代垫成本等情况。(2)分析核查对象与发行人的所有资金往来是否与发行人银行流水相符,重点核查对发行人增资及发行人分红等资金往来事项是否与核查对象个人流水准确对应。(3)通过交叉核对分析银行账户流水中交易对手方的账户信息,复核确认董监高等人员提供的银行账户的完整性、真实性。(4)核查、分析各银行账户是否存在频繁的大额的存现、取现。(5)对于各银行账户中单笔5万元以下的交易记录,分析复核是否存在频繁的大批量小额异常支出。(6)获得了相关人员出具的保证所提供银行流水真实、准确、完整的承诺函。(7)对上述银行流水核查过程中发现的大额异常资金往来情况进行了访谈以了解真实背景。

在现场督导之前,实际控制人及其配偶、子女等主要近亲属、董事、监事、高级管理人员以及其他关键岗位人员在保荐机构项目组和会计师陪同下,前往16家银行查询个人账户清单,如发现此前未提供的流水,则补充提供。督导期间,核查对象增加了财务经理、出纳、内审部负责人、核心技术人员和实际控制人司机等8人,保荐机构获取了前述8人的59个银行账户流水。同时,保荐机构补充获取了原核查对象的172个银行账户流水。新获取账户多为报告期内存在睡眠、无流水或者无交易、已销户、零星交易或是虽正常使用但交易额或频率较低的账户,致使相关核查对象存在遗漏提供之情形。上述遗漏账户已在督导期间补充完整,且此次补充核查结论与前次无实质性差异,不存在刻意规避核查的情形。

**案例35-3** 时创能源(股票代码:688429.SH,2023年6月29日科创板上市)

**关注要点:**根据问询回复,中介机构核查了报告期内在发行人任职或曾经任职的21名实际控制人亲属的资金流水情况。

第二轮审核问询要求保荐机构、发行人律师、申报会计师说明对资金流水核查的具体过程。

**案例分析:**保荐机构、发行人律师、申报会计师陪同报告期内在公司任职或曾经任职的21名实际控制人亲属前往主要银行(包括五大国有银行、国有控股大型商业银行、主要全国性股份制银行、本地城商行、本地农商行等共计17家银行),以及个别人员拥有借记卡的其他银行,调取该等人员自2019年1月1日至2022年6月30日期间的开户清单及银行流水,取得了该等人员经银行盖章的包含交易对方和摘要等信息的详式纸质版银行流水。

在取得上述银行流水后,中介机构对核查对象的银行流水进行交叉复核,核查上述核查对象是否存在其他尚未提供的其他银行卡号,从而扩大核查范围,尽可能确保核查完整性。

中介机构结合当地收入水平及消费现状,对上述实际控制人亲属确定流水核查金额的重要性水平为单笔3万元,对大额资金流水(大于或等于3万元)的相关情况进行核查,同时对多笔累计3万元以上或虽低于3万元但异常的资金收支进行核查,通过获得本人出具的说明、访谈等方式确认各笔资金流水往来的背景原因、与交易对手方的关系,并获取相关证据核实其真实性及合理性。

**案例35-4** 华宝新能(股票代码:301327.SZ,2022年9月19日创业板上市)

**关注要点:**关于是否扩大资金流水核查范围的情况说明。

**案例分析:**根据《首发业务若干问题解答》(2020年6月修订)问题54的要求,发行人与其中"应考虑是否需要扩大资金流水核查范围"的事项的匹配情况如表3-2所示。

**表3-2 关于华宝新能"是否需要扩大资金流水核查范围"的事项**

| 序号 | 核查事项 | 发行人是否存在相关情形 |
| --- | --- | --- |
| 1 | 发行人备用金、对外付款等资金管理存在重大不规范情形 | 不存在 |
| 2 | 发行人毛利率、期间费用率、销售净利率等指标各期存在较大异常变化,或者与同行业公司存在重大不一致 | 不存在 |
| 3 | 发行人经销模式占比较高或大幅高于同行业公司,且经销毛利率存在较大异常 | 不存在 |
| 4 | 发行人将部分生产环节委托其他方进行加工的,且委托加工费用大幅变动,或者单位成本、毛利率大幅异于同行业 | 不存在 |
| 5 | 发行人采购总额中进口占比较高或者销售总额出口占比较高,且对应的采购单价、销售单价、境外供应商或客户资质存在较大异常 | 不存在 |
| 6 | 发行人重大购销交易、对外投资或大额收付款,在商业合理性方面存在疑问 | 不存在 |
| 7 | 董事、监事、高级管理人员、关键岗位人员薪酬水平发生重大变化 | 不存在 |
| 8 | 其他异常变化 | 不存在 |

考虑到发行人报告期内主要采取线上销售模式且收入增长较快,保荐机构及申报会计师扩大了对发行人重要关联方及公司员工的银行流水核查范围,除对发行人控股股东、实际控制人及其控制或担任董事高管的所有企业、董事(不含独立董事)、监事、高管、核心技术人员报告期内全部银行账户的资金流水展开核查外,还增加了对公司财务经理、公司出纳、IT信息部门经理、人事行政部门经理、采购部门经理、线上及线下等各渠道销售负责人等合计28名关键岗位人员的合计91个银行账户的资金流水展开核查,且取得相关人员签署的已提供报告期内与发行人及其关联方存在资金往来的全部银行账户的资金流水的书面声明,经核查不存在异常情况;考虑到发行人报告期内境外销售收入占比较高的情况,保荐机构及申报会计师补充了针对发行人境外子公司及境外重要关联方开立的境外银行账户,发行人董事(不含独立董事)、监事、高管、核心技术人员开立的境外银行账户,以及发行人3名境外核心管理岗位员工(发行人2021年6月末的境外员工合计20人,且其中2020年入职的外籍员工9人,2021年入职的外籍员工10人)的境外银行账户资金流水核查,经核查不存在异常情况。

综上,保荐机构及申报会计师已针对发行人相关单位或人员的银行流水进行了审慎核查,能够满足资金流水核查的相关要求。

## 第36条 尚未盈利或最近一期存在累计未弥补亏损

### 一、规范要求

#### (一)核查要求

发行人尚未盈利或最近一期存在累计未弥补亏损的,中介机构应充分核查尚未盈利或最近一期存在累计未弥补亏损的原因,并就其是否影响发行人持续经营能力发表意见。

## (二)信息披露

1. 原因分析

发行人应结合行业特点和公司情况,针对性量化分析披露尚未盈利或最近一期存在累计未弥补亏损的成因,是否符合投入产出规律,是否具有商业合理性,是否属于行业普遍现象。对行业共性因素,应结合所属行业情况、竞争状况、发展态势以及同行业可比公司经营情况等,具体分析披露行业因素对公司盈利的影响。对公司特有因素,应结合公司的投资、研发、生产、销售等情况,具体分析披露有关因素对公司盈利的影响,相关因素在报告期内的变化情况、发展趋势,相关因素与报告期内盈利变动的匹配关系。

2. 影响分析

发行人应充分披露尚未盈利或最近一期存在累计未弥补亏损对公司现金流、业务拓展、人才吸引、团队稳定、研发投入、战略投入、生产经营可持续性等方面的影响。尚未盈利的发行人应充分披露尚未盈利对公司经营的影响,是否对未来持续经营能力产生重大不利影响。

3. 趋势分析

尚未盈利的发行人应谨慎估计并客观披露与未来业绩相关的前瞻性信息,包括原因分析中有关因素的发展趋势、达到盈亏平衡状态主要经营要素需达到的水平、未来是否可实现盈利以及其他有利于投资者对公司盈利趋势形成合理预期的信息。披露前瞻性信息时,应披露预测相关假设基础,并声明假设的数据基础及相关预测具有重大不确定性,提醒投资者谨慎使用。

4. 风险因素

尚未盈利的发行人,应结合自身情况针对性地充分披露相关风险因素,如:未来一定期间无法盈利风险,收入无法按计划增长风险,研发失败风险,产品或服务无法得到客户认同风险,资金状况、业务拓展、人才引进、团队稳定、研发投入等方面受到限制或影响的风险等。预期未盈利状态仍将持续存在的,发行人还应结合《上市规则》的具体条款分析触发退市条件的可能性,并充分披露相关风险。

最近一期存在累计未弥补亏损的,发行人应披露累计未弥补亏损及其成因对公司未来盈利能力、分红政策影响等。

5. 投资者保护措施及承诺

尚未盈利或最近一期存在累计未弥补亏损的发行人,应披露依法落实保护投资者合法权益规定的各项措施;应披露本次发行前累计未弥补亏损是否由新老股东共同承担以及已履行的决策程序。尚未盈利企业应披露其控股股东、实际控制人和董事、监事、高管、核心技术人员按照相关规定作出的关于减持股份的特殊安排或承诺。

## 二、相关解析

### (一)主板

全面注册制正式实施后,主板突出大盘蓝筹特色,主要服务于成熟期大型企业,重点支持业务模式成熟、经营业绩稳定、规模较大、具有行业代表性的优质企业。未盈利企业申报主板 IPO 主要适用于:已/未在境外上市的红筹企业。

根据《深圳证券交易所股票上市规则》(2023 年修订)、《上海证券交易所股票上市规则》(2023 年修订)的相关规定,已在境外上市的红筹企业,申请发行股票或者存托凭证并在本所上市的,应当至少符合下列标准中的一项:

(1)市值不低于 2000 亿元;

(2)市值 200 亿元以上,且拥有自主研发、国际领先技术,科技创新能力较强,在同行业竞争中处于相对优势地位。

未在境外上市的红筹企业,申请发行股票或者存托凭证并在本所上市的,应当至少符合下列标准中的一项:

(1)预计市值不低于200亿元,且最近一年营业收入不低于30亿元;

(2)营业收入快速增长,拥有自主研发、国际领先技术,在同行业竞争中处于相对优势地位,且预计市值不低于100亿元;

(3)营业收入快速增长,拥有自主研发、国际领先技术,在同行业竞争中处于相对优势地位,且预计市值不低于50亿元,最近一年营业收入不低于5亿元。

前款规定的营业收入快速增长,应当符合下列标准之一:

(1)最近一年营业收入不低于5亿元的,最近三年营业收入复合增长率10%以上;

(2)最近一年营业收入低于5亿元的,最近三年营业收入复合增长率20%以上;

(3)受行业周期性波动等因素影响,行业整体处于下行周期的,发行人最近三年营业收入复合增长率高于同行业可比公司同期平均增长水平。

处于研发阶段的红筹企业和对国家创新驱动发展战略有重要意义的红筹企业,不适用"营业收入快速增长"的上述要求。

### (二)创业板

2020年创业板改革并试点注册制落地之初,深交所就已制定了未盈利企业在创业板上市的标准及监管制度,为未盈利企业上市预留了空间;考虑到市场实际情况,按照"稳中求进"原则,当时明确了暂不实施的过渡期安排。

2023年2月17日,深交所发布《关于未盈利企业在创业板上市相关事宜的通知》,深交所就未盈利企业申请在创业板上市,发布专项通知,主要有三个方面安排:

一是细化未盈利企业行业范围,包括先进制造、互联网、大数据、云计算、人工智能、生物医药等高新技术产业和战略性新兴产业的创新创业企业;

二是明确未盈利企业上市条件,启用“预计市值不低于50亿元,且最近一年营业收入不低于3亿元”上市标准;

三是做好相关规则衔接,《创业板股票上市规则》中同步取消了关于红筹企业、特殊股权结构企业申请在创业板上市需满足“最近一年净利润为正”的要求。

符合《国务院办公厅转发证监会关于开展创新企业境内发行股票或存托凭证试点若干意见的通知》(国办发〔2018〕21号)等相关规定的红筹企业,可以申请其股票或存托凭证在创业板上市。营业收入快速增长,拥有自主研发、国际领先技术,同行业竞争中处于相对优势地位的尚未在境外上市红筹企业,申请在创业板上市的,市值及财务指标应当至少符合下列标准中的一项:

(1)预计市值不低于100亿元;

(2)预计市值不低于50亿元,且最近一年营业收入不低于5亿元。

前款所称营业收入快速增长,指符合下列标准之一:

(1)最近一年营业收入不低于5亿元的,最近三年营业收入复合增长率10%以上;

(2)最近一年营业收入低于5亿元的,最近三年营业收入复合增长率20%以上;

(3)受行业周期性波动等因素影响,行业整体处于下行周期的,发行人最近三年营业收入复合增长率高于同行业可比公司同期平均增长水平。

处于研发阶段的红筹企业和对国家创新驱动发展战略有重要意义的红筹企业,不适用“营业收入快速增长”的规定。

发行人具有表决权差异安排的,市值及财务指标应当至少符合下列标准中的一项:

(1)预计市值不低于100亿元;

(2)预计市值不低于50亿元,且最近一年营业收入不低于5亿元。

此外,在《深圳证券交易所股票发行上市审核业务指南第3号——首次公开发行审核关注要点》中提到尚未盈利企业的披露和核查要求：对于尚未盈利或最近一期存在累计未弥补亏损的情形，发行人应充分披露该情形成因，以及对公司现金流、业务拓展、人才吸引、团队稳定、研发投入、战略性投入、生产经营可持续性等方面的影响。按照《监管规则适用指引——发行类第5号》的相关要求披露原因分析、影响分析、趋势分析、风险因素、投资者保护措施及承诺等相关内容。中介机构应充分核查尚未盈利或最近一期存在累计未弥补亏损的原因，并就是否影响发行人持续经营能力明确发表意见。

（三）科创板

未盈利企业申报科创板 IPO 主要适用于：（1）科创板第二套、第三套、第四套上市标准对申报企业无净利润要求；（2）科创板第五套上市标准支持尚未形成一定收入规模的"硬科技"医疗器械企业在科创板发行上市；（3）特殊股权结构企业、尚未在境外上市的红筹企业。未盈利企业申报科创板的市值及财务指标要求见表3－3。

**表3－3　未盈利企业申报科创板的市值及财务指标要求**

| 科创板上市标准 | 市值及财务指标要求 |
| --- | --- |
| 第二套上市标准 | 预计市值不低于人民币15亿元，最近一年营业收入不低于人民币2亿元，且最近三年累计研发投入占最近三年累计营业收入的比例不低于15% |
| 第三套上市标准 | 预计市值不低于人民币20亿元，最近一年营业收入不低于人民币3亿元，且最近三年经营活动产生的现金流量净额累计不低于人民币1亿元 |
| 第四套上市标准 | 预计市值不低于人民币30亿元，且最近一年营业收入不低于人民币3亿元 |
| 第五套上市标准 | 预计市值不低于人民币40亿元，主要业务或产品需经国家有关部门批准，市场空间大，目前已取得阶段性成果。医药行业企业需至少有一项核心产品获准开展二期临床试验，其他符合科创板定位的企业需具备明显的技术优势并满足相应条件 |

符合《国务院办公厅转发证监会关于开展创新企业境内发行股票或存托凭证试点若干意见的通知》（国办发〔2018〕21号）相关规定的红筹企业，可以申请发行股票或存托凭证并在科创板上市。

营业收入快速增长，拥有自主研发、国际领先技术，同行业竞争中处于相对优势地位的尚未在境外上市的红筹企业，申请在科创板上市的，市值及财务指标应当至少符合下列标准之一：

（1）预计市值不低于人民币100亿元；

（2）预计市值不低于人民币50亿元，且最近一年营业收入不低于人民币5亿元。

前款所称营业收入快速增长，指符合下列标准之一：

（1）最近一年营业收入不低于人民币5亿元的，最近三年营业收入复合增长率10%以上；

（2）最近一年营业收入低于人民币5亿元的，最近三年营业收入复合增长率20%以上；

（3）受行业周期性波动等因素影响，行业整体处于下行周期的，发行人最近三年营业收入复合增长率高于同行业可比公司同期平均增长水平。处于研发阶段的红筹企业和对国家创新驱动发展战略有重要意义的红筹企业，不适用“营业收入快速增长”上述要求。

发行人具有表决权差异安排的，市值及财务指标应当至少符合下列标准中的一项：

（1）预计市值不低于人民币100亿元；

（2）预计市值不低于人民币50亿元，且最近一年营业收入不低于人民币5亿元。

### （四）北交所

未盈利企业申报北交所IPO主要适用于：（1）北交所第二套、第三套上市标准，对申报企业无净利润要求；（2）北交所第四套上市标准，对申报企业无营业收入、净利润要求（见表3-4）。

**表3－4　未盈利企业申报北交所的市值及财务指标要求**

| 北交所上市标准 | 市值及财务指标要求 |
|---|---|
| 第二套上市标准 | 预计市值不低于4亿元,最近两年营业收入平均不低于1亿元,且最近一年营业收入增长率不低于30%,最近一年经营活动产生的现金流量净额为正 |
| 第三套上市标准 | 预计市值不低于8亿元,最近一年营业收入不低于2亿元,最近两年研发投入合计占最近两年营业收入合计比例不低于8% |
| 第四套上市标准 | 预计市值不低于15亿元,最近两年研发投入合计不低于5000万元。前款所称预计市值是指以发行人公开发行价格计算的股票市值 |

## 三、典型案例

**案例36－1** 东芯股份(股票代码:688110.SH,2021年12月10日科创板上市)

**关注要点:**根据招股书披露:(1)公司尚未盈利且母公司最近一期存在累计未弥补亏损。(2)截至股改基准日,母公司未分配利润为负。

审核问询要求保荐机构、申报会计师、发行人律师按照问答要求逐项对相关事项进行核查并发表明确核查意见。

**案例分析:**中介机构逐项对照《上海证券交易所科创板股票发行上市审核问答》(2019年3月)第2条核查如下。

### (一)原因分析

1. 尚未盈利或最近一期存在累计未弥补亏损的发行人,应结合行业特点分析并披露该等情形的成因

发行人已在招股说明书"第八节财务会计信息与管理层分析"披露以下原因:(1)产品导入周期长;(2)成本尚不具备优势;(3)产品价格波动下行;(4)持续研发及运营投入较大。

2. 说明尚未盈利或最近一期存在累计未弥补亏损是偶发性因素，还是经常性因素导致

报告期内，产品导入周期长、产品价格波动下行、成本尚不具备优势、持续研发及运营投入较大，使得公司归属于母公司扣除非经常性损益后的净利润持续为负。公司尚未盈利是公司尚处于发展初期亏损较高的经常性因素和行业周期性波动的偶发性因素叠加影响所致。

（二）影响分析

虽然报告期内公司扣除非经常性损益后净利润为负，但对公司的持续经营能力未产生重大不利影响。发行人从以下方面进行了具体分析：(1)现金流方面；(2)业务拓展方面；(3)研发投入方面。

（三）趋势分析

发行人按相关规定披露了未来实现盈利依据的假设条件、盈利的前瞻性信息及其依据、母公司未弥补亏损在发行上市后的变动趋势以及前瞻性信息的依据。

（四）风险因素

发行人已在招股说明书“重大事项提示”及“第四节风险因素”中补充披露“公司存在累计未弥补亏损及持续亏损的风险”和“研发风险”。

（五）投资者保护措施及承诺

发行人已在招股说明书之“第十节投资者保护”中进行了披露，主要内容如下：(1)应当披露依法落实保护投资者合法权益规定的各项措施。(2)本次发行前累计未弥补亏损是否由新老股东共同承担以及已履行的决策程序。(3)其控股股东、实际控制人和董事、监事、高级管理人员、核心技术人员按照相关规定作出的关于减持股份的特殊安排或承诺。

### （六）中介机构核查过程及核查意见

1. 核查过程

（1）了解并核查了发行人的业务发展历程、报告期内财务报表、历次融资情况。

（2）取得发行人拥有的知识产权、获得的荣誉奖项资料情况。

（3）了解发行人研发模式，取得研发投入明细、研发人员构成、核心技术人员简历等资料。

（4）取得发行人员工持股安排相关材料。

（5）了解发行人所处行业的研究分析资料及数据，国内外行业技术发展情况、行业内其他主要公司的业务经营及产品情况。

（6）对发行人管理层就战略规划、行业发展、市场前景等进行访谈。

（7）对发行人主要客户、供应商进行走访，了解客户对发行人及其产品的评价和市场分析。

（8）核查了发行人主要股东、董事、监事、高级管理人员、核心技术人员等出具的承诺函。

2. 核查意见

经核查，发行人尚未盈利且最近一期末存在累计未弥补亏损对其持续经营能力未造成重大不利影响，并已充分进行信息披露。

**案例 36－2** 慧智微（股票代码：688512. SH，2023 年 5 月 16 日科创板上市）

**关注要点：**招股说明书披露：（1）报告期内，公司净利润为负，最近一年尚未实现盈利；截至 2021 年 12 月 31 日，发行人未分配利润金额为负，存在累计未弥补亏损。（2）公司持续亏损的原因主要为股权激励、产品推广、研发投入等。

审核问询要求保荐机构和申报会计师就发行人尚未盈利且最近一期存

在累计未弥补亏损是否影响持续经营能力进行充分核查,并发表明确意见。

**案例分析:**保荐机构和申报会计师履行了以下核查程序:(1)查阅发行人的历史沿革及历次融资情况、报告期内财务报表,复核累计未弥补亏损形成的原因及合理性。(2)查阅发行人研发投入、研发模式、研发人员构成、核心技术人员简历、发行人拥有的知识产权、获得的荣誉奖项了解发行人研发与技术实力。(3)查阅发行人所处行业的研究分析资料及数据,国内外行业技术发展情况,行业内其他主要公司的业务经营及产品情况,并分析公司未来的前瞻性信息。(4)访谈公司实际控制人,了解公司战略规划、行业发展、市场前景等,以及公司为实现盈利拟采取的措施。(5)对发行人主要客户、终端客户、供应商进行走访,了解市场发展趋势与客户对发行人及其产品的评价。(6)访谈公司财务总监,了解发行人存在累计未弥补亏损的原因,并分析是否符合公司的实际情况。(7)查阅公司报告期内财务报表,了解公司的财务状况、经营情况和现金流情况,分析报告期末的累计未弥补亏损对公司现金流、业务拓展、人才吸引、团队稳定性、研发投入、战略性投入、生产经营可持续性等方面的影响。(8)复核发行人关于未来收入、成本、费用的测算,通过比对发行人的历史经营结果以及未来经营计划,评价测算过程中采用的假设及参数的合理性,并进一步评估发行人的持续经营能力。(9)查阅发行人招股说明书,确认其是否已经充分披露风险,并制定了投资者保护措施及做出了相关承诺,核查发行人主要股东、董事、监事、高级管理人员、核心技术人员等出具的承诺函。

经核查,保荐机构、申报会计师认为:(1)发行人已于招股说明书中进行补充信息披露,符合《上海证券交易所科创板股票发行上市审核问答》(2019年3月)第2条关于信息披露的要求。(2)随着技术水平不断提升、收入规模不断增加,规模效应逐步显现,毛利率和净亏损逐步改善,发行人实现扭亏为盈具有客观性和可行性。发行人尚未盈利且最近一期末存在累计未弥补亏损对其持续经营能力未造成重大不利影响。

**案例36－3** 星环科技(股票代码:688031.SH,2022年10月18日科创板上市)

**关注要点**:根据招股说明书,报告期内发行人持续亏损。

审核问询要求保荐机构、申报会计师就发行人尚未盈利且最近一期存在累计未弥补亏损是否影响持续经营能力充分核查,并发表明确意见。

**案例分析**:保荐机构及申报会计师对照《上海证券交易所科创板股票发行上市审核问答》(2019年3月)第2条的要求对影响发行人持续经营能力的事项履行了以下核查程序:

(1)公开检索行业数据、行业研究报告、行业主要法律法规及产业政策、同行业可比公司公开数据,了解行业发展情况、市场空间、未来发展趋势,评估发行人所处行业是否存在受国家政策限制或国际贸易条件影响存在重大不利变化风险的情况,是否存在出现周期性衰退、产能过剩、市场容量骤减、增长停滞等情况,是否存在准入门槛低、竞争激烈情形。

(2)访谈管理层,了解发行人所处行业上下游供求关系是否发生重大变化,导致原材料采购价格或产品售价出现重大不利变化。

(3)访谈公司主要客户、供应商及合作伙伴,了解发行人所处行业上下游供求关系是否发生重大变化,导致原材料采购价格或产品售价出现重大不利变化;重要客户本身是否发生重大不利变化。

(4)获取发行人报告期经审计的财务报表和业务数据,分析营业收入、毛利率、成本费用、盈利水平及业务数据的变化趋势,评估是否存在重大不利变化。

(5)复核发行人编制的盈亏平衡测算表,通过对比发行人的历史经营结果以及未来经营计划,评价测算过程中采用的假设及参数的合理性,对发行人未来期间的经营情况进行谨慎判断。

(6)访谈管理层,了解公司核心技术及其来源、专利取得情况、核心技术先进性、研发项目情况,获取发行人发明专利、研发项目过程管理、核心技术及产品指标等资料,核查发行人技术和产品是否存在落后或过时的风险。

(7)复核招股说明书中披露的尚未盈利且最近一期存在累计未弥补亏损的原因、对公司的影响、趋势、相关风险因素、投资者保护措施及承诺等内容,分析相关披露的合理性。

经核查,保荐机构、申报会计师认为:公司尚未盈利且最近一期存在累计未弥补亏损,系因公司所处行业特点和公司所处发展阶段造成。公司已在招股说明书中披露尚未盈利且最近一期存在累计未弥补亏损的原因、对公司的影响、趋势、相关风险因素、投资者保护措施及承诺等内容。尚未盈利且最近一期存在累计未弥补亏损对公司持续经营能力不构成重大不利影响。

# 第37条 客户集中

## 一、规范要求

### (一)总体要求

发行人存在单一客户主营业务收入或毛利贡献占比较高情形的,保荐机构应重点关注该情形的合理性、客户稳定性和业务持续性,是否存在重大不确定性风险,进而影响发行人持续经营能力。

发行人来自单一客户主营业务收入或毛利贡献占比超过50%的,一般认为发行人对该客户存在重大依赖。

保荐机构应合理判断发行人是否符合发行条件,督促发行人做好信息披露和风险揭示。

### (二)核查要求

1. 客户集中情形核查要求

保荐机构通常应关注并核查以下方面:

(1)发行人客户集中的原因及合理性。

(2)发行人客户在行业中的地位、透明度与经营状况,是否存在重大不确定性风险。

(3)发行人与客户合作的历史、业务稳定性及可持续性,相关交易的定价原则及公允性。

(4)发行人与重大客户是否存在关联关系,发行人的业务获取方式是否影响独立性,发行人是否具备独立面向市场获取业务的能力。

对于因行业因素导致发行人客户集中度高的,保荐机构通常还应关注发行人客户集中与行业经营特点是否一致,是否存在下游行业较为分散而发行人自身客户较为集中的情形。对于非因行业因素导致发行人客户集中度偏高的,保荐机构通常还应关注该客户是否为异常新增客户,客户集中是否可能导致发行人未来持续经营能力存在重大不确定性。

2. 单一客户重大依赖情形核查要求

发行人对单一客户存在重大依赖的,保荐机构除应按照“1. 客户集中情形核查要求”进行核查外,通常还应关注并核查以下方面:

(1)发行人主要产品或服务应用领域和下游需求情况,市场空间是否较大;发行人技术路线与行业技术迭代的匹配情况,是否具备开拓其他客户的技术能力以及市场拓展的进展情况,包括与客户的接触洽谈、产品试用与认证、订单情况等。

(2)发行人及其下游客户所在行业是否属于国家产业政策明确支持的领域,相关政策及其影响下的市场需求是否具有阶段性特征,产业政策变化是否会对发行人的客户稳定性、业务持续性产生重大不利影响。

(3)对于存在重大依赖的单一客户属于非终端客户的情况,应当穿透核查终端客户的有关情况、交易背景,分析说明相关交易是否具有合理性,交易模式是否符合行业惯例,销售是否真实。

如无法充分核查并说明发行人单一客户重大依赖的合理性、客户稳定性或业务持续性,保荐机构应就发行人是否具备持续经营能力审慎发表核查意见。

(三)信息披露

发行人应在招股说明书中披露上述情况,充分揭示客户集中度较高可能带来的风险。

## 二、相关解析

拟上市公司的客户集中度高是上市审核的重点,公司报告期内对个别客户依赖度较高可能被质疑其未来持续经营能力是否存在重大不确定性,是否会对发行上市条件构成重大不利影响。具体而言,如果拟上市公司的大客户是大型国有企业或者上市公司,该类客户透明度高、影响力大,双方合作关系较为明朗,风险相对较小;如果拟上市公司的大客户是不知名企业或影响力有限的企业,则较难解释客户重大依赖的合理性、客户稳定性或业务持续性,以及发行人的持续经营能力。

## 三、典型案例

**案例37-1** 中科蓝讯(股票代码:688332.SH,2022年7月15日科创板上市)

**关注要点:**根据招股说明书,报告期内,公司对前五大客户的主营业务销售金额占当期主营业务收入的比例分别为75.96%、58.23%和61.60%,集中度相对较高。

审核问询要求披露报告期内客户集中度变动的原因与合理性。

**案例分析:**报告期内,公司对前五大客户的主营业务销售金额占主营业务收入的比例分别为75.96%、58.23%和61.60%。2018年公司客户集中度相对较高,主要是因为2018年公司芯片产品刚流片成功,尚处于市场开拓初期,客户数量整体较少,前五大客户销售占比较高;2019年和2020年公司客户集中度变化不大,但与2018年相比下降较多,主要是因为2019年~2020年TWS蓝牙耳机市场处于爆发增长阶段,受益于市场需求的快速增长,公司客户数量增加较多,营业收入大幅提升,前五大客户的销售占比下降。报告期内,公司客户集中度的变动符合行业发展趋势及公司实际经营情况,具有合理性。

**案例37-2** 宣泰医药(股票代码:688247.SH,2022年8月25日科创板上市)

**关注要点:**公司客户集中的原因,与行业经营特点是否一致,是否存在下游行业较为分散而公司自身客户较为集中的情况及其合理性。

**案例分析:**报告期内,公司对前五大客户的销售收入占比分别为58.22%、69.89%、86.97%和82.05%,占比较高。其中,公司销售收入占比较高的客户为发行人泊沙康唑肠溶片的海外经销商。泊沙康唑肠溶片于2019年8月获得ANDA批件并上市,2019年、2020年和2021年1~6月发行人泊沙康唑肠溶片的销售收入占比分别为38.50%、78.44%和76.98%。

公司处于高速发展期,目前有较多产品正在申报中,但已经获批的产品相对较少,且下游市场集中于美国。发行人主导产品泊沙康唑肠溶片2019年、2020年和2021年1~6月的销售收入占公司营业收入的比例较高,且收入主要来自美国市场。

根据美国市场行业惯例,药品上市许可持有人一般与经销商签订美国市场的独家经销协议,销售特定药品。发行人泊沙康唑肠溶片选定了美国独家经销商,而不通过其他渠道在美国市场销售,导致发行人的客户集中度较高。

**案例37-3** 海泰新光(股票代码:688677.SH,2021年2月26日科创板上市)

**关注要点:**报告期内,前五大客户收入合计占比分别为84.92%、80.32%、82.63%。其中第一大客户史赛克收入占比分别为65.88%、58.96%、60.43%。

审核问询要求说明客户集中度高是否具有行业普遍性。

**案例分析:**公司所处的细分行业为内窥镜医疗器械行业,其下游为内窥镜整机系统行业。由于内窥镜整机系统行业的格局具有以下特点,客观上导致了内窥镜医疗器械行业具有客户集中度高的特点。

(1)前五大硬管内窥镜整机系统制造商市场份额超过70%,市场集中度较高的内窥镜整机系统作为用于人体手术的重要医疗设备,对质量具有较高的要求,包括我国在内的世界各国对内窥镜整机系统实行医疗器械注册管理制度。对于内窥镜医疗器械制造商而言,由于下游行业的市场格局,其选择客户的范围有限。

(2)出于对产品质量的考虑,内窥镜整机系统制造商对供应商的选择实行较为严格的准入制度。同时,在美国等国家对某一型号的内窥镜整机系统进行注册时,除了需要提供系统制造商的相关信息,还需要列出主要部件的供应商,在该型号产品的生命周期中一般不会更换供应商。即使内窥镜整机系统制造商需要更换特定部件的供应商,或者另寻供应商开发新型号产品,也需要经历新供应商对特定部件进行开发、整机调试、产品注册等多项程序,替代成本很高。因此,内窥镜整机系统制造商与供应商自产品开发阶段起就开始合作,并随着产品的注册、上市,双方保持着稳定的合作关系。

**案例37-4** 吉贝尔(股票代码:688566.SH,2020年5月18日科创板上市)

**关注要点:**审核问询要求发行人说明报告期内客户集中度逐年提高的原因、是否符合行业惯例、未来是否存在进一步提高的可能、是否存在对主要客户的重大依赖。保荐机构核查并发表意见。

**案例分析**：报告期内，发行人前五名客户的销售占比分别为56.94%、56.14%、58.24%和62.95%。客户集中度提升主要受医药流通行业发展规划及“两票制”等相关政策影响。同时，发行人加强与行业及区域龙头配送商的合作，能够通过更优质的配送服务将药品配送至终端医院、药房等。报告期内，与发行人存在交易的前五大集团客户下属的具有独立法人资格的客户数量较多，且分布区域广泛，不存在向单个客户销售的比例超过总额的50%或严重依赖于少数客户的情形。

经核查，保荐机构认为：发行人客户集中度呈上升趋势符合行业惯例，同时发行人加强与行业及区域龙头配送商的合作，客户集中度未来存在进一步提高的可能。发行人各集团客户均独立核算，且数量较多，分布区域广泛，不存在对主要客户的重大依赖。

**案例37-5** 天键股份（股票代码：301383.SZ，2023年6月9日创业板上市）

**关注要点**：申请文件显示：2018年Harman/哈曼集团为发行人第四大客户，2019年至2021年1~6月其为发行人第一大客户；报告期各期发行人对其销售收入占比分别为6.17%、26.75%、62.47%、52.28%。

**案例分析**：发行人客户主要集中于电声品牌商。电声品牌商的竞争集中在销售渠道、市场推广、创意设计、核心技术等方面上，国际企业占据优势地位。美国、德国、日本等发达国家的专业电声厂商，凭借发达的渠道资源、长时间的品牌积淀、领先的核心技术、运营经验，品牌影响力突出，占据了全球中高端电声产品大部分的市场份额，集中度较高。发行人抓住行业内一些重点客户并服务好这些客户，一方面，能够加强发行人的竞争优势，另一方面，服务好这些重点企业也可以提升这些品牌对发行人产品的需求。同时，此类企业为了保障供应商体系的稳定，通常会在建立合作关系前对制造厂商的生产工艺、质量管理、产能规模等方面进行严格考核，认证通过后，品牌客户与电声制造厂商的合作关系通常比较稳定，也形成了电声制造厂商的竞争优势和壁垒。综上所述，发行人客户集中度较高与行业特点一致，具有合理性。

经核查，保荐机构、申报会计师认为：2020年、2021年及2022年1～6月，发行人存在对Harman/哈曼集团重大依赖的情形。但因Harman/哈曼集团为行业知名公司，客户本身不存在重大不确定性，同时发行人客户集中度较高符合行业特点，具有合理性。公司与Harman/哈曼集团建立了长期稳定的合作关系，发行人已成为Harman/哈曼集团TWS耳机产品的主要供应商，在稳定性和可持续性方面没有重大风险，且公司具备面向市场获取业务的能力，因此对Harman/哈曼集团存在重大依赖将不会对公司的经营构成重大不利影响。发行人已在招股说明书中针对性地进行特别风险提示。

**案例37－6** 纽泰格(股票代码:301229.SZ,2022年2月22日创业板上市)

**关注要点：**申请文件及审核问询回复显示：报告期各期，发行人向前五大客户销售占比分别为97.11%、91.16%、84.53%，其中向第一大客户巴斯夫的销售占比分别为66.25%、57.05%和45.19%，客户集中度较高。

审核中心意见落实函要求发行人按照证监会《首发业务若干问题解答》(2020年6月修订)问题38的要求，结合发行人向巴斯夫销售悬架减震支撑的收入占营业收入的比重、发行人与巴斯夫的业务合作特点、业务可持续性，说明发行人对巴斯夫是否存在重大依赖，双方合作关系的稳定性，发行人是否存在被替代的风险，是否可能导致发行人持续经营能力存在重大不确定性，进一步完善招股说明书“重大事项提示”及“风险因素”章节内容。

**案例分析：**经核查，保荐机构认为：虽然报告期前两年发行人对巴斯夫的收入占公司营业收入的比例超过50%，对巴斯夫存在重大依赖，但对该客户依赖的情形对发行人的持续经营不存在重大不利影响。发行人客户集中的特点与汽车产业链结构特点有关,与部分同行业可比公司具有相似性,不存在下游行业较为分散而发行人自身客户较为集中的情况。发行人与巴斯夫的合作时间长、合作范围广,巴斯夫变更供应商程序严格,发行人被替代的风险较小。发行人与巴斯夫合作关系较好,随着发行人不断开发新客户和项目,报告期内对巴斯夫的收入占营业收入的比例逐年降低,发行人的持续经营能力不存在重大不确定性,发行人对客户的依赖情形对持续经营不存在重大不利影响。

案例 37-7 德石股份(股票代码:301158.SZ,2022 年 1 月 17 日创业板上市)

**关注要点:**招股说明书披露,报告期内,发行人前五大客户销售收入占比分别为 79.94%、77.84%、79.76%、74.19%,其中第一大客户中国石油天然气集团有限公司销售收入占比分别为 45.55%、43.03%、47.00%、29.39%。

审核问询要求保荐机构、申报会计师根据《深圳证券交易所创业板股票首次公开发行上市审核问答》(2020 年 6 月)关于客户集中度的相关规定对以下事项发表明确意见:(1)发行人客户集中的原因,是否与行业经营特点一致。(2)发行人客户在其行业中的地位、透明度和经营状况,是否存在重大不确定性风险以及依据。(3)发行人与主要客户的合作历史、业务具有稳定性和可持续性的依据,相关交易的定价原则以及是否公允。(4)发行人与主要客户是否存在关联关系,发行人是否独立获取与主要客户的业务,发行人具备独立面向市场获取业务能力的依据。

**案例分析:**保荐机构、申报会计师根据《深圳证券交易所创业板股票首次公开发行上市审核问答》(2020 年 6 月)关于客户集中度的相关规定对表 3-5 中的事项发表明确意见。

**表3-5 关于德石股份客户集中度的核查情况**

| 序号 | 影响事项 | 情况描述 | 是否存在 |
|---|---|---|---|
| 1 | 发行人客户集中的原因,是否与行业经营特点一致 | 发行人客户集中主要是由于国内油气资源勘探开发主要由中石油、中石化、中海油及其下属单位实施,因此公司客户高度集中于中石油、中石化、中海油,客户集中度高符合行业特性,具有行业普遍性 | 是 |
| 2 | 发行人客户在其行业中的地位、透明度和经营状况,是否存在重大不确定性风险以及依据 | 中石油在国内石油、天然气勘探开发领域占据主导地位,2020年1~9月,中石油资产总计4.15万亿元,实现销售收入1.54万亿元,净利润227.81亿元。中石油、中石化、中海油等客户均定期披露年度报告,加上下属上市公司的全面信息披露,透明度较高,经营情况良好,不存在重大不确定性风险 | 否 |
| 3 | 发行人与主要客户的合作历史、业务具有稳定性和可持续性的依据,相关交易的定价原则以及是否公允 | 在改制设立有限公司前,公司自20世纪80年代中期起已开始同中石油下属钻探、油田单位建立业务合作关系,经历多年发展,公司逐步深入服务于中石油多个下属单位,公司拥有行业内突出的技术研发实力与规模化生产能力,积累了多项核心技术,可以为中石油提供技术含量高、规格齐全、质量稳定的产品,已签署并执行了多项重大业务合同,中石油持续加大石油勘探开发力度,为公司与中石油业务合作的稳定性提供有力的市场支持,国内宏观经济逐步复苏,原油价格回暖都为公司与主要客户的稳定性和可持续性提供有力支撑。公司通过公开招投标与中石油建立合作关系,交易定价具有公允性 | 是 |
| 4 | 发行人与主要客户是否存在关联关系,发行人是否独立获取与主要客户的业务,发行人具备独立面向市场获取业务能力的依据 | 公司与中石油、中石化、中海油及其下属单位不存在关联关系,公司通过公开招投标与其建立业务合作关系,具备独立面向市场获取业务的能力 | — |

# 第38条 投资收益占比

## 一、规范要求

### (一)总体要求

针对发行人来自合并报表范围以外的投资收益占当期合并净利润比例

较高的情形，保荐机构及申报会计师应重点关注发行人来自合并财务报表范围以外的投资收益对盈利贡献程度，发行人纳入合并报表范围以内主体状况，发行人合并财务报表范围以外投资对象业务内容，以及招股说明书相关信息披露等情况。

### （二）核查要求

发行人来自合并报表范围以外的投资收益占当期合并净利润的比例较高，保荐机构及申报会计师通常应关注以下方面。

1. 发行人如减除合并财务报表范围以外的对外投资及投资收益，剩余业务是否具有持续经营能力。

2. 被投资企业主营业务与发行人主营业务是否具有高度相关性，如同一行业、类似技术产品、上下游关联产业等，是否存在大规模非主业投资情况。

3. 是否充分披露相关投资的基本情况及对发行人的影响。

### （三）信息披露

发行人应在招股说明书“风险因素”中充分披露相关风险特征，同时在管理层分析中披露以下内容。

1. 被投资企业的业务内容、经营状况，发行人与被投资企业所处行业的关系，发行人对被投资企业生产经营状况的可控性和判断力等相关信息。

2. 发行人对被投资企业的投资过程，与被投资企业控股股东合作历史、未来合作预期、合作模式是否符合行业惯例，被投资企业分红政策等。

3. 被投资企业非经常性损益情况及对发行人投资收益构成的影响，该影响数是否已作为发行人的非经常性损益计算。

4. 其他重要信息。

## 二、相关解析

投资收益指企业进行投资所获得的经济利益,即企业在一定的会计期间对外投资所取得的回报。由于发行人对并表范围外企业投资收益控制力较弱,实现投资收益的持续性难以把握,发行人来自合并报表范围以外的投资收益占当期合并净利润的比例较高,可能影响持续经营能力。

## 三、典型案例

**案例38-1** 三达膜(股票代码:688101.SH,2019年11月15日科创板上市)

**关注要点:**报告期内,发行人投资收益主要为对山东天力药业有限公司的长期股权投资收益。山东天力药业有限公司业绩快速增长主要是因为其主要产品维生素C及其原材料售价上涨和产量增加。

审核问询要求发行人披露:(1)报告期内投资收益占利润总额的比例,山东天力药业有限公司的分红情况,剔除投资收益后,发行人利润总额情况。(2)报告期内维生素C价格变化情况,并分析与投资收益变动的匹配性。(3)结合2019年维生素C价格变动趋势、2019年山东天力药业有限公司的业绩情况等,分析投资收益的可持续性,对山东天力药业有限公司股权投资的安排,投资收益的变化是否对经营业绩有重大不利影响。(4)就投资收益对业绩的具体影响,对未来投资收益的不确定性做重大事项提示并充分揭示相关风险。

要求保荐机构和申报会计师对上述事项进行核查并说明对山东天力药业有限公司的财务数据的核查过程、依据和结论,该股权投资采用权益法核算是否符合会计准则等相关规定,并就发行人的投资收益是否具有可持续性，是否存在重大不确定性发表明确意见。

**案例分析：**针对上述事项发行人已在招股说明书中进行补充披露。

经核查，保荐机构、申报会计师认为：发行人通过子公司持有山东天力药业有限公司30%的股权，发行人在山东天力药业有限公司的5人董事会中设有2名董事，发行人能够对山东天力药业有限公司实施重大影响，山东天力药业有限公司属于发行人的联营企业，发行人对其长期股权投资采用权益法核算，符合《企业会计准则第2号——长期股权投资》的规定；发行人长期股权投资及投资收益核算真实准确；发行人拟长期保持对山东天力药业有限公司的持股比例，发行人投资收益具有可持续性、不存在对发行人的重大不利影响。

## 第39条　在审期间分红及转增股本

### 一、规范要求

发行人在审期间现金分红、分派股票股利或资本公积转增股本的，应依据公司章程和相关监管要求，充分论证必要性和恰当性，并履行相应决策程序，相关分红方案应在发行上市前实施完毕。发行人应重点披露以下内容：

(1)发行人大额分红的，应充分披露分红的必要性和恰当性，以及对财务状况和新老股东利益可能产生的影响。

(2)发行人分派股票股利或资本公积转增股本的，应披露股本变化后最近一期经审计的财务报告。

### 二、相关解析

一般情况下，大多数拟上市公司对于上市前的滚存利润，采用上市后新老股东共享的方式。但也存在两种情形，一是申报时同时作出了现金分红方案，但尚未派发完毕；二是申报时尚未作出现金分红方案，在审期间提出拟进行现金分红。

针对在审期间现金分红关注要点：(1)在审核期间向现有老股东现金分红是否符合《监管规则适用指引——发行类第5号》第19条的相关规定，相关现金分红是否具有必要性和恰当性，是否可能对财务状况和新老股东利益产生重大影响，是否已履行相关决策程序。(2)控股股东、实际控制人、董事、监事、高级管理人员、关键财务人员获得大额分红款的主要资金流向或用途，是否存在重大异常，上述人员与发行人关联方、客户、供应商是否存在异常大额资金往来，是否存在为发行人代垫成本费用的情形。(3)发行人大额资金往来是否存在重大异常，是否与公司经营活动、资产购置、对外投资等不相匹配。

## 三、典型案例

**案例39-1** 赛科希德(股票代码：688338.SH，2020年8月6日科创板上市)

**关注要点**：根据招股说明书披露，公司于2020年3月2日召开2019年度股东大会，审议通过了公司2019年度利润分配方案，拟以公司2019年12月31日总股本为基数，向全体股东每10股派发现金红利1.96元(含税)，共派发现金红利1200.00万元。截至招股说明书签署之日，公司尚未派发2019年度股利。

审核问询要求发行人说明上述现金分红的必要性和恰当性，是否符合公司章程和相关监管要求。要求保荐机构对发行人在审核期间进行现金分红的必要性、合理性、合规性进行专项核查，就实施现金分红对发行人财务状况、生产运营的影响进行分析并发表明确意见。

**案例分析**：保荐机构履行了以下核查程序：(1)查阅公司章程、相关法律法规及政策文件，与本次现金分红相关的董事会、股东大会决议。(2)核查公司2019年末的财务报告及期后分红执行情况。(3)取得并审阅发行人关于本次现金分红与发行人的业务状况、财务状况相匹配,具有必要性和恰当性的说明。(4)分析发行人在科创板审核期间进行现金分红的必要性、合理性、合规性,并分析本次分红对发行人财务状况、生产运营情况的具体影响。

截至问询函回复之日,发行人已完成向所有股东派发现金分红。

经核查,保荐机构认为:本次现金分红履行了必要的董事会、股东大会审议程序,分红金额与公司现有业务发展情况、财务状况相匹配,具有必要性、合理性和合规性。本次现金分红金额占公司期末货币资金余额的比例较低,本次分红后公司仍保留较为充裕的现金,本次分红不会对公司财务状况、生产经营产生不利影响。

**案例39-2** 朗特智能(股票代码:300916.SZ,2020年12月2日创业板上市)

**关注要点:**关于在审期间现金分红,审核问询要求就在审期间现金分红进行重大事项提示,分析并披露在审期间现金分红的必要性、合理性、合规性。

**案例分析:**为核查上述问题,保荐机构履行了如下核查程序:(1)查阅发行人与在审期间现金分红相关的董事会决议、股东会决议、发行人现行公司章程及上市后适用的公司章程(草案),核实发行人在审期间现金分红的合规性。(2)查阅发行人与在审期间现金分红相关的银行流水单据,核实相关现金分红是否已实施完毕。(3)查阅发行人2020年6月30日财务报表和主要客户货款回收状况,并测算在审期间现金分红对货币资金余额、相关财务数据及财务指标的影响,核实发行人在审期间现金分红的合理性和必要性。

经核查,保荐机构认为:发行人在审核期间的现金分红符合公司章程及相关监管要求,现金分红有利于发行人回报股东及保持利润分配政策的稳定性;发行人财务状况符合公司章程有关现金分红的相关条件,现金分红后未对发行人财务状况与生产经营情况造成重大不利影响;现金分红已按发行人章程的规定履行了利润分配决策程序。发行人在审期间的现金分红具有必要性、合理性,程序合规。

**案例39-3** 安联锐视(股票代码:301042.SZ,2021年8月5日创业板上市)

**关注要点**:发行人于2019年6月25日申报IPO材料,2019年8月28日,发行人审议通过2019年中期利润分配方案,决议派发现金股利1806万元(含税)。2020年3月24日发行人召开股东大会,审议通过2019年度利润分配方案,决议派发现金股利2064万元(含税)。

审核问询要求保荐机构在保荐工作报告中说明对发行人在审核期间进行现金分红的必要性、合理性、合规性,报告期内实际控制人历次分红资金的使用情况等事项的核查过程、方法、结论。

**案例分析**:针对上述事项,保荐机构履行了以下核查程序:(1)查阅发行人报告期内股东大会、董事会、监事会等会议资料,对外公告,股东分红汇总表等,了解发行人历次分红情况。(2)对实际控制人进行访谈,了解分红资金的使用情况,获取其确认声明。(3)查阅实际控制人的银行对账单,逐笔核对资金的取得、使用情况,并核查与分红资金使用相关的合同等。(4)走访发行人主要客户、供应商,了解发行人与其是否存在通过其他公司账户或个人账户结算款项的情况,资金往来是否均与真实购销业务相匹配,是否存在关联关系,并获取确认资料。

经核查,保荐机构认为:发行人在审核期间进行现金分红具有必要性、合理性、合规性,报告期内实际控制人历次分红资金的使用与客户、供应商不存在资金往来,不存在为发行人代垫费用等情形。

**案例39-4** 中红医疗(股票代码:300981.SZ,2021年4月27日创业板上市)

**关注要点**:招股说明书显示,2020年上半年,发行人现金分红7500万元;2020 年 8 月,发行人董事会和股东大会审议通过现金分红方案,以经审计的母公司截至 2020 年 6 月 30 日的未分配利润为基础,共计分配现金红利 50,000 万元(含税)。本次募集资金拟补充流动资金 15,000 万元。

审核问询要求发行人补充披露未利用自有资金进行募投项目投资且在大额分红后利用募集资金补充流动资金的原因和必要性。

**案例分析:**发行人已在招股说明书“第九节　募集资金运用与未来发展规划”之“三/(三)未利用自有资金进行募投项目投资且在大额分红后利用募集资金补充流动资金的原因和必要性”中进行了补充披露。

发行人在利用股权融资工具募集资金用于业务扩张的同时实施现金分红,是基于发行人筹资活动现金流规划下经综合考量作出的审慎决策。成长期、投入期的公司,在通过各种内生、外延方式筹资扩张的同时,也会实施合理的利润分配。企业综合考量其发展阶段、扩张计划、资金储备,通常按年利润的 20% ~60% 实施现金分红。发行人在制定分红方案时,结合了上半年盈利情况、在手订单及未来市场预期,对于 2020 年全年利润进行预计,实际分红金额在全年利润规模中占比合理,不会对发行人财务状况、生产运营产生重大不利影响。